KB251619

기업의 성과 창출을 위한

문제 해결의 통합적 방법

기업의 성과 창출을 위한

문제
해결의
통합적 방법

한
나래

문제 해결의 통합적 방법

지은이 | 안병진, 김상익
펴낸이 | 한기철

2012년 4월 30일 1판 1쇄 펴냄
2016년 9월 20일 1판 4쇄 펴냄

펴낸곳 | 한나래출판사
등록 | 1991. 2. 25 제22-80호
주소 | 서울시 마포구 토정로 222, 한국출판콘텐츠센터 309호
전화 | 02-738-5637 · 팩스 | 02-363-5637 · e-mail | hannarae91@naver.com
www.hannarae.net

ⓒ 2012 안병진, 김상익
Published by Hannarae Publishing Co.
Printed in Seoul

ISBN 978-89-5566-129-3 93320

머리말

이 책은 얼마 전에 저자들이 출간한 책인 ≪기업의 지속 성장을 위한 문제 해결의 통합적 이해≫의 속편이라 할 수 있다. 앞의 책에서는 기업에서 흔히 발생하고 우리가 해결하여야 할 문제에 대하여 문제의 개념과 문제 해결에 필요한 사고력, 합리적 의사 결정 및 문제 해결 절차의 기본 개념에 대하여 살펴보았다면, 이 책에서는 문제 해결이 어떻게 기업 성과로 구현되는지와, 다양한 문제에 대한 해결책을 모색하는 구체적인 방법을 다루고 있다.

이 책에서는 먼저 문제 해결의 효과와 기업 성과의 관련성을 고객 만족, 품질, 비용 절감과 같은 성과 측도 관점에서 살펴보고, 역사적인 발전 과정에서 다양한 품질 혁신 개념이 어떻게 전개되었는지를 설명하였다. 특히 이 책에서는 구체적인 문제 해결책을 구현하는 방법에 초점을 맞추어, 6시그마 경영 기법에서 개발된 품질 향상 프로젝트를 수행하는 방법론인 DMAIC와 DMADV 방법론을 중심으로 여러 산업 현장 및 기업에서 당면하는 문제들을 해결하는 방법을 고찰하고자 하였다.

기업의 구성원이라면 누구나 문제에 직면하게 되고 또 해결책을 찾아야 함은 두말할 나위 없는 사실이다. 따라서 문제 해결 능력은 기업 구성원 누구나 갖추고 있어야 할 기본 소양이라 할 수 있다. 과거 아날로그 시대에는 문자를 읽고 쓰는 능력과 숫자를 계산하는 능력이 개인의 기본 소양이었다면, 현재의 디지털 시대에서는 문제를 정확히 인식하고 적절한 해결책을 모색할 수 있는 능력과 정보를 잘 다룰 수 있는 능력이 기본적으로 요구된다고 할 수 있다.

이러한 상황이 그동안 저자들이 대학에서 연구하면서 학생들을 교육하고 다양한 분야의 기업 현장에서 문제 해결 방법을 지도하고 학습시켰던 경험을 바탕으로, ≪기업의 지속 성장을 위한 문제 해결의 통합적 이해≫라는 책과 ≪기업의 성과 창출을 위한 문제 해결의 통합적 방법≫이라는 두 권의 책을 집필하는 동기가 되었다.

최근 우리나라는 국제 교역량 1조 달러를 달성하여 세계에서도 유례가 없을 정도의 빠른 기간에 세계 10대 무역 국가에 속하는 위업을 달성하였다. 그러나 수년간 일인당 연간 국민소득은 중진국 수준인 2만 달러 내외에서 맴돌고 있다. 선진국 수준인 4만 달러 수준으로 향상시키기 위해서는 단순한 산술적 계산만으로는 교역량이 두 배 이상 증가하여야 한다. 그러나 현재의 우리나라 및 국제적인 경제 상황에서 이런 교역량을 달성하기는 어려운 것이 사실이고, 후발 주자 국가들이 맹렬한 속도로 우리를 추격하고 있는 상황이다.

이러한 현실에서 우리가 이제까지 지속해 온 경제성장을 유지하기 위해서는 양적인 관점에서 질적인 관점으로 전환하여 기업의 모든 분야에서 부가가치를 향상시켜야 한다. 이를 위해서는 그 어느 때보다도 기업 구성원들의 성과 창출을 위한 문제 해결 능력이 절실히 요구되며, 기업 종사자뿐만 아니라 앞으로 다양한 분야의 기업으로 진출할 학생들에게도 문제 해결 능력 함양은 필수적이라 하겠다. 따라서 이 책은 앞서 출간한 책과 더불어 여러 분야 기업의 사원들 뿐만 아니라 사회 진출을 준비하는 학생들이 꼭 학습하여야 할 내용을 담고 있으므로 교육용 교재로서 활용될 수 있을 것이다. 관심 있는 독자들에게 일독을 권한다.

저자들의 이러한 소망과 노력이 조금이나마 성과를 거두기를 바라는 마음이 간절하며, 특히 경험이 많고 눈 밝은 독자들의 질정을 바란다.

2012년 4월
일감호가 내려다보이는 연구실에서
저자 씀

차례

1장

문제 해결의 성과

기업이 지속적으로 발전하기 위해서는 기업에서 발생하였거나 앞으로 발생 가능한 문제를 끊임없이 해결함으로써 기업의 경쟁력을 유지하고 강화해 나가야 한다. 우리가 흔히 듣는 이야기로, 사람이 백 년을 살기 힘들지만 기업도 백 년 이상 장수하기가 어렵다고 한다. 근대적 기업의 역사가 길지 않은 우리나라의 경우만 보더라도, 그동안 수많은 기업들이 생겨났다가 오래 생존하지 못하고 기억 속으로 사라져 갔다. 세계적으로도 백년 이상 생존하고 있는 대기업은 1802년 듀퐁Eleuthère Irénée du Pont이 창립한 화학제품 회사인 듀퐁사, 미국의 발명왕 에디슨Thomas Edison이 1878년에 창립한 GE사를 비롯하여, 자동차 왕 헨리 포드Henry Ford가 1903년에 창립한 포드자동차 회사 등 몇몇 회사가 있을 뿐이다.

이렇게 장수를 누리고 있는 기업의 공통적인 특징은 부단한 자기 혁신을 통하여 변화하는 기업 환경에 적절히 대응하면서 위기를 극복하였다는 것과, 내부적으로는 기업의 구성원들이 기업 내에서 끊임없이 발생하는 크고 작은 문제를 효과적으로 해결하였다는 점이다. 그리고 이러한 문제 해결의 결과는 기업에서 성과로 나타났고, 성과는 기업 경쟁력이 향상되는 것으로 연결되었다.

기업 생존의 필수 조건은 경쟁력 향상이고, 기업의 경쟁력은 낭비가 제거되고 품질이 향상되어 고객 만족이 이루어질 때 강화될 수 있다. 이 장에서는 문제 해결에 대한 방법을 본격적으로 고찰하기 위해, 문제를 해결한다는 것이 무엇을 의미하는지 그리고 성과 창출 과정이 어떻게 이루어지는지를 알아보고, 문제 해결의 성과인 고객 만족, 품질 향상, 낭비 제거와 스피드와 같은 성과 측면에 대해서 살펴보고자 한다.

① 기업의 성과 창출 과정

1) 기업에서의 문제

　기업 환경도 세상의 변화와 함께 빠르게 변화하고 있다. 통신과 교통의 발달은 세계를 하나의 시장으로 묶어 글로벌 경제를 가속화시키고 있으며, 이로 인한 시장 개방은 기업들 사이의 경쟁을 격화시키고 있다. 또한 과거의 공급자 중심의 소품종 대량생산 방식에서 고객의 요구가 다양화, 고도화됨에 따라 고객 중심의 다품종 소량 생산 방식으로 변했고, 삶의 질에 대한 관심으로까지 확대되었다. 무엇보다 중요한 것은 사회가 산업화에서 정보화로 진척됨에 따라 경영의 키워드들이 변화하고 있다는 점이다(<그림1.1> 참조).

<그림 1.1> 경영 키워드의 변화

• 성장과 관리 • 조정과 통제 • 치밀한 계획	• 원가 절감 • 품질 • 조직 통폐합	• 고객 지향 • 프로세스 중심 • 고객의 관심 변화	• 지식 • 정보 네트워크 • 가치 창출

산업화 ──────────────────────────────▶ 정보화

기업이 이러한 변화에 적절히 대응하지 못한다면 경쟁력 위기를 맞게 된다. 그리고 이러한 기업 환경 변화의 속도가 너무 빠르고 변화의 폭도 너무 크기 때문에 변화에 적응하기 위해서는 점진적 개선만으로는 부족하고 혁신이 병행되어야 한다. 혁신革新은 말 그대로 "가죽을 새롭게 한다"는 뜻이다. 즉 동물의 표피를 가공하여 일상생활에 필요한 가죽 제품을 만드는 것처럼, 기존의 모습과는 전혀 다른 형태로 변화시킨다는 의미이다. 일반적으로 혁신을 통한 변화에 대한 적응 노력은 고통을 수반하게 되며 많은 문제와 저항을 동반하게 된다. 따라서 혁신을 통하여 변화에 적응하기 위해서는 상황에 대한 위기의식과 혁신에 대한 열정뿐만 아니라 체계적인 문제 해결 방법론이 필요하게 된다.

　기업에는 문제와 기회가 상존한다. 문제가 긴급한 해결책을 요구하는 것이라면 기회는 미래의 문제를 해결하고자 하는 것이다. 우선 기업에서 발생하는 문제와 기회의 차이에 대하여 좀 더 구체적으로 알아보기로 하자.
　업무를 추진하는 과정에서 "급한 불을 끈다"라는 말은 즉각적인 조치가 필요한 긴급한 문제를 처리한다는 말이다. 이와 같이 긴급한 문제가 발생하면 누가 시키지 않아도 문제를 즉시 해결하려고 한다. 하지만 아직 발생하지도 않은 문제를 찾는다거나 혹은 정상적인 것을 더욱더 좋게 만들려고 하는 것, 즉 기회를 발견하는 것은 쉬운 일이 아니다. 왜냐하면 우리는 문제를 찾아내어 해결하기보다는 문제가 발생하면 거기에 반응하도록 길들여져 있기 때문이다.

"내일 일은 내일 걱정해라", "고장 나지 않은 것은 고칠 필요 없다", "가만히 있으면 중간은 간다"와 같은 말들은 이러한 태도를 보여주는 말들이다. 하지만 오늘날처럼 변화의 속도가 빠르고 경쟁이 심한 환경에서는 단순히 발생한 문제를 해결하는 것만으로는 부족하고, 한 걸음 더 나아가서 새로운 기회들을 적극적으로 찾아 나설 필요가 있다.

기회를 발견하는 좋은 방법은 질문을 던지는 것이다. 예를 들어 "만약 이렇게 하면 어떻게 될까?" 혹은 "왜 꼭 그렇게 해야만 하지?"와 같은 도전적 질문과 함께 답변하려고 노력하는 과정을 통해서 변화에 대한 아이디어가 생긴다. 하지만 아이디어는 아이디어 자체로는 의미가 별로 없고, 실행을 통해 현실적으로 구현이 될 때 비로소 의미를 갖게 된다. 아이디어를 현실적인 기회로 바꾸기 위해서는 아이디어를 분명한 형태로 공식화한 다음 그것으로부터 얻을 수 있는 이익을 평가하고 실행 가능한 계획을 세운 후 이를 실천하는 것이 중요하다.

기업이 지속 발전하기 위해서는 꾸준히 문제를 해결하고 기회를 발견해야 한다. "문제없는 사람은 무덤에 묻힌 사람뿐이다"라는 말이 있듯이, 문제없는 사람과 문제가 없는 기업은 없다. 모든 일이 순조롭게 진행되고 전혀 문제가 발생되고 있지 않다고 생각한다면 이는 위험천만한 상황 인식일 가능성이 높다.
기업에는 고객의 요구를 따라가지 못하는 가치와 품질, 시장의 요구를 따라가지 못하는 상품 개발 및 제조 사이클 타임, 가격 인하 속도를 따라가지 못하는 원가절감 등과 같은 다양한 문제들이 산재해 있다. 만약 이러한 문제들을 적시에 제대로 해결하지 못한다면 기업의 경쟁력 위기가 올 수 있으며, 이는 기업의 생존에 많은 영향을 끼친다. 기업이 생존하기 위해서는 기본적으로 다음의 생존 방정식을 만족시켜야 한다.

> 기업의 생존 부등식: 원가 < 가격 < 가치

위와 같은 기업의 생존 부등식을 만족하기 위해서는 많은 '풀어야 할 과제'를 해결하여야 한다. 위와 같은 기업의 생존 부등식에 대하여 좀 더 살펴보자.

우선 가격과 원가의 차이가 있어야 수익이 발생할 것이고, 이는 주로 기업에서 조직 운영의 효율성과 실행력에 달려 있다. 그리고 가치와 가격의 차이가 있어야 제품이나 서비스를 고객이 구입할 것이며, 이는 주로 시장에서 우리 회사의 상품 및 서비스에 대한 수용과 평가에 달려 있다. 따라서 기업이 경쟁력을 유지하기 위해서는 원가절감, 생산성, 품질, 고객 가치를 위해 끊임없이 문제를 해결하여야 하는 것이 당면 과제로 대두된다.

기업은 위와 같은 생존 부등식을 만족해야 할 뿐만 아니라 기업의 외부 환경이 계속 변하므로, 이에 적응을 하기 위해서도 끊임없는 개선과 혁신이 필요하다. 개선과 혁신은 기존에 대한 의문 제기로부터 시작되고, 의문 제기로부터 야기되는 문제 역시 적기에 바르게 해결되어야 한다. 시간의 지체는 그 자체만으로 새로운 문제를 만들어 내기도 하므로 문제를 외면한다면 더욱더 큰 문제가 야기될 수도 있다.

적기에 문제를 해결할 수 있는 기업의 능력은 그 자체가 가격경쟁력, 품질 경쟁력, 기술 경쟁력과 함께 기업 경쟁력의 필수 요소라 할 수 있다. 결론적으로 기업이 생존하고 번영하기 위해서는 원가절감, 생산성 향상, 품질 향상, 고객 가치 창출을 위하여 끊임없이 이와 관련된 문제를 해결하고 기회를 발견하여야 한다.

2) 기업의 경쟁력

기업의 경쟁력은 기술 경쟁력, 품질 경쟁력, 가격경쟁력으로 이루어져 있으며, 이는 기업의 **구성원**people, **프로세스**process, **제품**product이라는 3P(people, process, product)의 수준에 의해 결정된다. 기업이 경쟁력을 확보하기 위해서는 빠른 시간 내에 3P를 '바람직한 방향'으로 전환시켜 가야 한다. 이때 바람직한 방향이라는 말은 문제 해결의 올바른 방향을 의미한다.

기업의 구성원인 사람people의 바람직한 모습은 모든 것을 고객의 입장에서 생각하고, 데이터와 사실에 근거하여 합리적으로 의사 결정을 하며, 업무에 대한 핵심 역량을 갖고 있고, 높은 목표와 프로 의식이 있으며, 창의적이고, 자율적으로 행동하는 것이다.

또한 프로세스process의 경우는 낭비가 없으며, 제어 가능하고, 가 치를 창출하지 못하는 과정을 포함하고 있지 않으며, 프로세스 간에 정보 공유가 쉽고, 스피드가 빠른 프로세스가 바람직한 모습일 것이 다. 그리고 제품product의 경우는 고객이 전적으로 제품에 만족하고, 안전하며, 생산 비용 면에서 부가가치를 많이 창출하고, 시장점유율 이 전략적 목표를 충족하면 바람직할 것이다.

기업이 글로벌 경제 환경, 고객의 요구, 경쟁자의 움직임 등과 같 은 급변하는 외부 환경의 변화 속도와 폭을 따라잡기 위해서는 조 직 내부도 그 이상의 속도와 폭으로 3P가 변화하여야 하며, 이러한 3P의 변화를 통해서 기업이 반드시 이루어야 할 것이 기업의 성과 performance와 경쟁력 확보이다. 이를 위해서는 기업이 효율성efficiency 과 효과성effectiveness 그리고 유연성elasticity을 갖출 필요가 있다.

효율성이란 비용 절감, 생산성, 스피드와 같이 일을 '제대로 하는 것'을 의미하고, 효과성이란 품질, 고객 만족과 같이 '올바른 일을 하는 것'을 의미한다. 만약 효율성만 추구하고 효과성이 없다면 기 업의 발전과 성장을 기대하기 어렵다. 그리고 유연성은 신제품 개발 능력, 판매량에 따른 생산 조절 능력 등과 같이 '변화에 대한 적절한 대응 능력'을 의미한다.

3) 문제 해결을 통한 성과 창출

지금부터 기업이 환경 변화 속에서 어떻게 하면 성과를 창출하고 유지할 수 있는지에 대하여 알아보기로 하자. 기업은 환경 변화에 적응하여 살아남거나 아니면 사라질 수밖에 없으므로, 기업을 '피드백을 통해 외부 변화에 적응하는 시스템'이라는 관점에서 살펴볼 필요가 있다.

이러한 관점에서 보면 기업이 성과를 창출하기 위해서는 시스템의 구성 요소인 투입물input, 프로세스process, 산출물output, 피드백feedback을 외부 환경의 변화에 따라 적절하게 변화시키는 노력을 해야 하며, 기업의 성과는 이러한 대응의 결과라 할 수 있다. 기업의 성과가 이루어지는 과정을 구체적으로 이해하기 위해서, 목표 설정과 문제 해결의 접근 방법을 조직, 프로세스, 직무라는 3가지 수준별로 나누어서 살펴보기로 하자.

(1) 목표 설정

기업이 성과를 창출하기 위해서는 우선 환경 변화에 적응하기 위한 기업의 나아갈 방향을 분명히 해야 하고, 이러한 방향이 구체화되고 실행에 옮겨지기 위해서는 조직, 프로세스, 직무라는 각각의 업무 수준에서 목표를 명확히 설정할 필요가 있다.

● 조직 목표

조직 수준에서 목표를 설정한다는 것은 기업 전략에 바탕을 두고, 조직과 고객이 필요로 하는 산출물과 산출물에 기대하는 성과 수준을 설정하는 것을 말한다. 그리고 조직 전체의 목표가 설정되면 조직을 구성하고 있는 주요 기능들의 목표도 함께 수립해야 한다. 이때 전체 조직 차원의 최적화가 중요하며, 서로 연결된 각각의 주요 기능에서 개별적으로 최적화가 이뤄지는 부분 최적화에 빠지지 않도록 유의할 필요가 있다.

● 프로세스 목표

조직 차원에서 목표가 설정되면 그 다음으로 프로세스 수준에서의 목표 설정이 필요하다. 특히 프로세스는 가치를 증진시키는 동시에 자원을 소모하는 과정이므로, 프로세스 수준에서의 목표는 이러한 점을 고려하면서 조직 목표 달성과 고객 만족에 기여할 수 있도록 설정해야 한다. 조직 목표의 경우와 마찬가지로 일단 프로세스 목표가 설정되면 필요한 경우 프로세스를 구성하는 주요 단계들의 목표도 함께 수립하게 된다.

● 직무 목표

프로세스 수준의 목표가 설정되면 그 다음으로는 프로세스에 포함되어 있는 직무들에 대한 목표를 설정해야 한다. 직무 수준에서의 목표 역시 직무의 산출물과 표준이 프로세스의 요구와 연결되도록 설정되어야 하며, 직무 목표는 직무 수행자가 무엇을 얼마나 잘해야 하는지를 알려주는 역할을 하게 된다.

이와 같이 각 업무 수준에서의 목표가 설정되면 문제가 드러나게 되고 수행해야 할 과제가 파악된다. 그리고 목표 달성을 위한 노력 즉 과제 수행이 이루어지면 이러한 노력은 최종적으로 기업의 성과 창출과 연결되게 된다.

우리가 목표 지점으로 이동하기 위해서는 현재 위치부터 파악해야 하는 것과 마찬가지로, 목표 달성을 위해서는 현재 수준부터 파악할 필요가 있다. 만약 파악한 현재 수준과 목표 사이에 커다란 격차gap가 있거나 혹은 목표 달성에 장애 요인이 있을 때 우리는 "문제가 있다"고 말하며, 이러한 격차를 줄이거나 장애 요인을 제거하면 우리는 "문제가 해결되었다"고 한다. 이때 문제 성격에 따라 문제 해결의 접근 방법이 달라질 수 있으므로 효율적인 문제 해결을 위해서는 어떤 수준에서 어떤 문제가 있는지를 명확히 파악할 필요가 있다.

(2) 문제 해결의 접근 방법

문제 성격에 따라 활용할 수 있는 문제 해결 방향으로는 (재)설계 (re)design, 개선improvement, 관리control의 방법이 있으며, 목표 달성 또는 문제 해결을 위해서는 이를 각 업무 수준별로 적절히 적용해야 한다.

설계 혹은 재설계는 커다란 격차를 줄이기 위한 급격한 변화를 말하고, 개선은 비교적 작은 격차를 줄이기 위한 점진적인 변화를 말한다. 이를 위해서 각 업무 수준별로 다음과 같은 점을 검토해 볼 필요가 있다.

● 조직 차원의 (재)설계 및 개선

조직 구조가 전략을 수행하고 시스템의 효율을 향상시키는 데 도움이 되는지를 검토한다. 그리고 현재 조직을 구성하고 있는 기능이 모두 필요한 기능인지 여부와 적절한 기능들이 마땅히 있어야 할 곳에 있는지를 함께 검토한다. 기능에 대한 검토가 끝나면 기능들 간의 투입물과 산출물의 흐름이 적절한지도 확인한다.

● 프로세스 차원의 (재)설계 및 개선

프로세스는 '일하는 과정'을 의미하므로 현재의 프로세스가 목표 달성을 위해 가장 효율적이고도 효과적인 프로세스인지를 검토한다.

● 직무 차원의 (재)설계 및 개선

프로세스의 요구가 적절히 직무에 반영되었는지 여부와 직무 단계가 생산성이 향상되는 방향으로 구성되어 있는지를 확인한다. 그리고 직무를 위한 합당한 정책과 절차가 개발되어 있는지 여부와 직무 환경이 적절한지도 검토한다.

특히 관리가 잘 안되면 각 분야별로 많은 문제가 발생될 뿐만 아니라 재설계나 개선을 통해 얻은 성과를 지속적으로 유지하기도 어렵기 때문에, 관리 역시 (재)설계나 개선 못지않게 목표 달성에 중요하다. 기업을 시스템이라는 관점에서 보면 조직 차원 또는 프로세스 차원에서 관리를 할 때 투입물, 프로세스, 산출물로 영역을 나누어 볼 수도 있다. 예를 들어 투입물 측면에는 자원 관리, 프로세스 관점에는 접점 관리, 산출물의 측면에는 성과 관리 등이 이에 해당된다.

● **자원 관리**(투입물)

　자원 관리는 조직, 프로세스, 직무 등의 각 수준에서 목표를 원활히 달성할 수 있도록 인력, 예산, 시간, 공간, 장비 등의 자원을 적절히 할당하는 것을 말한다.

● **접점 관리**(프로세스)

　조직에서 각 기능들 사이에는 '틈' 또는 '벽'이 있기 마련이고, 프로세스의 각 단계들 사이에도 틈이 존재한다. 이러한 틈은 지체와 병목현상을 만들기도 하고 소통을 방해하기도 한다. 하지만 틈을 완전히 제거하기는 현실적으로 어려우므로 이러한 틈이 목표 달성에 부정적인 영향을 미치지 않도록 관리할 필요가 있다.

● **성과 관리**(산출물)

　성과 관리는 조직 혹은 프로세스의 각 수준에서 실제 성과를 평가하는 것을 말한다. 성과가 낮은 경우에는 관련자들과 정보를 공유할 수 있는 적절한 조치를 취하고, 내부와 외부의 여건이 변한 경우에는 목표를 재설정함으로써 변화에 지속적으로 대응하도록 한다.

그리고 성과 관리의 핵심은 측정이다. 성과 측정이 없다면 문제 자체를 파악하기도 어렵고, 문제의 영향을 설명할 수도 없으며, 문제에 대한 중요도 및 시급성을 파악하기도 어렵다. 그리고 성과에 대한 정확한 측정이 없다면 목표를 설정하기도 어렵고 목표가 달성되었는지 확인도 어렵다. 따라서 공정한 보상이 이루어지기도 어렵고, 그 결과 기업 구성원들의 개선 활동에 대한 동기부여도 잘되지 않는다. 이것이 "측정 없이 개선 없다"라는 말이 흔히 사용되는 이유이기도 하다.

직무 수준에서의 관리는 사람에 대한 관리이므로 조직 관리나 프로세스 관리와는 차이가 있다. 직무 관리에서는 교육과 훈련을 통해 구성원들의 업무 수행 역량을 향상시키고, 적절한 보상을 통해 업무 의욕을 증진시키는 것이 중요하다. 또한 직무 관리를 통해 구성원들에게 직무에 대한 역할과 의무를 분명히 해주고 다양한 정보를 제공하며 적합한 직무 환경을 유지해 줌으로써 목표 달성이 원활히 이루어지도록 해야 한다.

(3) 성과 창출 과정의 요약

기업을 시스템이라는 관점에서 볼 때 성과 창출 과정이 지속적으로 유지되기 위해서는 피드백이 필요하다. 특히 외부 환경 변화에 대한 정보와 이에 대한 조직의 대응 전략 및 그 성과에 대한 평가 결과는 피드백이 되어야 할 중요 내용이다.

결국 목표 설정 과정과 성과에 대한 평가를 통해 새로운 문제가 파악될 수 있고, 이를 해결하는 과정에서 성과가 창출됨을 알 수 있다. 지금까지 설명한 성과 창출 과정을 정리해 보면 다음과 같다.

- 단계 1: 외부 환경 변화를 인식하고 이에 적응하기 위한 전략을 수립한다.
- 단계 2: 전략을 실행하기 위한 구체적인 목표를 업무 수준별로 설정한다.
- 단계 3: (재)설계, 개선, 관리를 통해 목표를 달성함으로써 성과를 창출한다.
- 단계 4: 성과에 대한 평가를 시행하고 적절한 전 단계로 돌아간다 (피드백).

기업의 개선 노력에는 끝이 있어서는 안 되며 기업의 성과 창출 과정도 일회적 행사가 아니라 일을 하는 방식으로 정착되어야 한다. 이를 위해서는 다음과 같은 점을 유념할 필요가 있다.

- 성과 개선 노력에 최고 경영자가 행동으로 적극 참여해야 한다.
- 성과 측정 시스템, 프로젝트 관리 시스템, 보상 체계 등과 같은 개선 관련 인프라를 구축함으로써 사람이 바뀌어도 기업 차원의 개선 노력이 지속될 수 있도록 한다.
- 외부 환경 변화와 평가 결과를 반영하여 목표를 재설정하는 구조를 구

축함으로써 목표가 개선을 주도하게 한다.

- 조직, 프로세스, 직무의 각 수준에서의 개선 활동이 연계되어 통합적으로 이루어지도록 한다.

기업이 지속 발전하기 위해서는 이와 같이 여러 조건을 충족해야 하겠지만 핵심 사항은 성과 창출을 통해서 고객에게 가치를 전달해야 하고, 그 결과 고객 만족이 이루어져야 한다. 그리고 고객 만족을 이루기 위해서는 품질, 낭비 제거, 스피드 확보 등과 같은 성과와 관련된 다양한 문제를 해결해야 한다. 이렇게 해야 기업에서 재무적 성과도 이룰 수 있고 이를 바탕으로 주주 만족과 구성원의 만족도 이룰 수 있으며, 이것이 기업이 성과 창출 과정에서 문제 해결을 통하여 궁극적으로 얻고자 하는 바이기도 하다.

② 고객 만족

1) 고객 만족의 개념

기업은 기본적으로 수익이 있어야 지속 발전할 수 있으며, 수익은 기업이 제공한 서비스와 제품에 대하여 만족을 느끼는 고객으로부터 나온다. 특히 고객 만족은 고객들로 하여금 우리 회사의 제품이나 서비스 상품을 다시 구매하게 하는 핵심 요소이며 입으로 전파되는 긍정적인 선전 효과를 창출하여 기업 성장의 밑거름이 된다.

과거에는 기업에서 공급자 중심의 원가 우위 전략에 바탕을 두어 비용 절감만을 강조하는 경향이 있었으나, 오늘날에는 고객의 요구가 다양해지고 세분화됨에 따라 고객 중심의 차별화 전략으로 바뀌고 있다. 우수한 품질의 제품을 보유하고 있는 기업이라도 만약 고객을 만족시키지 못하면 경쟁에서 뒤떨어지게 된다. 우리는 과거 품질과 기술력이 우수한 제품이 시장에서 외면을 당한 사례를 많이 보아 왔다. 이는 기업의 기술력이나 제품의 품질은 고객 만족의 필요조건이지만 충분조건이 아니라는 의미이기도 하다.

따라서 고객 만족은 기업의 핵심 과제이다. 기업의 생존과 번영이 고객의 손에 달려 있다고 누구나 생각하지만 고객 만족은 점점 어려워지고 있는 상황이다. 고객 만족이 어려워지는 몇 가지 이유를 먼저 살펴보면 다음과 같다.

● **고객은 능동적으로 움직인다.**

일반적으로 기업은 매년 10~30%의 고객을 잃는 것으로 알려져 있다. 그러나 기업은 어떤 고객이 어떤 이유로 언제 떠났는지에 대하여 잘 모르고 있고, 또한 그것이 기업의 이익 감소에 어느 정도의 영향을 미치는지 파악하지 못하는 경우도 많다. 뿐만 아니라 바닥에 구멍이 난 양동이에서 물이 조금씩 새듯이 자기도 모르게 고객이 이탈하고 있는 경우가 많다. 이때 물의 양을 유지하기 위해서 새로운 물을 계속 부어 넣는 것보다는 바닥에 있는 구멍을 먼저 메우는 것이 현명한 해결책이다. 일반적으로 신규 고객 획득 소요 비용은 대략 잠재 이탈 고객에 대한 유지비용의 5배가 든다고 알려져 있으므로 신규 고객 확보에 많은 비용을 지출하기보다는 잠재 이탈 고객을 막기에 좀 더 노력하는 것이 바람직하다.

● **고객의 기대 수준이 점점 높아져 간다.**

고객의 요구 사항은 점점 다양해져 가고 있으며 고객은 기업의 실수를 이해하려 하지 않는다. 고객의 요구를 충족시키기 위해서는 기능, 품질, 가격, 정시 배달과 같은 기본적인 것은 물론이고 기업 이미지, 고객과의 관계까지도 함께 고려해야 한다. 또한 과거에는 제품이나 서비스에 포함되어 있을 것이라고 기대하지 않았던 품질 요소도 시간이 지남에 따라 고객은 당연히 포함되어야 할 요소로 느끼고 있는 상황이 전개되고 있다.

● 고객은 풍부한 정보를 갖고 있다.

불만족한 고객 100명 중 겨우 4명만이 불만을 토로하고 나머지 고객은 조용히 떠나지만, 떠난 고객들은 각각 10명에게 불평을 털어 놓는다고 한다. 이와 같이 일부 고객만 기업에 불만을 토로하기 때문에 기업은 고객 불만 사항에 대하여 과소평가하기 쉽고 착각할 수 있다. 반면에 고객들은 인터넷과 같은 정보망을 통하여 제품이나 서비스를 쉽게 비교할 수 있고, 불만을 다수에게 표출할 수 있으므로 불만 사항은 급속도로 전파되기도 한다. 따라서 소수의 불만이 기업에 치명적 타격을 줄 수도 있는 세상으로 변화되었다는 사실을 인식할 필요가 있으며 고객에 대한 능동적인 대처가 필요하다.

고객 만족은 고객이 원하는 것이 무엇인지를 질문하고 확인하는 것에서 출발한다. 먼저 고객의 소리(voice of customer: VOC)를 경청하여 고객이 오래 남을 수 있도록 고객 충성도를 구축함으로써 이탈 고객을 막고, 차별화된 경쟁 우위를 확보하여 신규 고객을 늘리며, 성장 기회를 발견함으로써 새로운 시장을 개척해야 한다(<그림 1. 2> 참조). 결론적으로 고객 만족은 고객의 소리를 잘 듣는 데서 출발한다.

<그림 1.2> 고객의 소리와 기업의 관계

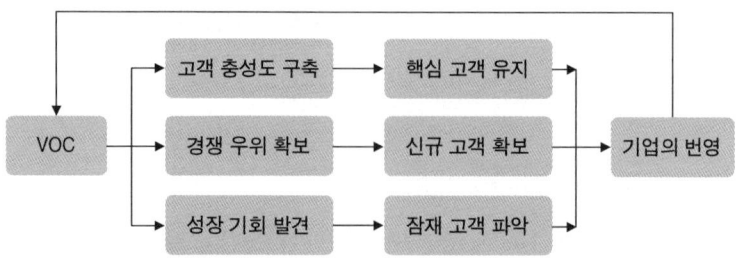

일단 고객의 요구가 파악되면 일반적으로 다음과 같은 고객과의 상호 접촉 과정 또는 문제 해결 과정을 통해 고객 만족도를 향상시키는 일이 중요하게 된다.

- 고객의 기대 수준을 파악하고 개선 테마 선정을 위해 고객과 접촉한다.
- 기업 내부의 개선 가능성과 문제점을 확인한다.
- 고객 만족을 위한 프로젝트를 선정하여 수행한다.
- 고객 만족을 위하여 고객과 정기적인 의사소통을 갖는다.
- 지속적으로 고객과 관련하여 기회를 발견하고 문제를 해결함으로써 기업의 목표를 달성한다.

이와 같이 고객 만족을 실현시키기 위한 프로세스가 기업 내에서 체계적으로 추진되고 지속성을 갖기 위해서는 다음과 같은 요소가 중요하다.

- 전략

  전략은 고객 만족의 모든 요소를 조직하는 틀이다. 우선 기업의 핵심 역량을 고객 만족에 맞추고, 고객 만족을 통해 경쟁 우위를 확보하겠다는 전략 목표를 조직 전체에 확산시켜야 한다.

- 리더십

  리더십은 수립된 전략이 조직 내부에서 구현될 수 있도록 하는 지도력을 의미한다. 경영진의 고객에 대한 마음가짐, 개선하려는 열정과 참여는 조직 내부의 일상 업무에도 크게 영향을 미친다.

- 직원

  고객 만족은 직원과 고객이 부딪치는 현장에서 이루어지는 경우가 많으므로 고객 만족은 직원의 손에 달려 있다고 해도 지나친 말이 아니다. 직원에게는 고객의 요구를 현장에서 해결할 수 있도록 적정 수준의 권한 위임이 이루어져야 하고, 교육을 통해 필요한 지식을 습득케 하며, 고객 지향적으로 행동할 수 있도록 동기부여가 되어야 한다.

- 인프라

  고객 만족을 위한 인프라란 직원 교육 프로그램, 고객 데이터베이스, 성과 측정 시스템 등을 포함하는 업무 지원 설비 및 시스템을 말한다. 인프라는 고객 만족에 초점을 맞추고 정보 기술을 적극 활용하여 유지비용을 절감하고 효율을 향상시켜야 한다.

● 고객의 참여

고객이 고객 가치 실현을 위한 파트너로서의 역할을 잘 할 수 있도록 해야 한다. 고객 만족의 구성 요소를 정하고 성과 기준이나 목표 수준을 결정하는 데 고객을 참여시킬 필요가 있다.

고객 만족 여부는 고객의 기대 수준과 실제로 느끼는 가치와의 격차gap에 달려 있다. 예를 들어 기대 수준보다 고객이 느끼는 가치가 더 크다면 만족할 것이고, 그렇지 않다면 불만을 느끼게 될 것이다. 이때 기대 수준은 고객이 전해들은 소문, 개인적 필요성, 고객의 과거 경험, 기업의 마케팅 활동 등에 영향을 받는다.

그리고 실제로 고객이 느끼는 가치는 기업의 고객 요구 파악에서부터 제품과 서비스 제공에 이르는 일련의 경영 활동과 문제 해결 과정의 결과라 할 수 있다. 결국 고객 만족의 성패는 기업이 고객의 기대나 요구를 제대로 인지하는 데서 출발하여 고객의 기대와 실제로 이를 충족시킬 수 있는 기업 능력 간의 격차를 좁히는 데 있다.

2) 고객 가치

(1) 고객 가치의 개념

지금부터 고객 만족과 유사한 개념인 고객 가치에 대해 좀 더 알아보기로 하자. 고객 가치는 고객이 제품이나 서비스를 구입하고 느끼는 총체적 가치를 의미하며, 여기에는 품질, 가격, 정시 배달, 기업이나 상품의 브랜드 가치, 디자인, 명성 등이 포함된다. 예를 들어 세간에서 명품을 높은 가격에도 불구하고 선호하는 이유는 고객 가치가 높기 때문이다.

고객은 제품과 서비스를 구입할 때 구입 동기 및 목적이 충족되기를 원한다. 그리고 구매 과정에서 느끼는 감정인 편의성, 평판, 신뢰성, 칭찬 등과 같은 구매 프로세스 품질도 고객 가치에 영향을 미치게 된다. 반면에 구매 가격이 낮아야 고객 가치가 높아지고, 구매에 들인 시간이나 노력과 같은 고객 접근 비용 역시 낮아야 고객 가치가 높아진다. 따라서 이러한 내용을 정리하면 고객 가치는 다음과 같이 표현 될 수 있다.

> 고객 가치 = (효용/비용)
> = (구매 결과 + 구매 프로세스 품질) / (구매 가격 + 고객 접근 비용)

결국 고객 가치란 위의 식에서 분모가 작아지고 분자는 커지는 경우 높아지므로 분모와 분자를 비교하는 과정에서 형성된다. 따라서 고객 가치를 향상시키기 위해서는 기본적으로 분모에 해당하는 비용은 줄이고 분자에 해당하는 효용은 높여야 한다.

비용을 줄이기 위해서는 상품 개발, 구매, 생산, 재고관리, 유통 등 각 단계에서 낭비적 요소를 제거하고 앞선 관리 기법을 확립할 필요가 있다. 그리고 효용을 향상시키기 위해서 경쟁 업체와 차별화하여 고객이 원하는 기능과 서비스를 추가로 제공할 필요가 있다. 뿐만 아니라 신기술을 이용하거나 또는 일하는 방법의 혁신을 통해 프로세스를 개선하거나 재설계함으로써 비용 절감과 효용 향상을 동시에 추구해야 한다.

높은 고객 가치는 고객 만족을 가져오고, 높은 고객 만족은 고객 충성을 가져오며, 이것이 기업의 수익을 증대시키고, 수익 증대는 결국 종업원 만족 및 주주들의 만족으로 이어진다. 결국 고객 가치 창출은 기업이 지속 발전하는 선순환 체계를 구축하는 데 있어서 핵심적 요소이다.

(2) 고객 가치의 향상

고객 가치를 향상시킬 수 있는 구체적인 방안에 대하여 알아보기로 하자. 원칙적으로 결과를 바꾸려면 먼저 과정을 바꾸어야 한다. 따라서 고객 가치를 향상시키기 위해서는 관련된 사람들이 전체 프로세스를 이해하여 프로세스를 개선하거나 재설계를 해야 할 필요가 있으며, 이를 위해서는 "일을 어떻게 하여야 하는가?"에 초점을 두고 프로세스의 성과에 집중하는 것이 필요하다.

프로세스에는 고객 가치 창출을 위한 핵심 프로세스가 있고, 가치 창출을 지원하기 위한 지원 프로세스가 있다. 핵심 프로세스는 소비자와 같은 외부 고객의 욕구를 충족시키기 위함이고, 지원 프로세스는 회사의 구성원인 내부 고객을 만족시키기 위함이다. 결국 고객 가치 창출을 위해서는 이러한 내부 및 외부 프로세스 통합화가 필수적이다. 이를 위해서는 먼저 내부 프로세스를 통합하여 종합적으로 고찰할 필요가 있으며 어느 프로세스에서 가치 창출이 크게 발생하고 있는지를 확인할 필요가 있다.

그리고 기업은 자신의 **가치 사슬**value chain을 검토하고 평가하여 어디에 자원을 중점 배분하며, 어디에 초점을 두어야 하는지를 결정해야 한다. 뿐만 아니라 가치 사슬을 내부에 한정시키지 말고 협력업체 및 최종 소비자와 같은 외부 고객까지 확장하여 전체 가치 사슬의 관점에서 최적의 해결책을 마련할 필요가 있다. 고객 가치를 향상시킬 수 있는 몇 가지 방안을 예시하면 다음과 같다.

① 제품과 서비스를 구입 검토할 때부터 사용할 때까지의 전체 과정을 고객의 입장에서 편리하게 하도록 노력한다.

- 인터넷과 같은 IT 환경을 활용하여 고객에게 좀 더 쉽게 가까이 갈 수 있는 접근 방법을 검토한다.
- 고객에게 필요한 정보를 적시에 제공하여 구입 여부 판단을 쉽게 결정하도록 한다.
- 고객에게 편리한 대금 지불 방법이나 조건을 제공한다.
- 고객이 구매 의사가 있을 때 즉시 구매할 수 있도록 구매 방법을 보다

쉽게 하도록 한다.

- 문제가 생겼을 때 반품 절차와 같은 고객이 겪는 번거로움을 최소화하도록 노력한다.
- 고객이 제품의 사용 방법 등에 대하여 쉽게 접근할 수 있도록 한다.
- 고객이 보다 만족할 수 있는 애프터서비스를 제공한다.

② 고객의 요구에 신속히 대응한다.

- 고객이 기다리지 않도록 제품이나 서비스를 제공하는 데 걸리는 시간을 최대한 단축한다.
- 시간 단축에 대한 요구가 강한 고객에게는 비용을 좀 더 요구하더라도 신속히 대응하도록 한다.
- 피자 배달을 할 때 시간이 초과되면 돈을 받지 않는 경우처럼, 시간에 대한 보증을 한다.

③ 고객의 가치 사슬에 동참하여 고객의 문제를 해결함으로써 고객의 성과 창출과 성장을 돕는다.

이에 대한 대표적인 예로서 3M사는 IBM사에 소재를 공급하고 있었으며, IBM사에서는 제품 생산 과정에서 공정에서 발생하는 정전기로 인하여 많은 생산 손실이 발생하고 있었다. 이러한 문제를 해결하기 위하여 3M사와 IBM사는 공동 연구를 진행하여 신소재를 개발하고 생산 프로세스를 재구축함으로써 생산 손실을 줄이고 비용 절감이라는 고객의 성과 창출을 이룰 수 있었다. 이는 문제 해결

과정에서 관련된 회사들이 동시에 참여할 때 높은 수준의 성과 창출과 기업 성장을 달성할 수 있음을 보여주는 좋은 사례이다.

④ 제품과 서비스에 고객의 시간 절약을 포함시킨다.

고객이 안고 있는 문제를 해결해 줌으로써 고객의 시간을 절약해 준다. 예를 들어 음식 재료를 판매할 때 손질하여 요리하기 직전 상태로 판매하는 것이 이에 해당된다.

⑤ 제품과 서비스에 관련 지식을 함께 제공한다.

홈페이지를 적극 활용하여 관련 지식을 제공하거나 또는 종업원을 교육시킴으로써 고객의 문제 해결에 필요한 지식을 적시에 제공하도록 한다. 예를 들어 음식 재료를 판매할 때 조리 방법을 함께 제공하는 것과 혹은 소프트웨어를 판매할 때 무료 강좌를 병행하는 경우가 이에 해당한다고 할 수 있다.

⑥ 개발부터 생산까지의 과정 가운데 일부 과정에 고객을 참여시킨다.

예를 들어 세계적인 가구 회사인 스웨덴의 이케아Ikea사는 제품 조립에 고객을 직접 참여시킴으로써 원가절감을 이루고 고객에게는 성취감을 느끼게 하고 있다.

⑦ 고객에 개별성을 부여하여 제품과 서비스에 고객과의 관계를 추가한다.

예를 들어 자동차나 컴퓨터를 구입할 때 고객 개인의 취향에 맞는 다양한 선택의 폭option을 제공함으로써 고객에게 개별성을 부여하기도 한다. 하지만 시간이나 경제적 여유가 없는 경우, 선택의 폭이 지나치게 넓으면 고객이 심리적 압박을 느낄 수도 있으므로 선택의 폭을 적정 수준으로 관리할 필요가 있다. 또한 고객과의 의사소통 경로를 유지하고 관리할 필요가 있다. 특히 개인별로 필요한 맞춤형 정보를 제공하거나 생일 축하 카드를 발송하는 것 등이 이에 해당된다.

결론적으로 고객을 더 잘 알고 만족시킬 수 있는 기업이 앞으로는 경쟁 우위를 차지하게 될 것이다.

3 품질 향상

1) 품질의 개념

　기업이 지속적으로 발전하기 위해서는 품질이 필수 요소라는 말에 이의를 제기하는 사람은 없을 것이다. 대부분의 기업에서 품질개선은 기업의 장기적 전략의 핵심이 되고 있으며, 품질은 시장의 확대, 경쟁 우위, 장기적 수익성을 가져다주는 바탕이 되고 있다. 우선 품질의 개념부터 알아보기로 하자.

　상품이나 서비스의 품질은 평가하는 사람의 관점에 따라 다양하게 정의될 수 있다. 먼저 생산자의 입장에서 품질은 **설계 규격에의 적합성**conformance to specification이라고 정의된다. 상품이나 서비스를 제공하는 공급자의 입장에서는 설계 및 의도했던 **규격**specification에 제조된 제품 혹은 서비스가 얼마만큼 일치하느냐에 따라 품질의 좋고 나쁨을 평가하게 된다.

　그러나 소비자들은 상품이나 서비스가 생산자가 미리 정하여 설계한 규격에 아무리 잘 부합되더라도, 자신들이 기대했던 용도 및 기대에 적합하지 않으면 품질을 높게 평가하지 않게 된다. 따라서 소비자의 입장에서는 품질은 **용도에 대한 적합성**fitness for intended use 이라고 정의할 수 있다.

또한 제품이 비록 설계 규격에 일치하지 않더라도 고객의 기대를 만족시키면 용도에 대한 적합성을 갖추게 된다. 예를 들어 형광등의 밝기가 설계 규격에서는 500lux이나 실제 제품의 조도가 450lux밖에 되지 않더라도 소비자는 만족할 수 있다. 이런 경우 생산자의 입장에서는 규격에 미달하여 낮은 품질의 제품이지만 소비자의 입장에서의 용도에 대한 적합성은 갖춘다고 할 수 있다.

다른 한편으로 품질은 상품이나 서비스가 가지고 있는 고유의 가치 및 우수성이라고 할 수 있다. 그리고 이러한 추상적이고 주관적인 상품의 가치는 가격이나 혹은 소비자의 선호도로 나타나게 된다. 예를 들어 로렉스Rolex 시계, 벤츠Benz 자동차들의 품질에 대한 소비자의 평가는 이러한 가치 개념에 기반을 두고 있는 것이라 할 수 있다.

이러한 관점 이외에도 품질을 정의하는 방법은 다양하다. 그리고 과거에는 상품이나 서비스의 공급이 수요에 비해 절대적으로 부족했기 때문에, 고객은 기업이 제공하는 품질에 맞추어야 했으며 만들면 팔리는 시대라고 할 수 있었다. 이러한 환경에서 품질은 전통적으로 제품을 만드는 사람의 입장에서 생각하는 상품의 적합성이 강조되어 왔다.

반면에 무한 경쟁 시대라고 할 수 있는 지금은 기업이 제공하는 품질이나 서비스에 대해 소비자가 느끼는 만족도에 의해 고객이 상품을 선택하는 시기라고 할 수 있다. 이러한 상황 변화는 일본 도요타사의 조사 결과가 잘 말해 주고 있다. 조사 결과에 따르면 구입한 상품에 만족을 느낀 고객의 재구입률은 60%, 미결정률까지 고려하면 100%에 이르는 반면, 만족을 느끼지 못한 고객의 재구입률은 10%밖에 되지 않는다고 한다. 그리고 미국의 국립표준기관(American National Standard Institute: ANSI)의 품질에 대한 다음과 같은 공식적인 정의는 이러한 기업 환경의 변화를 잘 보여주고 있다.

> 품질이란 주어진 요구를 만족시킬 수 있는 상품이나 서비스가 갖고 있는 능력의 총체적인 특징이나 성격이다.

따라서 지금의 기업 환경에서 상품이나 서비스의 품질은 고객이 느끼는 만족도customer satisfaction라고 할 수 있다. 생산자의 입장에서 설계 규격에 맞게 제품을 생산하더라도, 제품이 고객의 요구를 충족시키느냐 하는 것은 고객이 최종적으로 판단하게 된다. 따라서 좋은 품질의 상품이나 서비스를 위해서는 설계 및 계획 단계부터 고객의 요구를 정확히 파악하여야 할 필요가 있으며, 제품의 제조 과정에서 불량이나 이상원인이 발생하지 않도록 하여야 함은 물론이고 만약 불량이 고객의 손에 전달된 경우에는 신속히 조처해야 한다. 결국 품질 향상을 위해서는 고객 요구의 변화를 꾸준히 모니터링하고 품질에 반영하는 것이 필수적이다.

2) 불일치 문제의 해결

　품질과 관련하여 주로 관리가 제대로 이루어지지 않을 때 발생하는 대표적인 문제가 **불일치 문제**이다. 불일치 문제란 투입물, 프로세스, 산출물 모두가 바람직한 상태인 표준화가 명확히 되어 있음에도 불구하고 시스템에서 고객의 요구를 충족하지 못하는 일이 발생하는 경우를 말한다.

　이 경우는 원하는 성과를 얻기 위해서 어떻게 해야 하는지를 이미 알고 있는 경우이므로 먼저 시스템에서 정상과 차이가 있는 불일치가 생긴 부분을 확인한 후, 발생 원인을 해결함으로써 시스템을 원래의 정상 상태로 다시 복귀시키면 문제가 해결될 수 있다.

　만약 표준화가 되어 있음에도 불구하고 프로세스의 변동이 너무 커서 규격을 충족시키지 못하는 경우에는 프로세스 관리 방법을 적용하여 변동을 줄이려는 노력을 해야 하며, 종업원의 실수로 인한 불일치가 많이 발생하는 경우에는 **실수 방지책**을 마련할 수도 있다. 하지만 불일치 문제의 해결을 위해서는 불일치가 생긴 원인을 파악하는 것이 핵심이다. 지금부터 불일치의 원인을 투입물, 프로세스, 환경으로 나누어 불일치로 인한 품질 문제에 대하여 살펴보기로 하자.

(1) 투입물 측면의 불일치 문제

투입물input의 내용이 요구되는 내용과 다르거나 혹은 투입물의 질과 양이 잘못되어도 불일치가 발생한다. 그리고 투입물은 외부 공급자 또는 내부의 전 단계 프로세스 혹은 고객으로부터 제공되므로, 무엇이 누구로부터 어떤 품질로 어느 양만큼 제공되는지를 다음과 같은 항목에서 확인할 필요가 있다.

● **자재**Materials

장기간 효율적으로 운영되던 생산 시스템에서 갑자기 불량률이 높아지는 경우, 그 원인이 자재에 있는 경우가 많으므로 자재와 관련하여 기존과 달라진 점이 없는지를 확인해 볼 필요가 있다. 예를 들어 잘못된 부품이나 불순물이 포함된 원료가 납품되었을 수도 있고 원료의 유통기간이 지났을 수도 있다. 그리고 자재 자체에 문제가 있을 수도 있지만 자재의 저장, 배합, 이동, 포장 등과 같이 자재를 다루는 과정에서 잘못될 수도 있다.

● **장비**Equipment

넓은 의미에서 장비는 기계 또는 공구 등과 같이 프로세스에서 단기간에 소멸되지 않는 생산 수단을 말한다. 장비는 교체 또는 수리가 필요한 경우도 있지만, 장비로 인한 불일치 문제를 막기 위해서는 평소 장비에 대한 유지 관리가 중요하다.

● 종업원People

불일치 문제가 종업원에 기인하는 경우, 문제의 원인에 대해서는
논란이 야기되기 쉽다. 사람은 개인적 특성, 능력, 습관, 지식, 태도
등에 따라 성과에 차이를 보이기 마련이다. 종업원으로 인한 불일치
가 발생했다고 해서 무조건 비난하기보다는 개인 특성에 대한 배려,
교육 훈련 제공, 동기부여, 작업환경 개선 등을 함께 검토해 볼 필요
가 있다.

● 정보Information

정보는 생산 활동에 있어서 중요한 요소이다. 만약 생산해야 할
제품의 규격이 잘못되었거나 혹은 완성된 제품을 받아 볼 고객의 소
재가 잘못 파악된 경우에도 불일치 문제가 발생할 것이다. 이처럼
정보가 부정확해서 믿을 수 없거나 필요한 정보가 없는 경우에는 불
일치 문제가 발생할 수 있다.

(2) 프로세스 측면의 불일치 문제

프로세스를 통한 성과는 이와 같이 투입물의 질과 양에도 영향을
받지만 프로세스 관련 불일치에 더욱 영향을 받는다. 특히 잘못 설
정된 제조 조건, 병목현상으로 인한 지체, 프로세스 연결 부분의 책
임 전가, 과부하 등은 프로세스 관련 불일치를 야기하기 쉽다. 이밖
에 프로세스와 관련된 불일치 항목을 좀 더 살펴보면 다음과 같다.

• 작업 방법 Work Method

작업 방법은 주어진 업무를 작업자가 어떻게 수행해야 하는가를 말하며 업무 지침서의 형태로 표준화된다. 하지만 표준화된 작업 방법이 아예 없거나 혹은 업무 지침서는 있지만 현장에서 업무 지침서와 다르게 작업이 이루어지고 있다면, 이로 인하여 프로세스의 변동이 커지기 쉽다.

• 모니터링과 통제 Monitoring and Control

프로세스의 출력물이 사용자의 요구를 충족시키는 것을 보증하기 위해서는 프로세스가 제어 control 가능해야 하며, 동시에 프로세스의 전 과정이 모니터링되어야 한다. 이러한 활동은 주로 측정 활동에 달려 있으므로 측정이 정확하지 못하고 정밀하지 못하다면 불일치 문제가 발생할 수 있다. 그리고 프로세스를 관리하기 위해서는 관리하는 변수와 출력물 사이의 관계를 알아야 한다. 하지만 만약 이들 사이의 관계가 명확하지 않는 경우에도 관리 과정에서 불일치가 발생할 수 있다.

• 검증과 검사 Test and Inspection

완성된 제품 혹은 서비스에 대한 검증과 검사 역시 품질을 보증하기 위한 중요한 수단이다. 그리고 이 과정에서 중요한 것은 측정의 정확성과 정밀성이라 할 수 있다. 검증과 검사 자체가 결함을 만들어 내지는 않지만 잘못되면 다음 프로세스에서 문제가 발생하거나 고객의 손에 불량품이 제공되게 된다.

(3) 환경 측면의 불일치 문제

투입물이나 프로세스뿐만 아니라 프로세스가 진행되고 있는 환경 역시 불일치의 원인이 될 수 있다. 예를 들어 실내 환기나 조명은 작업 능률에 영향을 주며 결함 발생에 영향을 줄 수 있다. 만약 작업 장이 정리 정돈이 잘 되어 있지 않고 청소도 잘 안 되어 있어 청결하지 못할 뿐만 아니라, 이러한 환경이 개선되지 못하고 지속되고 있다면 환경으로 인한 불일치가 생긴다. 따라서 현장은 '눈에 보이는 관리'가 기본이다.

위와 같은 불일치 문제는 표준화된 일하는 방법을 알고 있는 경우이므로, 무엇이 잘못되었는지 문제를 인식하고 해결하는 것이 비교적 용이하다. 만약 평소에 고객과의 소통을 원활히 유지하고 있었다면 문제를 초기에 발견하는 데 도움이 된다.

대부분의 불일치 문제는 소홀한 관리와 실수로부터 야기되는 경우가 많으므로 문제를 예방하기 위해서는 철저한 관리와 실수를 줄이려는 노력이 필요하다. 이를 위해서는 실수를 어쩔 수 없는 것으로 용납하는 태도부터 버려야 하며, 실수를 줄이기 위한 실수 방지 대책을 마련할 필요가 있다.

그리고 어쩔 수 없이 생기는 실수에 대해서는 피해를 최소화하는 방안을 강구하거나 아예 프로세스를 자동화를 통해 재설계할 수도 있다. 이렇게 해도 계속 결함이 발생하면 반복되는 결함을 추적해서 원인에 대한 목록을 작성할 필요가 있으며, 작성된 목록을 통해 축적된 경험적 지식을 활용하면 문제 해결과 프로세스 개선에 크게 도움이 된다.

3) 서비스 품질

사회가 산업화에서 정보화로 진척되어 감에 따라 제조업보다 서비스업의 비중이 점차 증가하는 추세에 있다. 서비스는 유형적인 제품과는 달리 무형의 가치를 제공하는 것으로서, 고객의 주관적 또는 심리적 효용인 고객 만족이나 편의를 제공하는 것이라 할 수 있다. 따라서 서비스 품질은 제조 품질과 개념상에서부터 차이를 보인다. 우선 서비스 품질의 특징을 정리해 보면 다음과 같다.

● 서비스 품질은 고객이 주관적으로 인지하는 것이다.
서비스 품질의 경우에는 불량률과 같이 객관적인 측정 수단으로 관리하기가 어렵고, 고객이 다소 주관적으로 인지하는 경우가 많다. 따라서 서비스 품질은 경영진이 단독으로 결정해서는 곤란하고 고객의 요구에 근거해야 한다.

● 서비스 품질은 생산 과정과 소비 과정의 분리가 어려운 경우가 흔하다.
서비스의 결과는 품질의 일부이며 고객에게는 결과뿐만 아니라 서비스 과정 자체가 중요하게 인지된다. 따라서 결과뿐만 아니라 과정도 중요하게 다루어야 한다.

- 서비스 품질은 서비스가 제공되는 현장 즉, 서비스와 고객이 상호작용하는 진실의 순간에서 주로 이루어진다.

고객은 기업의 시스템이나 운영 방식에는 관심이 없고 오로지 자신이 받은 서비스에 대한 경험으로 품질을 평가한다. 그러므로 고객 접점이 많은 기업에서는 서비스 제공 과정에서 고객과 접촉하는 '진실의 순간moment of truth'에 관심과 노력을 집중해야 한다.

- 전체 조직이 참여하여 서비스 품질 향상에 노력해야 한다.

고객은 만족도나 품질을 더하기가 아닌 곱하기로 인식하는 경향이 있다. 예를 들어 어떤 상황에서 서비스에 대한 만족도가 100점이라 할지라도 고객 접점에서의 서비스가 0점이었다면 전체 만족도는 '100×0＝0'이 될 수 있다. 따라서 고객을 만족시키기 위해서는 관련된 사람이나 조직 모두가 참여해야 한다.

서비스 품질에서는 고객이 인지하는 서비스 과정에서의 품질이 무엇보다 중요하다. 품질학자인 파라수라만A. Parasuraman 등은 무형적이고 확인이 어려운 서비스 품질의 결정 요인을 찾아내고, 서비스 품질과 제품 품질과의 차이를 이해하는 데 기초가 되는 다음과 같은 5가지 항목들을 제시였다. 이러한 다섯 가지 품질의 결정 요소는 영문의 첫 자를 모아 RATER라고 부르기도 하며, 서비스 품질 측정에 있어서 표준화된 접근 방법으로 널리 사용된다.

- 신뢰성Reliability

  약속된 서비스를 믿고, 정확하게 수행할 수 있는 능력과 같은 요소이다.

- 확신성Assurance

  직원의 지식과 예절, 그리고 신뢰와 확신을 줄 수 있는 능력과 같은 요소이다.

- 유형성Tangibles

  서비스가 제공되는 물리적 시설, 장비, 직원 등과 같이 눈으로 확인 할 수 있는 요소이다.

- 공감성Empathy

  고객에게 제공하는 개별적 관심과 배려 같은 요소이다.

- 대응성Responsiveness

  고객을 돕고 신속한 서비스를 제공하겠다는 자세에 관련된 요소이다.

  무형적인 서비스 상품에 대한 품질 측정은 유형적인 제조 상품에 비해 상대적으로 어렵다. 하지만 "측정 없이 개선 없다"라는 말과 같이 측정을 해야 서비스의 구체적인 수준을 파악할 수 있고, 이는 개선의 출발점이 된다.

여기서 서비스 품질을 측정하는 한 가지 방법을 소개하면, 우선 특정 기업을 대상으로 구체적인 서비스 특성에 따라 기대를 측정하는 문항을 작성한 후 고객의 인지된 실제 서비스 성과를 기록한다. 인지된 서비스 품질이란 서비스를 받기 전 **기대한 서비스**expected service와 **경험한 서비스**perceived service를 비교한 결과를 의미하며, 서비스 품질은 고객의 기대 충족 여부에 의해 판단된다. 기대를 초과하면 고객 감동, 충족하지 못하면 수용 불가 품질로 인지된다(<그림 1.3> 참조).

이러한 방법은 눈에 보이지 않는 서비스만을 주로 제공하는 사업 분야에 적절하고 눈에 보이는 유형의 제품을 동시에 제공하는 분야에서는 적절치 않을 수 있으며, 다양한 서비스 분야에 모두 적용하기는 무리가 따른다고 볼 수도 있다. 또한 서비스 품질을 측정하는 데는 이러한 5가지 차원만으로는 부족하다는 비판도 있다. 하지만 이러한 비판적 시각에도 불구하고 고객 만족을 이해하기 위해서는 이러한 아이디어를 참고할 필요가 있다.

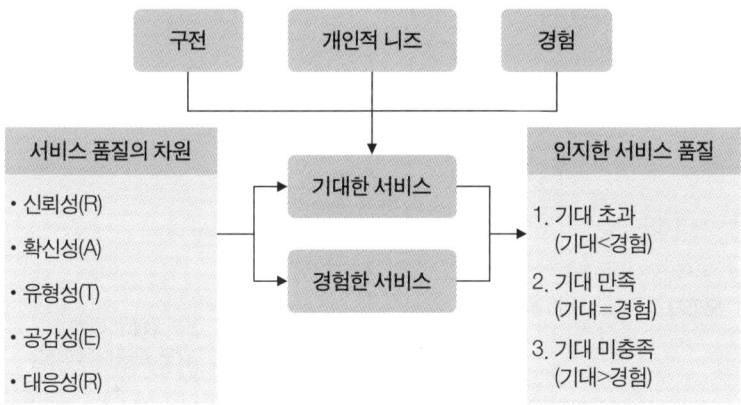

<그림 1.3> 인지된 서비스 품질 모형

특히 서비스 상품에 대한 품질 연구로 유명한 자이써믈V. A. Zeithaml 과 베리L. L. Berry 등은 서비스 품질에 영향을 미치는 기업 내부의 요인들을 분석하여, 고객이 인지한 품질상의 문제점을 기업의 결점이나 격차gap와 연결시키는 품질 격차 모형(quality gap model: QGM)을 제시하였다(<그림 1.4> 참조).

<그림 1.4>의 QGM에서 상위 부분은 고객과 관련된 것이고 아래쪽은 서비스 제공자에 관계되어 있다. QGM의 특징은 이와 같이 서비스 품질을 설명하기 위하여 고객의 기대와 인지 및 제공자의 서비스 능력 모두를 분석하고 있다는 점이다. 그리고 <그림 1.4>의 품질 격차 모형에서 나타나는 품질 격차들의 내용은 <표 1.1>과 같이 정리될 수 있다. 이때 서비스 품질은 격차 5에 의해 결정되며, 격차 5는 다른 4가지 격차들의 종합적 결과라고 할 수 있다. 그리고 이러한 품질 격차들의 원인과 해결 방법은 <표 1.2>에 정리되어 있다.

<그림 1.4> 서비스 품질의 격차 모형(QGM)의 격차 유형

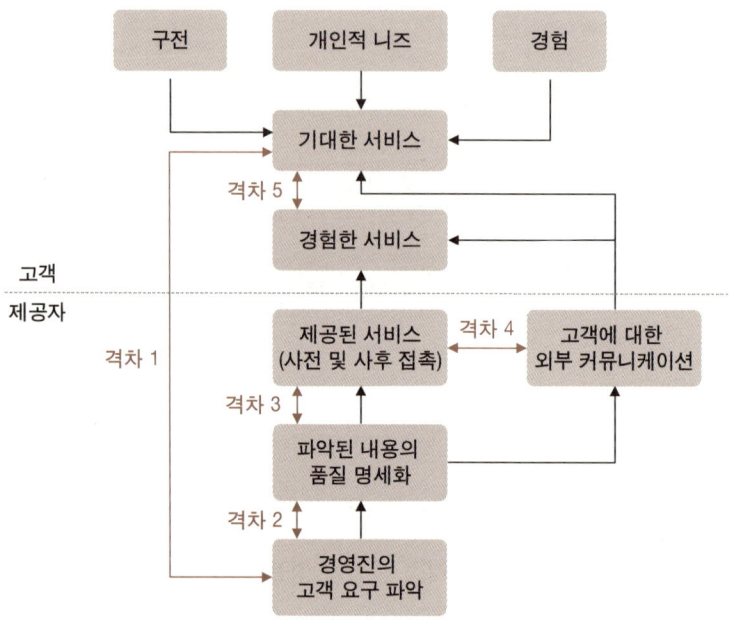

<표 1.1> 품질 격차 모형의 격차 유형별 내용

격차 유형	내용
격차 1	• 고객의 기대를 경영진이 정확히 인지하지 못하고 있는 상황
격차 2	• 고객의 기대에 적합한 서비스 품질의 표준을 잘못 선정하거나 표준이 설정되어 있지 않은 상태
격차 3	• 관리자에 의해 설정된 업무 명세서와 실제 서비스 활동이 일치하지 않음으로써 발생하는 서비스의 성과 차이
격차 4	• 외부 광고 또는 약속된 서비스와 제공된 서비스의 차이
격차 5	• 경험한 서비스와 기대한 서비스의 차이

<표 1.2> 품질 격차 모형의 격차 유형별 원인과 해결 방법

격차 유형	원인	해결 방법
격차 1	• 고객 요구를 알고자 하는 의지 부족 • 시장조사 또는 VOC에서 제공된 정보의 부정확성 및 해석 오류 • 직원에 의해 조사된 정보의 단절 및 왜곡	• 시장조사 방법의 개선 • 경영진과 직원 사이의 의사소통 방법 개선 • 기업과 고객 사이의 접촉 단계 간소화 • 수집된 자료에 대한 신뢰성 확보 및 올바른 분석
격차 2	• 확고하지 못한 경영자의 의지 • 감당하기 어려운 고객의 요구 • 업무 표준화 미비 • 목표 설정의 부재	• 경영진의 적극적 지원과 참여 • 불가능을 혁신을 통해 극복 • 업무 프로세스의 표준화 • 비전에 따른 명확한 목표 설정
격차 3	• 역할과 의무의 불분명함 및 역할 갈등 • 직원과 업무 또는 기술과 업무의 연결에 대한 적합성 결여 • 부적절한 통제 시스템 • 팀워크 결여	• 체계적인 인적 관리 • 고객 대응 역할의 표준화 • 정확한 수요예측 • 전사적 품질 교육 및 통제
격차 4	• 과도한 약속 • 불충분한 부서 간의 의사소통	• 서비스 약속에 대한 철저한 관리 • 정책 및 프로세스에 대한 부서 간의 정보 공유 • 필요한 경우 고객 기대에 대한 조정
격차 5	• 고객의 기대와 경험한 결과의 불일치	• 문제 해결을 통한 고객 가치 향상 • 정기적인 시장과 고객에 대한 조사를 통한 이해 증진 • A/S 또는 보상을 통한 불만 해소

따라서 기업이나 공공 부문에서는 <표 1.2>에 있는 내용을 바탕으로 서비스 품질을 저하시키는 핵심 요인을 찾고, 이를 개선의 출발점으로 삼는 것이 중요하다. 하지만 고객 서비스와 관련된 부분

의 프로세스는 정립되어 있지 않아 정형화하기 어려운 경우가 많다. 뿐만 아니라 서비스는 어떻게 하는 것이 정답인지조차 불투명한 경우도 있다. 그리고 고객의 요구가 고객마다 다양하고 자주 바뀌어서 하나의 정답을 찾기가 어려운 경우도 있으며, 심지어 고객이 무엇을 원하는지조차 알기 어려운 경우도 있다. 그 결과 서비스 품질 향상은 제조 품질에 비해 상대적으로 어려운 경우가 많다.

불일치 문제의 경우에는 원인 파악이 핵심이었다면, 서비스와 같이 정형화되지 않은 프로세스에서 발생하는 문제는 성과 목표 달성을 위한 해결책을 찾는 것이 핵심이라 할 수 있다. 이를 위해서는 과거 경험이 중요한 역할을 하는 경우가 많으며, 상황이 다양하므로 상황에 대한 면밀한 분석이 전제되어야 한다. 이러한 경우 체계적인 문제 해결을 위해서는 3장에서 다루게 될 개선을 위한 문제 해결 절차를 따르는 것이 바람직하다.

서비스 부문에서 성과를 지속적으로 창출하기 위해서는 문제 해결 자체도 중요하지만 개선을 꾸준히 유도할 수 있는 동기부여가 필요하고, 종업원들이 일에 대한 전문성을 갖출 수 있도록 해야 한다. 특히 문제 해결에 대한 좋은 사례best practice를 지속적으로 축적하고 공개하여 구성원들 간에 문제 해결 사례 및 지식의 공유를 확대하며, 개선 결과에 대한 표준화 작업도 동시에 병행할 필요가 있다. 결국 고객 만족의 성패는 기업이 고객의 기대나 요구를 제대로 인지하고 고객의 기대와 실제로 이를 충족시킬 수 있는 기업 능력 간의 차이를 좁히는 데 달려 있다고 할 수 있다.

4) 품질비용

품질과 관련된 중요한 개념으로 품질비용이 있다. **품질비용**(quality cost: Q-cost)이란 기업이 품질을 향상시키기 위해 지출하는 유형적인 비용과 함께, 고객 불만족 때문에 발생하는 무형의 비용까지 포함한 총체적 비용을 의미한다. 이러한 품질비용은 예방 비용, 평가 및 검사 비용, 내부 실패 비용 그리고 외부 실패 비용으로 구성된다.

예방 비용은 제품 및 서비스의 결함 발생을 사전에 예방하기 위해 발생한 비용이고, **평가 및 검사 비용**은 결함이 고객에게 전달되기 전에 이러한 결함을 발견하는 작업과 관련된 비용이다. **외부 실패 비용**은 고객 불만의 처리 비용이나 품질보증 비용과 같이 고객이 직접 경험하게 되는 결함에 관련된 비용이며, **내부 실패 비용**은 업무 실패 또는 재작업 등과 같이 고객이 직접 목격할 수는 없으나 고객에게 부정적인 영향을 줄 수 있는 결함과 관련된 비용이다. 이러한 품질비용 중에서 예방 비용을 제외한 나머지, 즉 평가 및 검사 비용, 내부 실패 비용, 외부 실패 비용의 합을 **품질 실패 비용** 혹은 **COPQ**(cost of poor quality)라고 한다(<표 1.3> 참조).

과거에는 품질 수준을 높이면 높일수록 좋기는 하지만, 거기에는 비용(예방 및 평가 비용)이 상승하므로 품질 향상에 따른 비용 상승을 고려하면 적정 품질 수준에서 타협이 이루어져야 한다는 인식이 보편적이었다. 그러나 오늘날 품질 혁신의 많은 성공 사례들은 품질이 개선되면 될수록 비용이 오히려 감소된다는 것을 보여주고 있으며 여기에는 다음과 같은 몇 가지 이유가 있을 수 있다.

<표 1.3> 품질 실패 비용(COPQ)의 예

부서	COPQ 예	
마케팅 및 영업	• 악성 미수금	• 수주 실패 비용
관리	• 연체료, 과징금 • 손망실 금액	• 비품 과다 구입 비용 • 불용자산 금액
재무	• 부도어음 금액 • 미회수 보증 금액	• 부실채권 금액
정보	• H/W 폐기 비용 • 정보 관련 A/S 비용	• S/W 개발 손실 비용
고객	• 고객 불만 처리 비용	

• 품질 전문가 크로스비P. B. Crosby의 지적대로 일을 처음부터 제대로 하면 비용이 발생할 이유가 없으며, 그야말로 품질은 공짜로 얻어지는 것이라 말할 수 있다.

• 품질 수준을 향상시키는 데는 예방 및 평가 비용이 증가하지만, 품질이 일정 수준 이상 높아지면 예방 및 평가 비용은 거의 증가하지 않는다. 반면에 나쁜 품질로 인한 손해라는 의미의 COPQ(cost of poor quality)는 품질 향상에 따라 대폭 감소하여 품질 수준이 향상될수록 품질비용은 감소한다.

• 일반적으로 프로세스가 개선되면 원가절감과 품질 향상이 동시에 이루어질 수 있다.

따라서 적정 수준에서 품질을 유지시키는 것이 아니라 완벽 품질을 달성함으로써 품질 실패 비용인 COPQ를 줄이는 것이 기업의 목표가 되어야 한다. 특히 기업이 COPQ를 줄이는 문제에 초점을 맞추어야 하는 이유는 COPQ가 재무적 성과와 바로 연결되기 때문이다.

COPQ는 모든 활동이 결함이나 문제없이 수행된다면 사라지게 되는 비용으로, 대부분의 기업의 경우 회계상 파악이 가능한 COPQ는 매출의 5~8%에 불과하지만 회계상 파악이 불가능한 COPQ는 매출의 15~20%에 달하는 것으로 알려져 있다. 특히 우리가 결함 없이 일을 제대로만 할 수 있다면 외부 환경과는 무관하게 많은 실패 비용을 줄일 수 있고, 그 결과 높은 품질 뿐만 아니라 원가 경쟁력까지 얻을 수 있다.

또한 COPQ를 이해하는 것이 중요한 이유는, 이것이 기업에서는 개선 방향을 파악하고 의사 결정을 하는 출발점이 되기 때문이다. 많은 기업에 있어서 COPQ의 이해는 고객 가치 실현을 위해서 잠을 깨우는 자명종 역할을 한다. 결론적으로 최고의 품질을 달성하면 품질 실패 비용을 줄일 수 있으므로 재무적 성과와 직결되고, 품질은 고객 가치와 불가분의 관계가 있다. 따라서 품질은 기업의 생존과 경쟁력 확보에 필수 불가결한 요소라고 할 수 있다.

4 비용 절감과 스피드

비용 절감이나 스피드 확보와 같은 효율성 문제는 고객의 요구와는 직접적인 관련이 적을 수 있지만, 가격 결정에 영향을 미치므로 고객 가치라는 측면에서 고객 만족과 연결되어 있다.

특히 우리가 하고 있는 대부분의 일에는 개선해야 할 점과 낭비 요소가 포함되어 있다. 따라서 효율성 문제는 낭비 제거 또는 개선이라는 형태로 해결되는 경우가 많으며, 이러한 문제를 인식하고 해결하는 데는 현장 직원이 중요한 역할을 하게 된다. 그리고 효율성 문제는 일하는 방법과 지식이 결합될 때 해결되는 경우가 많으며, 특히 정보 기술과 결합하여 프로세스를 재설계할 때 크게 향상될 수 있다.

1) 비용 절감

일을 효율적으로 한다는 것은 적은 비용으로 많은 일을 한다는 것을 의미하며 비용을 절감하기 위해서는 낭비 요소부터 제거해야 한다. 엄격히 말하면 필요한 것을 필요한 때에 필요한 만큼 사용하거나 생산하는 것 이외의 모든 것을 낭비라고 볼 수 있다. 낭비는 일반적으로 제품 또는 서비스의 원가를 상승시키고 프로세스의 스피드를 떨어뜨리는 역할을 한다. 지금부터 낭비 요인에 대해 투입물, 프로세스, 출력물로 나누어 살펴보기로 하자.

(1) 투입물 측면

전체적인 비용 절감을 위해서는 우선 제품의 기능과 가격을 함께 고려하여 제품의 가치를 유지하는 범위 내에서 원료 및 자재와 관련된 비용부터 절감할 필요가 있다. 그리고 투입물 중에서 절감해야 할 또 다른 중요한 항목에는 설비 및 장비, 종업원 등이 있다.

● 원료 및 자재

원료 또는 자재와 관련하여 비용을 절감하기 위해서는, 제품을 설계할 때부터 적절한 규격을 설정하고 필요한 만큼만 원료 또는 원자재가 사용되도록 해야 한다. 그리고 기능과 가격을 고려하여 구매 방법을 바꾸기도 하고 생산 과정에서의 낭비 요소를 제거하기도 한다. 특히 고가의 원료는 낭비 절감을 위해 특별히 관리하는 것이 필요하다.

● 설비 및 장비

적절하지 않은 설비나 장비는 필요 이상으로 작업 시간을 소모시키고 작업자를 피로하게 만든다. 또한 잘 사용하지 않는 장비는 공간 효율을 떨어뜨리고, 반대로 장비가 부족한 경우는 병목현상이 발생하기 쉽다. 설비 또는 장비로 인한 비효율을 막기 위해서 프로세스에 적합하도록 장비를 재설계하는 것도 필요하지만, 중요한 것은 필요한 곳에 필요한 설비 혹은 장비만 제공될 수 있도록 평소에 유지 관리를 철저히 하는 것이다.

● 종업원

노동 비용을 줄이는 한 가지 방법은 인력을 축소하는 것이지만 지나친 인원 감축은 역효과를 내기 쉽다. 특히 업무의 자동화는 프로세스가 갖고 있는 제약constraints이나 병목현상을 극복하는 데 도움이 되는 경우에 한하여 주로 효과가 발생하기 때문에, 표준 프로세스도 정립되지 않은 상태에서 노동 비용 및 인원 감축의 한 수단으로 사무 및 제조 과정의 자동화를 시도하는 경우에는 실패하기 쉽다.

그리고 적절한 사람을 선정하여 훈련시킨 후 적성과 능력에 맞는 직무에 배정하거나, 혹은 외주를 주기도 하는 등 직무 성격에 따라 구분하여 인력을 운영하는 것이 노동 비용을 줄이는 중요한 방법이다.

이 외에도 에너지와 자본 비용 역시 투입물 중 비용 절감을 위해 고려되어야 할 중요 항목이다.

(2) 프로세스 측면

프로세스에서 비용을 절감하기 위해서는 무엇보다도 품질 실패 비용을 줄이는 노력이 중요하고, 프로세스가 진행되고 있는 현장에서는 다음과 같은 낭비 요소 즉, 프로세스에서 부가가치를 창출하지 못하는 활동을 제거하는 데 집중할 필요가 있다.

● 프로세스의 과도한 낭비

고객의 요구가 정확히 파악되지 않아, 고객이 원하는 것보다 더 많은 것을 제품과 서비스에 추가하려는 데서 발생하는 낭비를 말한다. 이러한 낭비는 불필요한 업무를 증가시키고, 원가를 상승시키지만 고객 가치 증진에는 기여하지 않는다.

● 과잉생산의 낭비

필요한 것을 필요한 때에 필요한 만큼 만드는 것 이외의 것은 낭비이다. 이러한 낭비는 재료비, 노무비, 보관 비용 등을 증가시키고 그 결과 원가 상승을 야기하며, 작업 의식과 품질을 저하시키고, 저장 공간을 필요하게 한다.

● 재고의 낭비

고객을 위해 필요한 양보다 초과 생산함으로써 창고 또는 프로세스상에 정체되어 있는 낭비를 의미한다. 과도한 재고는 업무 순서의 혼돈을 가져오며, 이는 추가적인 대기와 정체를 유발시켜 프로세스의 원활한 흐름을 방해한다. 뿐만 아니라 재고는 문제를 감추고 개선 기회를 파악하지 못하게 할 수도 있다.

예를 들어 재고가 많게 되면 설비의 생산 능력 불균형이 감추어지고 작업 인원의 과잉 상태가 드러나지 않게 된다. 이와 같이 재고는 문제를 숨겨 버리므로, 문제를 찾기 위해서는 재고를 줄여서 먼저 문제가 드러나게 하도록 할 필요가 있다.

● 운송의 낭비

불필요한 재료, 제품, 정보 등의 이동에서 야기되는 낭비를 의미한다. 이동하는 움직임에는 시간이 소요되고 이동하는 행동에는 항상 대기가 유발되므로 낭비 요소가 발생할 수 있다. 이러한 경우 이동의 횟수를 줄일 수 있도록 프로세스를 변경할 필요가 있다.

● 대기의 낭비

어떤 작업이 완료되고 다음 작업에 들어가기 전까지의 지연 시간을 대기라고 한다. 대기에는 결함으로 인한 결함 대기, 고장 대기, 품질 확인을 위한 대기, 다음 프로세스 진행을 위한 대기 등이 있다. 이러한 경우 대기의 발생 위치와 시간, 발생원인 등을 파악하여 대기시간을 줄이거나 대기 상태를 제거할 수 있는 방법을 찾는 것이 중요하다.

● 동작의 낭비

불필요하거나 부가가치를 창출하지 않는 움직임을 말한다. 이러한 낭비는 필요한 장비와 물품을 적재적소에 배치하고, 필요한 정보가 사람을 기다리도록 인프라를 잘 구축하면 제거될 수 있다.

● 결함의 낭비

고객의 요구를 충족시키지 못하는 서비스 또는 제품, 그리고 고객이 결과에 대하여 불편을 느끼는 모든 것을 **결함**이라고 한다. 이러한 결함에 대한 수리와 교정은 시간과 노동의 낭비를 야기한다.

이 외에도 프로세스에서 어떤 활동이 시작되는 타이밍도 비효율을 야기할 수 있으므로 이에 대한 대책 역시 필요하다. 특히 어떤 일이 한꺼번에 몰려 프로세스에 과부하가 걸리는 경우, 인력과 시설을 확장하기보다는 투입 시점을 적절히 조절함으로써 비효율을 줄일 수 있다. 그리고 프로세스가 진행되면서 어떤 물건이나 정보를 찾아야 하는 경우가 있다. 이때 만약 찾는 시간이 너무 오래 걸린다면 이 또한 없애야 할 낭비 요소라 할 수 있다.

(3) 산출물 측면

비용 절감을 위해서는 투입물과 프로세스에서 낭비 요소를 제거하는 일도 중요하지만, 산출물과 관련된 낭비요소의 제거도 중요하다. 시장의 수요보다 많은 양을 만들면 이는 낭비이므로 우선 적정한 양을 만들어야 한다. 그리고 제품이나 부품의 지나친 다양성variety도 비용을 증가시키고, 다양한 제품을 생산하려면 비용이 많이 든다. 하지만 비용 절감을 위해 제품의 종류를 단순화하면 다양한 고객의 요구를 충족시키기 어렵게 되므로 부품의 공동 사용 비율을 높이는 것과 같이, 다양성을 유지하면서 비용을 절감할 수 있는 적절한 대책이 필요하다.

산출물 자체에도 낭비 요소가 있지만 포장, 운반, 저장, 보관 등과 같은 산출물 취급 과정에서도 낭비 요소가 발생할 수 있다. 그리고 산출물의 재활용이나 재사용을 통해 비용을 절감할 수도 있지만, 원자력 폐기물과 같이 산출물 처리 과정에서 비용보다는 안전이 절대적으로 우선되어야 하는 경우도 있다. 따라서 산출물의 성격에 따라 다양한 낭비 제거 방법을 모색할 필요가 있다.

2) 스피드 확보

변화하는 고객의 요구에 즉각적으로 대응하기 위해서는, 한 작업이 어떤 프로세스를 통과하기까지의 시간인 **사이클 타임**cycle time을 최소한으로 단축시킬 필요가 있다. 제조업의 경우 고객의 요구를 충족시키기 위해 사이클 타임을 줄일 수 있는 방법은 다음과 같은 두 가지이다.

첫 번째 방법은 신속 정확하고 결함이 없으며 짧은 사이클 타임을 갖는 생산 프로세스를 구축하는 방법이고, 다른 한 방법은 모든 제품을 대량생산하고 비축하여 어떤 고객의 요구에도 대응할 수 있도록 하게 하는 방법이다.

첫 번째 방법에 의하면 낮은 원가로 적시에 공급이 가능한 반면에, 두 번째 방법의 경우는 생산비나 재고 유지 측면에서 고비용을 초래할 뿐만 아니라 생산 프로세스 자체가 비축하기 위한 재고를 만드느라 바쁘기 때문에 비축되지 않은 품목을 주문받았을 때 신속하게 대응하지 못할 수도 있다.

따라서 많은 제조 업체들은 적정 재고를 위한 과거의 대량생산 방식에서 적당한 시간에 적당한 양을 공급해 줄 수 있는 소량 주문 생산 방식으로 옮겨가고 있다. 이에 따라 내부 프로세스 사이클 타임의 감소가 기업의 중요한 목표가 되고 있다.

특히 고객은 서비스를 받기 위해 줄서서 기다리려 하지 않기 때문에, 프로세스에서 낭비되는 시간의 제거는 제조업뿐만 아니라 서비스 분야에서 중요하다. 따라서 사이클 타임의 감소는 제조 부문뿐만 아니라 서비스 부문에서도 중요한 성과 요소라 할 수 있다.

스피드 향상에 대하여 좀 더 알아보기 전에 우선 관련된 몇 가지 용어부터 정리하기로 하자.

● 프로세스Process

기업 전체 혹은 일부 조직에서 어떤 투입물input을 받아들여 고객에게 가치 있는 결과인 산출물output을 제공하는 데 필요한 활동들의 집합을 프로세스라 한다.

- 사이클 타임Cycle Time

  특정 프로세스가 시작되어 완료될 때까지의 시간을 의미한다.

- 프로세싱 타임Processing Time

  프로세스의 각 부분에서 실제로 소요되는 시간을 말한다.

- 대기시간Delay Time

  세부 프로세스가 시작되어 종료된 후 다음 프로세스를 위하여 대기하거나 준비하는 데 소요되는 시간을 의미한다.

- 태스크Task

  프로세스를 세분화할 때 최소의 활동 업무를 태스크라 한다.

- 액티비티Activity

  하나 혹은 여러 개의 태스크를 연속적으로 수행하여 산출물을 생성하는 최소의 업무 활동을 액티비티라 한다.

　　프로세스를 가치 흐름에 따라 분석해 보면 액티비티는 가치를 창출하는 업무(customer value added: CVA)와 가치를 직접적으로 창출하지는 않지만 운영에 필요한 업무(business value added: BVA), 그리고 가치 창출이 없는 업무(non-value added: NVA) 등의 3가지로 분류할 수 있다(<표 1.4> 참조).

　　<표 1.4>에서 CVA에 해당하는 활동은 고객에게 가치를 제공

하는 일이므로 기업의 경쟁력 확보를 위해서도 강화되어야 한다. 또한 CVA에 해당하는 활동은 고객이 중요하게 여기는 부분이므로 제대로 이루어지고 있는지를 확인하고, 만약 제대로 이루어지고 있지 않다면 문제 해결을 통하여 개선하여야 한다. BVA에 해당하는 활동은 정말로 요구되는 사항인지를 확인하고 그 과정들을 최소화시켜야 한다. 반면에 NVA에 해당하는 활동은 낭비 요소이므로 근원적인 제거가 필요하고, 특히 NVA의 제거는 직접적으로 스피드 향상과 연결된다.

비용 절감의 가장 효과적인 방법은 이익을 창출하는 데 기여하지 않는 활동 자체를 중단하는 것이다. 가장 큰 낭비는 쓸데없는 일을 열심히 하는 것이다. 낭비를 제거하고자 할 때, 5억 원의 1% 삭감 노력이나 50억 원의 1% 삭감 노력이 비슷할 수 있다. 따라서 낭비 제거는 우선 비용이 많이 드는 항목부터 집중할 필요가 있다. 결론적으로 혁신 활동이 효율적으로 이루어지기 위해서는 가치에 바탕을 둔 다음과 같은 두 가지 접근 방법이 병행되어야 한다.

• CVA에 해당하는 활동에 대해서는 개선을 통하여 품질과 고객 만족도를 향상시켜야 한다.

• NVA에 해당하는 활동은 제거시킴으로써 고객 가치를 향상시키고, 모든 종류의 낭비를 감소시켜 프로세스의 스피드를 향상시키도록 한다.

<표 1.4> 가치에 따른 액티비티의 분류

CVA (Customer Value Added)	BVA (Business Value Added)	NVA (Non-Value Added)
고객 가치를 증진하는 데 기여하는 활동	고객 가치 증진에 기여하지는 않지만 운영상 필요한 활동	고객의 입장에서 가치가 없는 활동
• 제품/서비스에 고객이 원하는 기능, 형태, 특징을 제공하는 일 • 품질, 비용, 스피드와 같이 타사와의 경쟁적 관점에서 도움을 주는 일 • 고객이 이러한 활동에 돈을 기꺼이 지불하고자 하는 일	• 법 또는 국제적인 규약 등의 이유로 해야 하는 일 • 금융적 요구 사항 충족을 위해서나 혹은 금융적 위험 감소를 위해 필요한 일 • 프로세스 자체의 유지를 위해 필요한 일	• 재작업 혹은 중복 되는 결재 단계, 집계, 이동, 점검, 고장, 지연, 저장 등과 같은 일 • 과잉생산 능력 • 고객이 돈을 지불하고 싶지 않은 일

프로세스의 스피드를 향상시키자는 것은 일을 무조건 빨리 하자는 것이 아니라, 가치 없는 일은 제거하고 부가가치를 창출하고 있는 일을 제대로 하자는 것을 의미한다. 이러한 관점에서 보면 개선이란 전체 일 중에서 부가가치가 있는 일이 차지하는 부분의 비중을 늘려 가는 과정으로 볼 수 있다. 이러한 과정을 통해 스피드가 향상되면 품질과 원가에도 좋은 영향을 주게 되고 그 결과 고객 만족을 이룰 수 있게 된다.

기업에서 많이 사용되고 있는 JIT(just in time)의 기본 개념도 가치를 창출하지 않는 활동을 줄이고, 필요한 제품을 필요한 때에 필요한 양만큼 생산하겠다는 것이라 할 수 있다. 특히 서비스는 공급과 소비가 동시에 일어나는 경우가 많으므로 재고로 보관하기 어렵고 판매를 추후로 연기하기 어려운 경우가 많기 때문에 JIT는 제조뿐만 아니라 서비스 부문에서도 중요한 개념이다. JIT를 추구하는 기업에서 흔히 사용하는 성과 측정 지표로 다음과 같은 PCE(process cycle efficiency)가 있다.

$$PCE = \frac{\text{고객 가치 증진에 소요된 시간}}{\text{전체 사이클 타임}}$$

위에서 정의한 PCE는 프로세스의 시작부터 끝까지 걸리는 시간인 사이클 타임 중에서 고객이 인식하는 가치를 창출하는 데 소요된 시간이 차지하는 비율을 의미한다. 예를 들어 전체 사이클 타임이 12일(12일×8시간=96시간)인 프로세스에서 고객 가치 증진에 소요된 시간이 3시간이면 PCE=3÷96=0.03125, 즉 3%가 된다. 이 경우 사이클 타임을 2일로 줄이면 PCE=3÷16=0.1875로서, 19% 정도로 증가한다.

일반적으로 기업에서 PCE가 5%에서 25%로 향상되면 생산 총비용과 품질비용을 20%까지 절감할 수 있다는 연구 보고도 있으며, 대부분의 기업에서 프로세스의 PCE가 10% 미만이라고 한다. 그리고 PCE가 25% 이상인 프로세스를 린 프로세스lean process라고 부르기도 한다. 린 프로세스란 모든 종류의 낭비를 감소시켜 스피드가 향상된 프로세스를 의미한다. 린 프로세스가 되기 위해서는 PCE가 향상되어야 하고, PCE가 향상되기 위해서는 사이클 타임이 줄어야한다. 그리고 PCE를 향상시키기 위해서는 다음과 같은 사항들을 유념할 필요가 있다.

● 느린 프로세스의 주요 원인은 NVA에 해당하는 활동 때문이다. 프로세스에서 낭비되는 시간, 노력, 재료 등을 제거하면 프로세스의 스피드가 향상되고, 역으로 스피드가 향상되면 재작업과 같은 숨은 공장이 제거되어 낭비 요소가 줄어들 수 있다.

● 프로세스에서 진행 중인 많은 일들, 즉 WIP(work in process)의 복잡성으로 인해 NVA가 발생하고 이로 인해 프로세스의 진행이 늦어지게된다. 따라서 정기적으로 WIP를 정리하여 줄일 필요가 있다.

● 프로세스가 지연되는 총시간 중 80%는 많은 원인 중에서도 20%의 핵심 소수 원인에 의해 발생하는 경향이 있으므로, 20% 핵심 소수 원인의 활동에 개선 노력을 집중하면 효과적으로 사이클 타임을 줄일 수 있다.

기업이 갖고 있는 자원 중에서 가장 중요하지만 소멸되기 쉽고 일단 소멸되면 회복이 불가능한 자원이 시간이라 할 수 있다. 따라서 스피드 확보 역시 기업이 경쟁력을 확보하는 데 핵심 요소가 된다. 이처럼 스피드 확보를 위한 프로세스의 개선과 재설계가 기업의 성과 창출을 위한 중요한 수단임에는 분명하지만, 추진 과정에서 다음과 같은 점을 유념하지 않는다면 효과를 얻지 못할 수도 있다.

- 프로세스 개선 과정에 꼭 있어야 할 사람들이 반드시 참여해야 한다.

  최고 경영자의 적극적 지원과 참여가 없다면 개선 노력이 지지부진하기 쉬우며, 개선 대상 프로세스 오너의 관심과 참여가 없다면 실질적인 개선이 이루어지기 어렵다. 또한 외부 전문가에 의한 일방적인 프로세스 개선은 실행할 사람들의 참여 의식을 떨어뜨리므로 실행에 문제가 발생하기 쉽다.

- 프로세스 개선이 기업의 전략 또는 목표와 연계되어야 한다.

  프로세스 개선 노력은 기업의 전략과 목표로부터 출발해야 추진력을 갖게 되며, 전략 실행과 목표 달성의 도구로 활용될 때 대체로 성공률이 높아지는 경향이 있다.

- 재설계와 같은 급격한 변화만이 의미 있는 것은 아니다.

  급격한 변화가 점진적 변화보다 항상 더 바람직한 것은 아니다. 경우에 따라서 기존의 것을 무조건 파괴하고 부인하는 것이 상황을 더 악화시킬 수 있다. 변화에 대한 당위성도 중요하지만 구성원의 수용을 고려한 변화의 속도 조절도 중요하다.

- 프로세스 개선 팀에 임무와 책임 소재를 분명히 해주어야 한다.

  팀의 구성원들과 함께 과제 선정 이유, 목표, 역할, 프로세스 범위, 제약 조건, 일정 등 개선 업무의 세부 내용을 명확히 정의할 필요가 있다.

- 개선안도 중요하지만 실행과 개선 결과 유지에 초점을 두어야 한다.
  올바른 길을 발견했더라도 만약 움직이지 않고 제자리에 서 있다면 목적지에 도달할 수 없다. 마찬가지로 실행과 개선 결과의 유지에 실패했다면 얻을 수 있는 성과를 달리 실현할 방법이 없다.

- 프로세스의 변화가 작업할 사람에게 주는 영향을 고려할 필요가 있다.
  아무리 훌륭한 프로세스라도 이를 수행할 사람들이 감당하기 어렵다면 실효를 거두기 어렵다. 따라서 이들에게 달라진 직무 목표, 직무 내용, 측정 지표 등에 대한 내용을 이해시키고 수용 가능하도록 배려해야 한다.

- 일회성이 아닌 지속적인 개선이 이루어져야 한다.
  성과 측정 시스템을 통해서 문제가 파악되고 개선 성과가 모니터링되어, 그 결과가 피드백됨으로써 새로운 개선과 보상이 이루어질 수 있는 체제가 구축되어야 한다. 우리가 하는 일에는 항상 개선할 점이 있기 때문에 개선 노력을 멈출 수 없다는 점을 명심할 필요가 있다.

2장

문제 해결을 위한 혁신적 아이디어

앞 장에서 우리는 문제 해결의 효과를 고객 만족, 품질 향상 그리고 낭비 제거 및 스피드 향상이라는 성과 측면에서 살펴보았다. 계속하여 이 장에서는 문제 해결 과정의 핵심적 요소라 할 수 있는 문제 해결의 아이디어에 대하여 고찰해 보기로 한다.

경영 혁신의 역사는 혁신적 아이디어를 통한 문제 해결의 역사라고 볼 수도 있다. 아이디어를 통해 문제가 해결되기도 하지만, 어떤 경우에는 경영 혁신 아이디어의 역기능이나 부작용 때문에 새로운 문제가 야기되기도 한다. 뿐만 아니라 아이디어가 하나의 기법으로 정착되지 못하고 잠시 유행하다가 사라지는 경우도 있다. 혁신적 아이디어가 확산되고 정착되는 데 걸리는 시간이나 과정은 아이디어마다 차이가 있지만 다음과 같은 단계를 거치면서 정착되는 것이 일반적이다.

먼저 아이디어가 소수의 사람들에게 파급되는 단계이다. 그 다음 단계는 아이디어를 공유하는 사람들 사이에 지속적으로 확대되는 단계이고, 그 다음 단계는 아이디어가 적용되면서 효과가 입증되기 시작하는 단계이다. 이러한 단계를 거쳐 아이디어의 효과가 입증된 후에는 많은 기업에서 수용하여 적용을 체계화하는 단계를 거치게 된다. 그 다음 단계에서는 다른 기업에 확산되는 속도가 급속히 빨라지고, 마지막 단계에서는 일반적인 기법으로 정착되게 된다.

문제 해결을 위해서는 먼저 과거의 문제 해결의 개념에 대한 역사적 배경과 함께, 혁신에 대한 아이디어들이 어떻게 진화되고 발전되어 왔는지 이해할 필요가 있다. 이 장에서는 편의상 생산성 혁신 방법, 품질 전문가의 견해, 비즈니스의 관점으로 나누어 각 관점별로 혁신에 대한 다양한 방법 및 아이디어의 진화 과정에 대하여 알아본다.

① 생산성 혁신 방법

생산성 혁신은 산업혁명을 기점으로 본격적인 조명을 받기 시작하였으며, 지식을 기계와 공장, 에너지 등 자본재와 결합함으로써 자본생산성을 획기적으로 향상시키게 되었다. 그리고 지식을 '일하는 방법'과 결합함으로써 '열심히 일하기work hard'가 '현명하게 일하기work smart'로 바뀌게 되고 그 결과 노동생산성이 크게 높아졌다.

근래에는 정보와 지식이 점차 확산됨에 따라 여러 분야의 지식들이 결합하여 새로운 지식이 만들어지고, 지식 근로자가 기업의 중요 자산으로 인식됨에 따라 지식 생산성이 혁신의 중요한 개념으로 정착되었다. 이러한 생산성 혁신의 과정에서 나타났던 대표적인 아이디어들에 대하여 살펴보면 다음과 같다.

1) 분업과 전문화

기본 아이디어 분업으로 전문성을 높여 생산성을 혁신한다.

근대 경제학의 아버지로 일컬어지는 아담 스미스Adam Smith는 1776년에 출간된 ≪국부론≫에서, 국부를 증진시키는 한 가지 방법으로 생산에 투입된 노동자의 생산성을 높여야 하고 이를 위해서 분업이 확대되어야 한다고 주장하였다. 분업을 하게 되면 한 가지 작업을 반복함으로써 생산기술이 향상되고, 한 작업에서 다른 작업으로 이동하는 시간을 절약할 수 있으며, 한 가지 작업을 반복함으로써 전문성이 증대되어 새로운 기구나 기계의 발명이 가능해진다고 분업의 이점을 설명하였다.

아담 스미스는 분업에 의한 생산성 향상의 사례로 바늘 제조 과정을 들고 있다. 한 사람이 혼자 만드는 경우 하루에 1,000개 만들던 것을 열 사람이 프로세스를 세분화하여 분업을 하면 48,000개 까지 만들 수 있었다는 것이다.

특히 아담 스미스는 분업을 하게 되면 동일한 작업을 반복하게 되고, 그로 인한 학습 효과 때문에 전문가가 되어 생산성 향상에 기여하게 된다는 점을 강조하였다. 이러한 분업의 아이디어는 기업에서 수용되어 업무를 단순 작업과 숙련 작업으로 분류한 후, 숙련공은 숙련 작업만을 전담하고 단순 기능공은 단순 작업만을 하게 하는 것과 같은 분업을 통하여 전문성을 높임으로써 생산성 향상에 기여하여 왔다.

2) 표준화

표준화를 통해 호환성을 높인다.

기원전 3세기 중국의 진시황제는 전투력을 향상시키는 방법으로 기존의 방식과는 달리, 화살촉과 활을 생산하는 데 있어서 표준규격을 명시화하여 서로 다른 사람이 만든 무기들 간에 호환성을 향상시켰다고 한다. 근대 기업에서 이러한 표준화를 통한 생산성 향상의 사례로는 1798년 미국의 휘트니가 소총 생산에 표준규격을 도입한 것이 대표적이다. 반면에 표준화가 되어 있지 않아 불편을 주는 사례로는 국가마다 사용되는 전압이 110V나 220V로 통일 되어 있지 않아 여행객들이 전기 제품 사용에 애로를 겪는 것 등을 들 수 있다.

기업에서 이러한 표준화 개념이 확산됨에 따라 생산 과정의 기계화 또는 자동화를 추진하게 되었고, 그 결과 대량생산이 가능해지고 품질에 대한 과학적 관리 및 생산의 합리화로 불량품이 감소하여 생산성이 향상되게 되었다. 생산성 향상은 원가절감과 판매 증가로 이어질 뿐만 아니라 표준화를 통해 종업원의 교육과 훈련이 용이해지는 결과를 가져오게 하였다. 요즘에는 표준화가 생산성과 품질관리의 수단을 넘어서 국제 표준으로 채택되느냐에 따라 국제 경쟁력 확보의 관건이 되기도 한다.

3) 과학적 관리법

기본 아이디어   과학적 사고를 프로세스 관리에 접목시킨다.

과학적 관리법의 선구자인 미국의 테일러P. Taylor가 20세기 초, 프로세스를 관리하는 과학적 관리법에 관련된 저서를 출간한 후 지금까지 한 세기가 지났지만 일하는 방식과 일을 대하는 태도에 끼친 그의 영향은 여전히 위력을 발휘하고 있다. 특히 테일러는 지식을 '일하는 방식' 즉 작업 방법에 접목하고자 하였으며, 작업을 연구하고 분석하여 과학적으로 관리함으로써 육체노동자의 노동생산성을 비약적으로 향상시켰고, 그 결과 노동자의 삶의 질 향상에도 크게 기여하였다.

테일러는 생산을 많이 하려면 일하는 시간을 늘리거나 또는 사람을 더 많이 투입해야 한다는 기존 관념에서 벗어나 일하는 방법을 바꾸면 "더 일하지 않고 더 많은 사람을 투입하지 않아도 덜 피로한 방법으로 더 적은 시간을 일해도 생산을 더 많이 할 수 있다"고 주장하였다. 다시 말해서 모든 작업을 단계별로 면밀히 관찰하여 시간과 동작을 연구하면 전체 작업 프로세스를 개선할 수 있다는 것이다.

과학적 관리법의 기본 아이디어는 작업 세분화, 불필요한 작업 제거, 이동 거리의 축소, 판단을 해야 할 상황의 축소, 업무 지침서 작성 등을 통해 보통 사람이 효율적으로 업무 처리를 할 수 있도록 절차를 만들자는 것이다. 또한 작업 및 작업 조건을 표준화하여 각 근로자의 공정한 하루 작업량을 결정하고, 결과에 따라 작업자에게 차별적 성과급을 지급하자는 것이 핵심 요소이다. 이러한 과학적 관리법은 '최적의 작업 방법'을 찾아냄으로써 근로자들을 비과학적인 현장 상황으로부터 벗어나게 해주는 초석이 되었다고 할 수 있다.

과학적 관리를 통하여 20세기 들어 기업들은 엄청난 부를 창출할 수 있었지만, 몇 가지 비판적 시각이 대두되었다. 예를 들어 작업은 작은 기본 단위로 분해할 수 있으므로, 이를 다시 일련의 동작으로 연결하면 다른 근로자로 하여금 그와 동일하게 작업하게 만드는 일이 가능하다는 믿음도 비판의 대상이 되었다. 그리고 과학적 관리는 기계적 측정에 지나치게 의존하였으며, 개인의 창의성이나 상상력이 들어설 여지를 남겨 두지 않는다는 비판도 있다. 또한 사람이 주어진 작업을 기계적으로 수행하는 단순 노동자일 뿐이라는 관점은 사람을 창의성을 갖춘 혁신의 주체가 아니라, 주어진 생산 할당량을 채우기에 급급한 존재로 전락하게 만들었다는 부정적인 시각도 제기되었다. 그러나 이러한 역기능에도 불구하고 테일러의 합리적이고 결정론적인 생각은 산업 현장에서 아직도 생생하게 살아 숨 쉬고 있다고 하겠다.

4) 대량생산

기본 아이디어 인간을 포함한 생산 시스템을 효율적으로 설계함으로써 대량생산을 가능하게 한다.

미국의 기업가 헨리 포드H. Ford는 20세기 초 자동차 대량 시장이 곧 도래할 것이라는 사실을 예측하고, 대량 시장이 원하는 바가 무엇인지를 파악하고자 노력하였다. 이러한 노력의 결과 탄생한 자동차 모델이 1908년에 출시된 모델 T이다. 모델 T는 기업의 입장에서는 만들기 쉽고, 고객 입장에서는 가격이 높지 않고 사용하기 편리하였다. 이러한 자동차가 출현함으로써 자동차 산업 자체가 대량생산이라는 혁신적인 방향으로 전환하게 되었다.

헨리 포드는 컨베이어 시스템을 통하여 대량생산을 가능하게 만들었다. 이때 조립 라인에는 작업 순서에 따라 작업자를 배치하고 각 작업 시간을 균등히 하며, 각 작업자 사이를 컨베이어로 연결하여 작업물을 운반하고, 컨베이어를 시간적 규칙성에 따라 운전하여 작업 흐름을 원활히 함으로써 조립 라인의 효율을 높게 만들었다.

이러한 대량생산의 방법을 적용하여 헨리 포드는 1908년 처음 시작할 때에는 한 달에 11대밖에 만들지 못하던 것이, 1914년에 이르면 93분 만에 한 대씩 만들 수 있게 되고 1921년에는 하루에 2,800대까지 생산하게 되었다. 1927년까지 총 1500만 대가 생산된 모델 T는 자동차 대중화 시대를 연 주역이었으며 이러한 대량생산의 핵심 내용은 제품과 작업의 단순화simplification, 부품과 작업의 표준화

standardization, 기계와 공구의 **전문화**specialization였다.

　하지만 제품의 단순화는 고객의 다양한 요구를 충족하기 어렵게
만들었고, 컨베이어 속도에 의한 작업 강요는 작업자의 비인간화와
사기 저하를 야기하기도 하였다. 그리고 컨베이어 시스템은 한 프로
세스가 정지되면 전체 프로세스가 정지되므로 작업자의 태업이나
파업에 치명적일 수 있으며, 조업도가 낮은 경우 초기 투자가 어려
워질 수 있다는 약점이 있었다. 이러한 약점에도 불구하고 헨리 포
드의 경영 성과와 산업화에 대한 공헌은 오랫동안 기억될 것이다.

5) 인간관계론

기본 아이디어　구성원의 동기 유발이 생산성 향상에 매우 중요하다.

　미국의 엘튼 메이요E. Mayo와 그의 동료들은 여러 작업 조건에
따라 작업 집단의 태도와 반응이 어떻게 변하는지를 조사하기 위하
여 1924년 웨스턴 일렉트릭Western Electric사 소속 호손 공장에서 실
험을 실시하였다. 실험 내용은 작업장의 조명과 생산성과의 관계를
비교 분석하는 것이었다.

　실험 결과에 따르면 조명을 밝게 한 실험 집단뿐만 아니라 조명
을 높이지 않은 통제 집단의 생산성이 같이 증가하였다. 이는 조명
보다 더 큰 요인이 생산성에 영향을 주고 있음을 의미하는 것으로,

작업 능률은 환경보다도 작업자의 마음가짐과 심리적 상황에 크게 영향을 받는다는 것을 알 수 있었다. 이처럼 다른 사람이 주목하고 있다는 것을 의식하여 나타나는 현상을 **호손 현상**이라 한다.

이러한 연구의 여파로 **인간관계론**human relations approach이 대두하게 되었다. 인간관계론에서는 종업원의 생산성이 임금과 같은 경제적 요인뿐만 아니라 상호간의 인간관계나 심리적 요인에 의해서도 크게 영향을 받는다고 주장한다. 그리고 이러한 비경제적 보상을 위해서는 원활한 대인관계와 비공식적 조직의 활용을 통해서 구성원의 일체감, 귀속감과 집단의 사기 진작이 필요하며, 이를 위해서는 조직 내에서의 의사 전달과 참여가 중요한 요소가 된다.

과학적 관리에 대한 반발로 등장한 인간관계론은 조직의 합리적 운영과 의사 결정을 어렵게 함으로써 효율을 저하시킬 수 있고, 인센티브 제공과 같은 경제적 자극의 동기 유발 효과를 지나치게 폄하하고 있으며, 혁신에 저항하는 감성적 요소를 과대평가한다는 비판이 있을 수 있다. 하지만 인간적 측면의 추구와 과학적 측면의 추구는 비즈니스를 조화롭게 구성하는 음과 양이라고 할 수 있고, 새의 양 날개와 같아서 양쪽 모두 필요하다고 하겠다.

6) TPM(Total Produvtive Maintenance: 전사적 설비 보전)

기본 아이디어 품질 개념을 설비 보전에 접목시킨다.

산업화가 진척됨에 따라 대량생산과 대량 소비가 대량 설비를 바탕으로 가능해졌으며, 인건비 절감을 위하여 생산 시스템이 점점 자동화되어 감에 따라 설비 보전 비용도 점차 증가하게 되었다. 이에 따라 설비 보전에 대한 개념도 고장 나면 수리하는 **사후 보전**break-down maintenance에서부터 다음과 같은 개념으로 점차 발전하게 되었다.

● **예방 보전**(Preventive Maintenance: PM)

설비가 고장 나지 않도록 일상 관리를 철저히 하고, 정기적으로 점검을 하며 고장 징후가 발견되면 조기 수리한다.

● **개량 보전**(Corrective Maintenance: CM)

고장 나지 않도록 미리 설비를 개량한다.

● **보전 예방**(Maintenance Prevention: MP)

설비를 설계할 때부터 근원적으로 고장이 나지 않는 설비로 설계하여 '보전 자체가 불필요한 설비'를 만든다.

● **생산 보전**(Productive Maintenance: PM)

설비의 제작 방법과 보전 방법을 개선함으로써 설비 효율의 극한을 추구하고, 설비의 라이프 사이클 비용 분석life cycle cost analysis을 통하여 경제성을 추구한다.

● **전사적 설비 보전**(Total Productive Maintenance: TPM)

설비 효율을 최고로 높이는 것을 목표로 하여 설비의 일생을 대상으로 한 종합 시스템을 확립하고 설비의 계획 부문, 사용 부문, 보전 부문 등 전 부문에 걸쳐 최고 경영자에서부터 일선 작업자에 이르기까지 전원이 참여하여 동기부여 관리, 즉 소집단의 자주적 활동에 의해 생산 보전을 추진해 나간다.

결론적으로 TPM은 1960년대 일본에서 발생한 활동으로 미국식 설비 관리 기법을 바탕으로 TQC(total quality control: 전사적 품질관리) 개념을 생산 보전에 접목시킴으로써 일본의 생산 환경에 맞도록 개선되고 보완된 설비 보전 활동이라 할 수 있다.

7) 도요타 생산 시스템(Toyota Production System: TPS)

기본 아이디어 마른 수건도 다시 짠다. (낭비 제거)

제2차 세계대전 전후 일본은 모든 것을 절약하지 않을 수 없었다. 부족한 물자를 아껴야 했고, 미국과 선진국을 따라가기 위해서는 시간을 낭비할 수도 없었다. 이러한 배경에서 탄생한 것이 도요타 생산 시스템(TPS)이다.

TPS에는 기본 개념부터 서구식 방법과 차이가 있다. 서구에서는 판매 가격을 비용에 수익을 더한 값으로 결정하였지만 도요타는 고객이 가격을 결정한다고 보았다. 따라서 TPS의 관점에서는 판매 가격은 고객이 결정하는 요소이므로, 수익을 올리기 위해서는 판매 가격을 올리기보다는 비용 절감에 노력을 집중한다. 그리고 TPS에는 다음과 같은 단순하면서도 중요한 기본 원칙이 있다.

● 낭비 제거

누군가가 구매할 것이라는 막연한 생각으로 제품을 생산해서는 안 된다. 시장이 요구하는 바를 파악하여 여기에 적절히 대응해야 하고, 재고 부담을 줄여 원가를 절감해야 한다. 이러한 생각을 바탕으로 필요한 것을 필요한 때에 필요한 만큼 생산한다는 JIT(just in time)의 원칙이 생겼다.

● 생산과 품질에 대한 책임

고객 가치를 창출하고 있는 모든 현장이 중요하며 구성원 모두가 품질에 책임을 져야 하고, 결함이 발견되었을 때는 즉시 바로 잡아야 한다.

● 가치 흐름

기업의 생산 활동을 단순한 제품의 제조 과정으로 보지 않고 고객과 공급자를 포함하는 연속적이고 총체적인 가치 흐름의 관점에서 본다.

이러한 원칙을 바탕으로 경영진과 근로자 그리고 협력 업체가 같은 목표를 위해 일했고, 그 결과 높은 품질과 고객 만족 그리고 비용 절감의 효과를 얻었다. 이와 같이 TPS는 매우 효율적인 생산 방식이지만 다음과 같은 이유 등으로 다른 기업에 적용하기는 쉽지 않다.

TPS는 1970년대 TQC, 1980년대 간판 방식(JIT), 1990년대 자동화, 2000년대 가치 흐름 등을 바탕으로 계속 진화해 온 생산 시스템이고, 도요타라는 기업의 특유한 문화이기 때문에 단기간에 다른 기업에서 받아들이기가 용이하지 않다. 그리고 TPS는 기본적으로 자동차 생산에 적용하기 위한 시스템으로 다른 모든 분야의 기업에 적용 가능한 것은 아니라는 비판도 있다.

요약하면 TPS는 대량생산 방식과 달리 경영자, 근로자, 공급자 등 생산 주체들을 조화롭게 하나로 묶어 냄으로써 상황에 따라 여러 제품을 만들어 낼 수 있는 유연한 생산 방식이라 할 수 있다.

2 품질 전문가들의 품질 혁신에 대한 견해

품질이 기업의 생존과 번영에 필수적 요소라는 말에 이견이 있을 수 없지만 품질에 대한 견해와 접근 방법은 다양할 수 있다. 20세기 초 제품 검사inspection로부터 시작된 과학적인 품질관리의 역사는 통계적 품질관리(statistical quality control: SQC), 전사적 품질관리(total quality control: TQC), 전사적 품질경영(total quality management: TQM) 등으로 개념이 계속 확대되어 왔다. 이러한 과정을 이해하고 품질 혁신에 대한 아이디어를 정리해 보기 위해서 품질 대가들의 생각과 관심을 하나씩 살펴보기로 하자.

1) 슈하트의 견해

기본 아이디어 데이터를 바탕으로 변동variation을 이해함으로써 프로세스를 예측하고 적절한 조치를 취한다. (통계적 품질관리)

슈하트W. A. Shewhart는 1920년대 미국의 벨 연구소Bell Lab.에

근무한 통계학자이자 품질학자였으며, 그가 1926년에 출간한 ≪생산 제품의 경제적 품질관리≫에서 소개한 관리도 기법은 통계적 품질관리의 시대를 여는 계기가 되었다.

프로세스에서 어떤 특징을 측정하여 데이터를 수집하였을 때, 데이터 값들은 똑같을 수 없고 필연적으로 변동이 생긴다. 프로세스가 정상적인 조건을 유지하고 엄격하게 관리되고 있다 하더라도 어느 정도의 변동은 불가피하다. 이때 변동의 원인을 우연원인chance cause 과 이상원인assignable cause으로 구분할 수 있다. 예를 들어 작업자의 숙련도 및 작업 태도의 차이, 작업환경 등의 차이와 같은 불가피한 원인을 우연원인이라고 하고, 작업자의 부주의, 불량 자재의 사용, 생산 설비의 고장과 같이 까닭을 찾을 수 있는 원인을 이상원인 이라 한다.

슈하트는 데이터의 변동이 우연원인에 의한 것인지, 아니면 이상원인에 의한 것인지를 판단하여 프로세스를 관리하고자 하였다. 이를 위해 개발한 방법이 관리도control chart이며, 변동이 우연원인에 기인할 때 프로세스는 관리 상태에 있다고 말하고, 이상원인에 기인할 때 관리 상태를 벗어났다고 판단하여 원인을 규명하여 조치를 취하게 된다. 이러한 관리도는 프로세스의 관리 상태를 판단하는 데뿐만 아니라 이상원인을 규명하고 개선 방법을 강구하는 데도 사용될 수 있으며, 시간의 흐름에 따라 업무 특징의 변화를 파악하는 데도 사용될 수 있다.

2) 데밍의 견해

기본 아이디어 품질 문제를 정확하게 진단하고 해결하기 위해서는 시스템에 대한 통계적인 이해가 바탕이 되어야 한다.

미국의 품질 전문가 데밍E.W. Deming은 품질관리에서 지식의 중요성을 간파하여 품질 교육의 중요성을 강조하였으며, 데이터를 기반으로 문제를 해결하고 의사 결정을 할 것을 주장하였다. 이를 위해서 데이터를 수집하고 분석하는 것이 중요하며, 데이터가 없으면 데이터 수집부터 시작해야 한다고 강조했다. 또한 그는 지속적인 품질개선을 위한 접근 방법으로 PDCA(Plan-Do-Check-Action) 사이클을 강조하기도 하였다.

데밍은 좋은 품질이란 변동이 적은 것이라 정의하고, 품질개선을 위해서는 변동을 줄여야 한다고 말했다. 또한 데밍은 변동의 원인을 특별special한 원인과 일반common적 원인으로 구분하여, 이를 바탕으로 작업자와 관리자 간의 품질개선 업무를 합리적으로 배분할 것을 제안하였다. 특히 데밍은 작업자의 통제 범위 안에 있는 행동이나 일 때문에 발생하는 특정한 문제는 작업자가 이를 해결할 책임이 있지만, 프로세스가 안정된 상태에서도 계속 불량이 발생하는 일반적 문제는 관리자가 시스템을 개선하고 재설계하여 해결해야 한다고 주장하였다.

데밍은 1982년에 출간한 그의 저서 ≪위기를 넘어서≫에서 품질과 관련된 기본 지침 14가지를 제시하였으며(<표 2.1> 참조), 지침의 중요한 특징 중의 하나는 구성원들에게 학습 동기를 부여하고 인간적으로 대접하라는 것이다. 이러한 내용은 통계에 기초한 과학적 방식과 인간주의적 철학 사이의 간격을 좁혀 주었으며, 데밍의 관점에서는 품질은 삶의 한 방식이자 기업의 존재 의미이며 경영의 궁극적 목표라고 할 수 있다.

<표 2.1> 데밍의 14가지 지침

1. 지속적인 목표를 위해 일관된 목표를 설정한다.
2. 새로운 철학을 채택한다.
3. 품질 유지를 위해서 제품 검사에만 의존해서는 안 된다.
4. 구입 자재의 가격에만 치중하는 관례를 없앤다.
5. 생산 및 서비스 시스템을 지속적으로 개선한다.
6. 교육 훈련을 제도화한다.
7. 리더십을 가르치고 함양한다.
8. 두려움을 없앤다.
9. 부서 간의 장벽을 허문다.
10. 슬로건이나 생산 목표 등을 설정해 놓지 않는다.
11. 생산량을 할당하거나 경영 목표치를 정해 두지 않는다.
12. 일에 대한 자부심을 없애는 제도들을 제거한다.
13. 모든 구성원을 위한 교육과 능력 개발 프로그램을 적극적으로 마련한다.
14. 모든 구성원이 협력해 변화를 이루어 낼 수 있도록 한다.

3) 주란의 견해

통계적 품질관리를 경영 차원으로 끌어 올린다.

"20세기가 생산성의 세기였다면 21세기는 품질의 세기가 될 것이다"라고 주장했던 미국의 품질 전문가 주란J. M. Juran의 품질에 대한 최대 공헌은, 통계적 품질관리를 경영 차원으로 끌어올린 것이다. 그는 품질 책임의 80% 이상이 경영자에 속하므로 경영자의 의식 변화가 무엇보다 중요하다고 강조하였다.

주란이 제시한 많은 아이디어 중에서, 특히 **품질계획**quality planning, **품질통제**quality control, **품질개선**quality improvement으로 구성되는 **품질 3단계**quality trilogy 이론은 품질관리의 기본 개념이 되었다.

품질계획은 고객을 정의하고, 고객의 요구와 고객이 기대하는 제품과 서비스의 특징 그리고 제품과 서비스를 전달하는 프로세스를 규명하여 이러한 지식을 생산 부문에 전달하는 과정을 말한다. 품질 통제란 고객 요구의 관점에서 제품을 검토하고 평가하는 과정으로서 발견된 문제점들을 이 과정에서 수정하는 활동을 의미한다. 그리고 품질개선은 품질이 지속적으로 개선되도록 하는 지원 체계를 시행하는 과정을 말한다. 여기에는 자원 할당, 품질 프로젝트 추진을 위한 인력 배치, 프로젝트 팀원의 교육과 훈련, 품질 업무 추진 조직 등이 포함된다.

"모든 개선은 프로젝트를 통해서만 이루어진다"라고 주장했던 주란은 품질을 개선하기 위해서는 목표와 일정이 분명한 품질 향상 과제 즉 문제 해결 과제인 **프로젝트**를 추진해야 한다고 주장하였으며, 특히 품질비용cost of quality의 개념을 이해하고 나쁜 품질로 인한 비용 절감을 위한 프로젝트의 추진을 역설하였다.

4) 크로스비의 견해

기본 아이디어   품질은 마음가짐에 달려 있다. 결함의 존재를 인정하는 한 결함을 제거할 수 없다. (무결점 운동)

미국의 크로스비P. B. Crosby가 주창한 **무결점**zero-defects 운동은 모든 사람이 각자의 역할에 대한 중요성을 인식하고 처음부터 일을 올바르게 하려고 노력한다면 완벽한 품질도 가능하다는 그의 경험에서 출발하였다. 특히 결함을 인정하는 안일한 사고가 존재하는 한 무결점은 달성할 수 없다는 평범한 사고가 무결점 운동의 기초이다.

크로스비는 무결점을 이루기 위해서 경영자는 무결점을 목표로 경영해야 하며, 이를 위한 시스템을 구축해야 하고, 무엇보다도 구성원들이 완벽성 추구에 대한 동기를 부여 받을 수 있도록 분위기와 환경을 만들어야 한다고 강조하였으며, 품질에 대하여 다음과 같은 4가지 절대 원칙absolutes을 제시하였다.

● 품질은 요구에 대한 일치(conformance to requirements)이다. (정의)

품질은 우아한 것도 좋은 것도 돈이 드는 것도 아니다. '고객 요구에 대한 일치'라는 품질의 정의는 기업으로 하여금 고객의 요구를 이해하고자 하는 데 초점을 맞추게 하고, 이러한 요구를 충족하도록 기업을 이끌어 준다. 뿐만 아니라 이러한 품질에 대한 외부적 관점은 훨씬 더 도전적이고 분명한 목표를 기업에 제공해 주었다.

● 품질 시스템은 예방을 위한 것이지 검사를 위한 것이 아니다. (시스템)

고객의 요구를 충족하기 위한 품질 시스템은 일을 '처음부터 올바로 하자는 것(do it right the first time)'에 바탕을 두어야 한다. 다시 말해서 제품을 생산한 후의 검사가 아닌 생산 과정의 예방에 초점을 두어야 한다.

● 성과 표준은 무결점이어야 한다. (표준)

크로스비는 무결점이 모든 프로세스의 목표가 되어야 한다고 주장하였다. 그리고 성과를 위해서는 "충분히 좋다"라는 의미가 아니라 '실수를 절대로 용납하지 않겠다'는 마음가짐이 중요하다고 주장하였다.

● 품질의 척도는 품질비용이다. (척도)

품질은 고객의 요구를 일치시키지 못함으로써 발생되는 비용으로 측정된다. 이러한 품질비용을 줄일 수 있다면 고객과의 관계가 개선될 뿐만 아니라 현장에서 비용 절감을 이루어 낼 수 있다.

크로스비의 절대 원칙 중에서 무결점과 품질비용은 실제로 시행하는 데 어려움이 있었다. 이에 대하여 크로스비는 자신이 제시한 품질 혁신 방법에 대한 개념이 타당하지 않아서가 아니라 경영 관리 계층이 올바르게 접근하지 못했다는 점을 지적하였다.

5) 파이겐바움의 견해

기본 아이디어 품질에 대한 책임은 제조 부문에만 국한되지 않는다. 조직 내의 모든 기능이 품질에 대한 책임이 있다. (전사적 품질관리)

미국 제너럴일렉트릭GE사의 1960년대 품질관리 담당자였던 파이겐바움V. A. Feigenbaum은 품질에 대한 책임을 제조 부문에 국한시키지 않는 전사적인 접근 방법을 개발하였다. 파이겐바움은 제조 프로세스 사이클을 다음과 같이 8단계로 구분하고, 이러한 사이클의 각 단계에서 모든 프로세스들을 총체적으로 관리하여 품질 향상을 추구하는 것을 전사적 품질관리 즉 TQC(total quality control)라고 명명하였다.

설계 ⇒ 구매 ⇒ 생산기술 ⇒ 제조 ⇒ 검사 및 시험 ⇒ 선적 ⇒ 서비스 ⇒ 영업

특히 파이겐바움은 검사 및 관리도 위주의 기존의 품질관리 방법을 확장하여, 품질은 제조 후의 검사에서 만들어지지 않으며 제조과정에서 만들어 넣어야 하고, 모든 단계에서 높은 수준을 유지해야 한다고 주장하였다. 따라서 품질은 특정한 누구의 일이 아니며 모두의 일이 된다. 파이겐바움의 TQC가 제품 개발에서부터 설계, 제조, 서비스에 이르는 조직의 기능적 결합을 추구하는 개념인 반면에, 일본식 TQC는 최고 경영자에서부터 중간 관리자와 일반 작업자에 이르기까지의 전원 참여를 강조하는 측면을 갖고 있다.

파이겐바움은 품질을 근본에서부터 해결하려는 의식 전환이 중요하다고 역설했으며, 품질비용의 개념을 명확히 함으로써 품질개선이 원가 상승으로 이어지는 것이 아니라는 것을 주장했다. 특히 경영진에게 품질 전략을 설득하기 위해 품질비용을 가시화하는 접근방법을 사용했다.

6) 이시가와의 견해

기본 아이디어 자주적인 소집단 활동을 통하여 현장에서 품질을 확보한다. (품질분임조 활동)

일본의 품질 전문가 이시가와는 미국을 비롯한 구미에서 발전한 품질 개념을 일본 현장에 적용하기 위해서 1960년대 초 품질분임조 활동을 제시하고 이들의 활동을 성공적으로 이끌었다. **품질분임조**

quality circle는 품질 향상과 프로세스 개선을 위하여 자주적으로 움직이는 소집단을 말한다.

여기에서 '자주적'으로라는 말이 매우 중요하다. 이 말은 작업자를 관리 대상으로만 보는 것이 아니라 작업자를 여건과 환경이 주어지면 스스로 학습할 수 있고, 자발적으로 문제를 찾고 해결함으로써 보람과 성취감을 느끼는 존재로 본다는 것을 의미한다.

품질분임조는 초기에는 자주적으로 공부하는 자기 계발 활동이었지만 점차 상호 계발 활동으로 발전하였고, 이를 바탕으로 지속적인 개선 활동을 실천한 결과 일본 기업 경쟁력의 원천이 되었다. 품질분임조는 일반적으로 비구조적이며 비공식적인 특징을 갖고 있으며, 비교적 작은 권한을 부여 받아 현장 개선 중심의 활동을 하는 소모임을 의미한다.

품질분임조를 통한 '현장 중시 품질' 이외에 이시가와의 또 다른 공헌은 다양한 품질 기법의 개발뿐만 아니라 품질 기법을 단순화한 것이다. 그는 품질개선을 위한 여러 통계 기법 중 가장 기본적인 7가지 도구(QC 7 Tools)만 잘 활용하면 현장의 품질 문제 대부분을 해결할 수 있다고 주장했다. 다시 말해서 품질분임조는 데이터 분석과 문제 해결에 간단한 7가지 도구를 이용하고 이를 실행하기 위해 경영진의 지원을 받는 방식으로 운영된다고 할 수 있다.

7) 마이클 해리의 견해

기본 아이디어 통계적 기법을 활용한 문제 해결 절차를 제공한다.
(6시그마 품질경영)

전통적 품질관리 기법에서 고객 중심으로 사고의 전환을 강조한 TQM(전사적 품질경영)은 다분히 개념적이어서 구체적인 품질 혁신 수행 방법이 결여된 측면이 있었다. 이에 비해 미국의 모토로라 회사의 품질 담당자였던 마이클 해리M. Harry에 의해 1980년대 초에 개발되기 시작한 6시그마 기법은, TQM의 바탕 위에서 품질 향상 과제인 프로젝트를 수행하는 구체적인 방법과 수행 단계별로 사용되는 분석 방법을 체계적으로 갖추고 있다.

6시그마 기법은 고객 중심, 프로세스 중심, 통계적 사고, 데이터를 기본으로 한다. 그리고 문제를 해결하는 데 구체적인 방법으로는 DMAIC라는 5단계의 절차를 사용한다. 이러한 문제 해결의 절차 5단계는, 먼저 어떤 문제를 해결할 것인가를 명확히 파악하는 정의 define 단계, 현재 상황을 객관적으로 파악하기 위해 데이터를 수집하는 측정measure 단계, 데이터 및 문제 원인을 통계적 기법으로 고찰하는 분석analyze 단계, 그리고 개선책을 모색하는 개선improve 단계, 그리고 개선 결과를 유지하는 방법을 구현하는 관리control 단계로 구성되어 있다.

그리고 제품 설계나 프로세스 설계가 제대로 이루어지지 않은 상태라면 생산 과정이 아무리 잘 이루어져도 높은 품질 수준의 제품 생산은 거의 불가능하다. 이러한 경우 제품과 서비스를 제대로 설계하기 위한 체계적인 수행 단계 방법으로는 DFSS(design for six sigma) 방법 등이 개발되어 있으며, 이에 대한 구체적인 내용은 뒤의 3장 및 4장에서 자세히 다루고자 한다.

6시그마라는 통계적 기법을 활용한 문제 해결 방식이 물론 모든 문제를 해결하는 것은 아니지만 문제 해결 과정에서 직관과 경험을 넘어 데이터에 근거하므로 모호함을 극복할 수 있게 해주고, 특히 변동으로부터 야기된 문제를 해결하는 데는 크게 도움이 된다. 결국 6시그마는 지혜롭게 일하는 방법이며 고객 만족을 위한 실천 전략이라고 볼 수 있다.

③ 비즈니스 혁신 방법

　기업은 끊임없이 변화를 추구해야 한다. 외부 환경이 급속히 변하므로 지금 당연한 것이 미래에는 걸림돌이 될 수도 있고, 현재 최고라 할지라도 내일을 준비하지 않으면 어려움에 처할 수 있다. 기업이 지속 발전하기 위해서는 가치, 사명, 성과 등과 같이 계속 유지해야 할 것과 제품, 프로세스, 구성원 등과 같이 변화해야 할 것 사이의 균형이 필요하며, 이를 위해서는 지속적이고 체계적인 혁신이 필요하다.

　여기서 혁신이란 기존의 지식, 사고의 틀, 제품, 고객의 요구, 시장 등에서 부족한 점을 발견하여 새롭고 훨씬 더 바람직한 방향으로 변화시키는 일을 의미한다. 지금부터 비즈니스 혁신과 관련된 몇 가지 개념에 대하여 알아보기로 하자.

1) 트리즈TRIZ

기본 아이디어 발명에는 특정한 법칙이 존재하고, 이를 체계화하여 활용하면 누구나 창의적인 발상을 할 수 있다.

　문제를 창의적으로 해결해야 하는 경우 경험에 주로 의존하면 시행착오를 거치기 쉽다. 왜냐하면 해결책을 모색할 때 자신의 분야에서 습득한 관습이나 이미 알려진 익숙한 대안으로부터 벗어나기가 어렵고, 기존의 지식에 사로잡혀 있는 상태로 대부분의 시간을 보내게 되기 때문이다. 이러한 경우 심리적 관성에 빠지게 되므로 참신한 아이디어를 기대하기는 어렵다.

　이러한 한계를 극복하기 위해 옛 소련의 과학자이자 발명가인 알트슐러G.S. Altshuller 등이 러시아의 20만 건이 넘는 특허를 분석하여 창의적 문제 해결에 사용되는 공통 원리를 추출하고 종합해서 개발한 방법론이 트리즈(TRIZ: 창의적 문제 해결 이론의 러시아어 줄임말)이다. 트리즈는 옛 소련 연방이 해체된 이후 서방 세계에 알려지기 시작했으며, 현재 과학기술 창의력 분야에 새로운 패러다임을 제시한 문제 해결 발상법으로 평가 받고 있다.

　트리즈는 혁신적 아이디어 발상을 가로막는 심리적 관성, 모순의 회피, 지식의 부족, 잘못된 목표와 방향 등의 장애물을 제거할 수 있도록 구조화된 절차와 도구를 제공한다. 트리즈는 먼저 주어진 초기 상황을 분석하여 극복해야 할 모순을 파악하고, 문제가 해결되었을 때의 모습을 여러 가지의 진화의 패턴을 이용하여 상정하고, 문제 해결의 방향을 결정하면서 분석하여 이상적인 상태인 최종 결과를 도출하는 기법이라 할 수 있다.

트리즈가 성공적으로 수행되면 양자택일의 이분법적 한계를 넘어 여러 가지 모순을 타협 없이 극복할 수 있다. 특히 모순에는 특성에 따라 물리적 모순과 기술적 모순이 있다. 물리적 모순은, 예를 들어 설계 조건을 만족시키기 위해서는 물의 온도를 뜨겁게 해야 하는 동시에 차갑게 유지해야 하는 경우처럼 온도, 즉 시스템의 한 요소가 스스로 충돌하는 경우를 말한다. 반면에 기술적 모순은 시스템의 서로 다른 두 요소가 서로 충돌하는 경우이다. 예를 들어 물의 온도를 뜨겁게 유지해야 하지만, 물을 뜨겁게 하면 다른 기능적 요소가 방해받게 되는 경우이다.

트리즈에서는 물리적 모순에 빠진 경우에는 모순의 실체를 시간이나 공간, 부분과 전체, 혹은 조건상에서 분리시켜 볼 것을 권한다. 반면에 기술적 모순에 빠진 경우, 트리즈에는 기술적 파라미터를 이용하여 모순을 정의하는 방법으로 39가지의 기법, 그리고 발명 원리로는 40가지의 기법이 개발되어 있으며, 이러한 기법들을 적절히 적용하여 모순을 극복하고자 노력한다.

발명이란 어떤 원리의 도움으로 기술적 모순을 제거하는 것으로 볼 수 있으며, 현재의 기술이나 제품은 과거 존재했던 모순을 해결한 결과이고, 미래에 기술이나 제품을 창조한다는 것은 현재 발견되는 모순을 극복해 가는 과정이라고 할 수 있다. 그리고 문제에 대한 해결책을 찾는다는 것은 복잡하게 얽혀 있는 모순을 풀어 가는 과정이라 할 때, 트리즈는 발명을 비롯하여 문제 해결을 위한 창의적 발상을 하는 데 매우 유용하게 적용될 수 있다. 결론적으로 트리즈는 생각하는 방법이며 문제를 해결하는 사고 방법이라고 할 수 있다. 특히 트리즈는 공학적인 문제를 창의적으로 해결하는 데 매우 유용하게 적용될 수 있다.

2) 가치공학(Value Engineering: VE)

기본 아이디어 기능과 비용을 함께 고려해야 한다.

1947년 GE사의 구매 부장이었던 마일즈L.D. Miles는 불연재로 석면을 사달라는 현장의 요구를 물자 부족으로 들어주기 어려운 상황에 처해 있었다. 그리고 마일즈는 고민 끝에 값은 싸면서 더 좋은 다른 불연재가 있음을 알게 되었다. 이러한 경험을 통해 마일즈는 현장에서 사달라고 해서 무조건 사줄 것이 아니라 용도를 알아봐서 값은 싸면서 더 좋은 물건이 있는지를 확인한 후 구매해야 한다는 교훈을 얻게 되었다.

이 일을 계기로 GE사를 중심으로 가치 분석이라는 개념이 탄생하게 되었다. 그 후 미국 국방성이 이를 채택함으로써 VE라는 고유 영역으로 발전되어, 설계와 생산 부서뿐 아니라 서비스 부문에 이르기까지 확대되게 되었다. 일반적으로 고객은 제품을 소유함으로써 얻어지는 기능과 만족감 때문에 제품을 구매하지만 이를 위해서는 비용이 든다. 따라서 고객이 느끼는 가치는 다음과 같다.

$$가치_{value} = 기능_{function} / 비용_{cost}$$

위의 관계식에서 가치 증진을 위해서는 분모에 비해 분자가 커져야 하므로 지급해야 할 희생보다 얻어지는 효용이 더 커져야 가치가 증진됨을 알 수 있다. 따라서 VE란 고객 만족을 위하여 최소의 비용으로 필요한 기능을 확실히 달성하기 위하여 행하는 조직적 노력이라 할 수 있다.

3) 다운사이징Downsizing

기본 아이디어   조직의 군살을 빼서 효율성을 증진시킨다.

오래 항해한 배의 선체에는 조개껍질이 붙어 있기 마련이고, 이를 제때에 제거하지 않으면 속도가 떨어져서 기동력을 잃게 된다. 마찬가지로 조직이 비대해지면 복잡성으로 인하여 문제가 생기고, 유연성이 떨어져 외부 환경 변화에 잘 대처하지 못하게 된다. 다운사이징은 급변하는 기업 환경에 대응하기 위하여 조직 인력의 규모, 비용 구조, 업무 흐름 등에 변화를 가져오기 위한 일련의 조치들을 의미한다.

다운사이징 방법에서는 정리해고나 명예퇴직 등을 통하여 인원을 감축하기도 하고, 조직 통폐합과 직무 재설계 그리고 계층 축소 등을 통하여 업무를 재설계하기도 한다. 이러한 다운사이징은 단기적 수익성 향상, 조직 내의 간접비 감소, 신속한 의사 결정, 비효율적인 관료적 조직 운영의 개선 등과 같은 긍정적인 효과를 가져오기도 하지만, 구성원의 사기 저하, 해고 관련 비용 증가, 인재 유출, 투자 부실로 인한 장기적 쇠퇴 등과 같은 부작용을 불러 오기도 한다. 이러한 부작용을 최소화하기 위해서는 단순히 인원만 감축하는 것이 아니라 업무를 합리적으로 재설계하고 조직 문화를 바꾸는 경영 혁신으로서의 체계적 접근이 필요하다.

예를 들어 1990년대 IBM사는 회사 규모를 시장 상황에 맞게 '적정 규모화'하는 과정에서 핵심 사업 분야만 남기고 나머지를 처분함으로써 고비용 구조를 해결하고, 분산된 조직을 하나의 글로벌 조직으로 통합하였다. 이 과정에서 인원 감축에 따른 지식과 업무 노하우 그리고 고객 관계의 공백을 메우기 위하여 지식 경영 인프라를 구축하였고, 우수 인력을 유지하기 위하여 스톡옵션 제도를 활용하였으며, 무해고 정책을 파기함으로써 기업 문화를 바꾸고, 기술 중심에서 고객 중심으로 기업 체질을 바꾸어 나갔다. 이렇게 해서 IBM사는 위기를 벗어나 재도약할 수 있는 발판을 마련할 수 있었다.

이와 같이 다운사이징이 성공하기 위해서는 단순히 인원 감축이나 임금 삭감과 같은 구성원의 희생을 바탕으로 비용 절감을 할 것이 아니라, 핵심 분야를 중심으로 사업을 적정 규모로 재편성하여 제반 간접비를 줄이고 체질 개선의 기회로 삼는 것이 중요하다.

4) 벤치마킹Benchmarking

기본 아이디어 최고의 기술 또는 업무 방식을 남에게서 배운다.
(남을 알고 나를 알면 백번 싸워도 지지 않는다.)

벤치마킹이란 경쟁 우위를 쟁취하기 위해 해당 산업에서 최고 수준의 기술이나 프로세스를 배워서 경영 성과를 높이려는 노력을 말한다. 일반적으로 업계 선두 주자로 인식되는 기업의 수준과 자기 회사의 수준을 비교하고 분석하여, 자기 회사의 수준을 향상시키고자 하는 일련의 개선 및 학습 과정이다. 또한 벤치마킹은 일회성 행사가 아니라 지속적인 개선 과정이며, 단순히 해답을 구한다기보다는 가치 있는 정보를 획득하기 위한 조사 과정이라고 할 수 있다. 그리고 단순한 모방 활동이 아니라 다른 사람에게 배우는 학습 과정이며 이를 위해서는 일정한 원칙하에서 시간과 노력이 필요하다.

1980년대 제록스사가 자사 제품의 제조 원가와 경쟁사 제품의 판매가가 비슷한 데서 자극을 받아, 경쟁사인 캐논Cannon사의 프로세스를 이해하고자 노력했던 것과, 포드사의 토러스Taurus 팀이 자동차 각 기능의 최고 수준을 파악하기 위하여 경쟁사의 우수 차종을 구매하여 분석한 것 등이 벤치마킹의 좋은 사례라 할 수 있다.

초우량 기업이라도 경쟁 기업 또는 업계 선도 기업들과의 비교를 통해 장단점과 격차를 분석하여 취약한 부분을 지속적으로 개선하지 않으면 경쟁에서 뒤처질 수 있다. 벤치마킹은 단기간에 최고와의 격차를 줄일 수 있는 좋은 방법 중의 하나라고 할 수 있다. 다만 벤치마킹에 의존해서 모방만을 추구해서는 최고가 되기 어렵다.

5) 제약이론(Theory Of Constraints: TOC)

기본 아이디어 시스템의 목표 달성에 제약이 되는 요인을 집중적으로 개선한다.

제약이론의 개념은 미국에서 골드렛E. M. Goldratt이 1984년 출간한 기업 소설 ≪The Goal≫에서 처음 제시되었으며, 그 후 TOC는 생산 시스템 개선, 프로젝트 개선, 성과 시스템 개선, 일반 시스템 개선으로 그 적용 범위를 넓혀 왔다. 제약이론의 기본 원리를 간략히 설명하면 다음과 같다.

모든 조직은 목표를 갖고 있으며, 조직이 갖고 있는 모든 자원은 조직의 목표 달성에 기여하도록 관리되어야 한다. 조직이 목표를 달성하는 데 방해가 되는 요인을 제약 요인이라 하고, 제약 요인은 조직 내에 존재하는 자원 간의 종속성과 통계적 변동이라는 두 가지 현상의 결합으로 인하여 생긴다.

특히 모든 프로세스에는 변동이 존재한다. 그리고 종속성은 한 사건이 다른 사건에 앞서서 발생할 때 나타나며, 후속 사건은 선행 사건에 종속된다. 예를 들어 1차선 도로에서 차의 속도는 앞차의 속도에 종속된다. 조직은 서로 연관된 여러 부서들로 이루어져 있기 때문에 조직에는 종속성이 존재하게 되며, 여기에 통계적 변동이 결합되면 조직의 성과를 결정하는 제약 요인이 생긴다. 결국 제약 요인이 하나도 없는 조직은 없다.

조직의 부서들은 대부분 서로 연결된 사슬chain의 형태를 갖고 있으므로 한 부서의 성과는 다른 부서의 성과에 영향을 준다. 따라서 각 부분의 부분 최적화는 기업 전체 최적화와 연결되지 않는 경우가 많으며, 결국 조직의 성과는 제약 요인에 의해 결정된다. 이러한 제약 요인의 효과적인 관리 없이 각 부문의 성과 향상에만 치중하다 보면 한 부문이 향상되었음에도 불구하고 전체 조직의 성과는 향상되지 않을 수 있으며, 극단적인 경우 불균형으로 인해 조직이 도리어 혼란에 빠질 수도 있다. 따라서 조직 목표를 달성하기 위해서는 시스템적 관점이 중요하다.

제약이론의 관점에서 보면 자동화나 정보 기술과 같은 신기술의 도입도 그 자체가 생산성 향상을 의미하는 것이 아니라 이러한 신기술이 시스템의 제약을 극복하는 데 기여하는 경우에 한하여 가치가 있다고 본다.

결론적으로 TOC는 시스템의 목표를 달성하는 데 제약이 되는 요인을 찾아 집중적으로 개선함으로써 단기간에 가시적인 경영 개선의 성과를 이루고, 장기적으로는 지속적인 경영 개선을 추구하여 시스템의 전체적 최적화를 달성하는 프로세스 중심의 경영 혁신 기법이라 할 수 있다.

6) 리엔지니어링Reengineering

기본 아이디어   기존의 관념에서 벗어나 새롭게 프로세스를 설계하자.

　치열한 경쟁과 급격한 정보 기술의 발달에 따라 기업들은 비효율적으로 경직되어 있는 프로세스를 새로운 관점에서 원점부터 재검토해야 할 필요성이 생겼다. 이를 배경으로 1990년 마이클 해머M. Hammer는 리엔지니어링의 개념을 제시하였으며, 해머의 의하면 리엔지니어링은 '비용이나 품질, 서비스, 속도 등과 같은 결정적 수행 기준을 크게 향상시키기 위한 근본적 의식 변환 및 비즈니스 프로세스의 혁신적 재설계'라고 정의할 수 있다.

　리엔지니어링은 "왜 우리가 이일을 해야 하는가?"와 같은 근본적인 질문에서 출발하며, '변화를 두려워하고 현재 상황이 유지되기를 원하는 사람'과 '온갖 종류의 일시적 개선'을 적으로 규정하고 있다. 그리고 리엔지니어링에서는 과업, 직무, 사람, 구조, 기능, 제품에 초점을 맞추는 것이 아니라 모든 일이 프로세스를 통해 이루어지므로 프로세스에 초점을 맞추고 있고, 프로세스의 점진적 개선이 아니라 프로세스의 혁신적 변화를 추구한다.

　이러한 리엔지니어링 개념을 도입하면서 IBM컴퓨터 구매자에 대해 자금을 대출하는 회사인 IBM크레디트IBM Credit 같은 회사는 컴퓨터 매매 계약과 임대 계약의 견적서 발급 기간을 과거 1주일에서 단 하루로 줄였다. 그리고 미국 국세청은 직원은 절반으로 그리고 사무소의 수는 1/3 규모로 줄이면서도 징세율에서는 33%가 향상되는 성과를 올릴 수 있었다. 물론 리엔지니어링을 수행하는 모든 회사가 성공하는 것은 아니며, 급격한 변화를 수반하기 때문에 실패한 기업도 많이 있다.

리엔지니어링 기법의 대표적인 실패 원인으로는, 첫째 리엔지니어링이 원점에서부터 출발하다 보니 조직이 오랜 세월에 걸쳐 현재와 같은 모습을 갖추기까지의 과정이 무시되기 쉽다는 점이다. 전통은 쉽게 무시되는 것이 아니며, 기존의 것을 무조건 부인하거나 파괴하는 것보다 기존의 바탕 위에 새로운 것을 건설하는 것이 더 현명할 수도 있다. 그리고 더 나아가 무조건 바꾸고 새롭게 하는 것이 진정으로 문제를 해결할 수 있는 획기적인 길인지, 합리적이고 분별력 있게 상황을 먼저 판단해 볼 필요가 있다.

두 번째로 리엔지니어링과 정리해고가 동의어처럼 사용되었다는 점이다. 리엔지니어링을 추진한 기업 가운데 조직의 혁신보다는 단순히 비용 삭감에 몰두하여 인원 감축에 초점을 맞춘 경우가 적지 않았으며, 리엔지니어링을 인원 감축에 대한 저항 감소 구실로 활용하는 기업도 발생하였다.

그리고 기업이 혁신적 변화를 수용하기가 쉽지 않기 때문에 광범위하게 적용되기보다는 다루기가 용이한 프로세스에만 제한적으로 적용하는 경향이 있었다. 마지막으로 지적할 수 있는 리엔지니어링의 실패 원인은 구성원에 대한 배려와 신뢰가 부족하다는 점이다. 결국 구성원이 갖고 있는 성의, 자발적 호기심, 지적 능력 등에 대한 고려가 충분하지 않은 경우 리엔지니어링은 소기의 목적을 달성하기가 어렵게 된다. 리엔지니어링의 성공적 수행을 위해서는 인적 손실과 같은 부작용을 최소화하기 위한 세심한 운영과 노력이 필요하다는 점을 유념할 필요가 있다.

이렇게 리엔지니어링의 효과에 대하여는 논란의 여지가 있지만 '변화해야 한다'는 근본 개념은 개인이나 기업에서 언제나 절실히 요구되는 것이다. 결론적으로 리엔지니어링은 정보 기술과 프로세스 혁신을 결합함으로써 기업의 모든 프로세스에서 스피드를 확보하여 고객 가치를 높이고, 기업 내에서 행해지는 활동 양식에 근본적인 변화를 가하고자 노력하는 경영 혁신 활동으로 볼 수 있다.

3장

개선을 위한
문제 해결 절차

기업이 생존하고 번영하기 위해서는 고객들에게 거의 완벽에 가까운 제품과 서비스를 제공하여야 하며, 또한 우리가 일하는 방법에는 반드시 개선할 점이 있기 때문에 끊임없이 문제를 해결하여야 한다. 기업에서 문제를 해결하고자 프로젝트를 수행하는 경우 만약 프로젝트가 잘못 수행되면 비용만 많이 들고 결과가 실망스러울 수 있다. 따라서 올바른 문제를 파악하고 개선책을 수립하기 위해서는 효과적인 수행 절차와 기법이 필요하며, 역대 많은 기업에서는 기업 실정에 부합되는 문제 해결 절차를 개발하여 사용하여 왔다. 이 장에서는 기업에서 개발되어 사용되었거나 혹은 지금도 사용되고 있는 문제 해결 절차를 소개하고자 한다.

지금까지 기업에서 개발된 구체적인 문제 해결 절차는 실로 다양하다고 할 수 있다. 미국의 품질 전문가 데밍이 강조한 PDCA-사이클을 단순히 적용하는 방법을 비롯하여, 세계적인 기업들인 Ford사, Dupont사, Motorola사 그리고 GE사 등에서 여러 형태의 구체적인 문제 해결 절차가 개발되었다. 그리고 최근에는 6시그마 경영 혁신 기법이 확산되어 정착됨에 따라 많은 기업에서는 6시그마 경영에서 사용되는 문제 해결 절차인 DMAIC 방법과 DMADV 방법 등이 널리 사용되고 있다.

이 장에서는 먼저 과거 여러 기업에서 개발된 문제 해결 절차 중에서 대표적으로 PDCA-사이클 방법과 Motorola사와 Dupont사의 방법에 대하여 간단히 설명한 후, DMAIC 방법에 대하여 자세히 살펴보기로 한다. DMAIC 방법은 제품이나 서비스 혹은 프로세스의 문제점을 개선하는 방법론이라 할 수 있으며, 다음 장에서 살펴볼 DMADV 방법은 새로운 제품이나 프로세스를 개발하고자 할 때 사용되는 방법이라 할 수 있다.

1 과거의 대표적인 문제 해결 절차

문제 해결 절차에 대하여 품질 전문가들이 제시한 대표적인 방법론으로는, 슈하트에 의해 처음 창안되고 데밍에 의해 널리 알려지게 된 PDCA의 4단계 방법론과 주란이 제시한 10단계 과정의 절차가 있다. 그리고 이러한 일반적인 문제 해결 절차를 기업의 현실에 맞게 구체화하여 개발된 방법 중 널리 알려진 것으로는, 모토로라Motorola 사의 10단계 절차 및 듀퐁Dupont사의 8단계 절차가 있다. 특히 이러한 방법들은 나중에 6시그마 경영 기법이 구체화되면서 DMAIC의 5단계 방법론의 모체가 되었다고 할 수 있으며 간단히 그 내용을 소개하면 다음과 같다.

1) PDCA 4단계 방법론

현재에도 기업에서 품질 문제를 해결하는 절차로 많이 사용되는 방법으로서 PDCA(plan-do-check-action) 사이클 방법이 있으며, 이를 데밍E. Deming이 유명하게 만들었으므로 데밍-사이클Deming-cycle이라고도 한다. PDCA란 문제에 대한 해결책을 수립하는 Plan(계획, P) 단계, 계획안을 실행하는 Do(실행, D) 단계, 계획안의 실행 결과를 평가하는 Check(평가, C) 단계, 그리고 평가 결과를 검토하고 피드백하여 필요한 경우 적절한 조치를 취하는 Action(조치, A) 단계를 의미한다. 각 단계의 수행 내용을 설명하면 다음과 같다.

(1) 계획 단계(Plan-단계)

계획 단계에서는 우선 해결해야 할 문제를 명확히 정의한다. 해결해야 할 문제가 정의되고 배경을 이해하게 되면, 무엇을 성취할 것인지 목표를 구체적으로 수립한다. 목표가 설정되면 목표를 달성할 방법을 강구하고, 이를 실행하기 위한 계획을 수립한다. 해결책을 수립하는 과정에서 아무리 좋은 해결책이 도출되었다고 하더라도 실행 계획이 형편없으면 그 효력을 발휘하기 어렵게 된다. 계획 단계에서 고려해야 할 점은 다음과 같다.

● 문제 선정 배경과 이유
해결해야 할 문제는 조직 목표나 고객 불만으로부터 선정될 수 있으며, 기존 개선 활동의 연장선상에서 선정될 수도 있다. 이때 해결해야 할 문제의 규모나 난이도는 관리 가능한 규모여야 한다.

● 목표 설정

　문제 해결을 통해 달성하고자 하는 목표는 측정이 가능하고 구체적이어야 하며, 목표는 긴장감을 주지만 노력하면 성취 가능하도록 합리적으로 설정해야 한다.

● 해결책 강구

　문제와 관련된 상황을 분석하고, 근본 원인을 파악하여 해결책을 강구한다. 해결책은 일시적인 미봉책보다는 근본 원인을 제거하여 장기적인 재발 방지책을 마련하는 데 역점을 두는 것이 바람직하다.

● 잠재적인 장애 요인의 파악 및 대응 방안

　가능하면 해결책을 실행하는 과정에서 나타날 수 있는 장애물을 사전에 파악하여, 장애물을 제거하기 위한 대응 방안을 검토할 필요가 있다. 예를 들어 경영진의 의지와 지원이 요구되는 경우에는 사전에 어느 정도 확실히 해둘 필요가 있다.

● 교육 계획

　현장 직원들은 새로 선정된 해결책에 대한 이해가 부족할 수 있다. 이런 경우 해결책의 내용이 현장에서 제대로 구현되기 위해서는 교육과 훈련이 필요하다.

● 일정 및 작업 계획

　다른 계획과 마찬 가지로 해결책을 실행하기 위해서는 해야 할 일, 책임 소재, 기한 등을 명확히 해야 한다. 참여하는 사람들의 역할과 의무를 분명히 하고, 많은 경우 모든 일은 생각했던 것보다는 오래 걸린다는 점을 고려하여 여유 있게 기한을 정한다. 또한 추진 과정에서 필요한 예산, 일정 등에 대하여 가능한 통제 범위를 미리 정리해 둘 필요가 있다.

(2) 실행 단계(Do-단계)

해결책에 대한 실행 계획이 수립되면 이를 실행하게 되며, 실행이 계획대로 이루어지기 위해서는 적극적인 통제와 관리가 필요하다. 또한 예상치 못한 상황에 대비하여 주변 정황을 살펴보고, 필요하면 추가 자원을 확보하여 상황에 대처해야 한다. 상황에 잘 대처하지 못한 결과 실행이 제대로 이루어지지 않는다면 실효를 거두기 어렵게 된다. 실행 단계를 수행할 때 고려해야 할 점을 간단히 설명하면 다음과 같다.

- 계획의 실행
계획대로 해결책을 실행해야 비로소 결과가 현장에서 현실로 나타나게 된다. 이때 단지 실행하는 것만으로는 충분하지 않고, 실행 과정에서의 장애를 극복하여 실행을 완수해야 한다.

- 장애 요인 극복
해결책을 수행하는 과정에서 장애 요인이 발생하면, 이를 제거 또는 완화시키기 위한 절차와 행동을 적극적으로 취해야 한다.

● 의사소통 활성화

해결책의 실행은 프로세스에서 변화를 만들어 낸다. 예를 들어 일하는 방법, 평가 방법 등 여러 가지가 변화할 수 있다. 이러한 변화는 구성원의 저항을 초래할 수 있고 그 결과 실행이 어려워질 수 있다. 이를 위해서는 구성원들을 대상으로 적절한 의사소통이 적시에 이루어져야 한다.

(3) 평가 단계(Check-단계)

선택된 해결책의 실행을 마치게 되면 실행 결과를 평가하여 문제 해결의 목표가 달성되었는지를 확인하여야 한다. 특히 실행 결과가 가져온 변화, 앞으로 성과가 유지되기 위한 방법 등을 관련 직원, 관리자, 내부 고객, 공급자 등과 공유하고, 필요한 경우에는 외부 고객에게도 실행 결과를 전달한다. 이와 같이 실행 결과를 공유하고 나면 이를 바탕으로 실행 결과를 평가하고 실행 과정이 계획대로 추진되었는지를 확인하며 성과가 계속 유지될 수 있는지를 검토한다.

문제 해결의 결과를 지속적으로 관리하고 유지하기 위해서는 결과를 모니터링할 수 있는 성과 지표가 필요하다. 따라서 피드백을 위한 성과 지표가 효과적으로 설정되었는지를 확인하고, 성과 지표에 대한 측정의 용이성, 측정에 수반되는 시간과 비용 등에 대해서도 함께 검토한다.

(4) 조치 단계(Action-단계)

평가가 끝나면 평가 결과에 따라 적절한 조치를 취하여야 한다. 만약 해결책의 결과가 목표를 달성하지 못했다면 실패 원인을 분석하고, 이를 극복하기 위하여 적절한 앞의 단계로 되돌아간다. 이때 극단적으로 잘못해서 본래 문제와는 전혀 다른 문제를 해결한 경우도 있을 수 있다.

특히 해결책의 결과가 목표를 달성했다면, 해결책의 성과를 유지하기 위해서 절차를 표준화하고 관리 계획을 수립한다. 관리 계획에는 프로세스의 목적, 프로세스의 고객, 프로세스의 성과 측정 방법, 프로세스가 통제 범위를 벗어날 때 취할 조치 등의 내용을 포함한다. 이외에도 만약 해결책의 결과가 목표를 달성했다면 다음과 같은 조치를 추가로 취한다.

● 해결책과 실행 결과를 문서화한다.

해결책에 대해서는 문서화를 해야 문제 해결 팀이 해체된 후에도 해결책이 남아 있게 되고 다른 부서로 전파될 수 있다. 문서화의 목적은 문제 해결 과정을 통하여 얻은 지식을 조직 내에 축적하고 공유하는 데 있다.

● 표준화된 해결책을 다른 영역에서도 확대 적용할 수 있는지 검토한다.

만약 표준화된 해결책이 다른 영역에서 전개할 수 있다고 판단되면, 적용할 때 그대로 적용하기보다는 환경의 차이와 유사점을 충분히 고려하여 일정 계획을 조정하고 수정된 해결책을 적용할 필요가 있다. 이때 지금까지 축적된 지식과 경험이 중요한 역할을 하게 된다.

- 해결책의 결과를 주기적으로 검토한다.

해결책이 실행된 후에는 개선 효과를 주기적으로 검토하여 새로운 문제 혹은 역기능이 발생하고 있는지를 확인하고, 문제가 발생하는 경우에는 재발 방지책을 마련한다. 또한 추가적으로 개선 가능한 부분이 있는지를 확인하고 만약 있다면 위와 같은 PDCA 문제 해결 절차를 새롭게 다시 시작한다.

2) 모토로라사의 10단계 문제 해결 절차

오늘날 많은 기업에서 품질 혁신 방안으로 실행하고 있는 6시그마 기법은 1980년대 초 모토로라사에서 품질 혁신 기법을 연구 개발하는 과정에서 구체화되기 시작하였으며, 모토로라사는 초기에 품질 혁신을 위한 문제를 해결하는 절차로 앞의 PDCA 단계를 좀 더 세분화하고 수행하여야 할 내용을 구체화하여 다음과 같은 10단계의 방법론을 사용하였다.

- 단계 1: 개선 주제 선정

문제 해결의 첫 단계는 회사의 품질 수준, 생산성, 품질비용, 고객 만족도 등을 분석하여 개선하여야 할 문제, 즉 개선 주제를 선정한다.

- 단계 2: 팀 구성

선정된 문제, 즉 개선 주제에 대한 전문 지식은 물론 경험 및 관련이 있는 구성원들을 파악하여 문제 해결 팀, 즉 프로젝트 추진 팀을 구성한다.

- 단계 3: 현황 분석

팀이 구성되고 난 후 문제점의 분석 및 문제의 심각성 등을 분석한다.

- 단계 4: 측정 시스템 분석

신뢰할 수 있는 데이터를 수집하기 위하여 먼저 측정 시스템을 분석하고 필요한 경우 측정 시스템을 안정화시키는 단계이다. 데이터를 수집하는 측정자와 계측기에 이상이 없는지를 분석하고, 이상이 있는 경우 조치를 취한다.

- 단계 5: 원인 분석

자료를 수집하고 분석하여 개선 주제, 즉 문제에 영향을 주는 다양한 원인들을 찾고 관계를 분석하는 단계이다.

- 단계 6: 핵심 원인 분석

문제에 영향을 미치는 원인 중에서 핵심 원인을 선별하고, 문제와 핵심 원인들 간의 영향을 분석한다.

● 단계 7: 프로세스 능력 조사

데이터를 바탕으로 프로세스의 현재 수준을 파악하고 핵심 원인들을 분석하여 개선의 방향 및 목표 등을 검토하는 단계이다.

● 단계 8: 최적 해결책 모색

프로세스 능력과 핵심 원인들을 분석한 결과를 바탕으로 문제의 해결책을 다양하게 모색하고 최적의 해결책을 결정한다.

● 단계 9: 실시간 프로세스 모니터링

최적 해결책을 실시하고 개선 효과를 파악하여 해결책의 효과를 검증하는 단계이다.

● 단계 10: 지속적인 개선 활동

해결책의 문제점을 파악하고, 새로운 개선 주제를 선정하여 문제 해결을 다시 수행함으로써 개선 활동을 지속적으로 추진하는 단계이다.

3) 듀퐁사의 8단계 문제 해결 절차

듀퐁사에서는 구체적인 문제 해결 절차로서 앞의 10단계와 유사한 다음과 같은 8단계 방법론을 개발하여 사용하였다.

- 단계 1: 고객 파악

  품질 향상 및 문제 해결의 첫 단추는 고객을 파악하는 것으로부터 시작되며, 고객의 요구와 고객 만족도의 현황 등을 분석하여 문제를 파악한다.

- 단계 2: 관리 모수 파악

  고객을 분석하는 단계에서 파악된 특성을 확인하여, 제품 혹은 서비스의 주요 특성과 관리하여야 할 변수(모수)를 파악하는 단계이다.

- 단계 3: 측정 방법 결정

  앞의 단계에서 파악된 모수 즉 변수들에 대한 측정 방법을 결정하고 측정 시스템을 분석하여 데이터를 수집하는 단계이다.

- 단계 4: 프로세스 능력 분석

  수집된 데이터를 바탕으로 프로세스의 현재 수준을 분석하는 단계이다.

- 단계 5: 문제 해결 계획 수립

  이제까지 파악된 고객의 요구 사항 및 만족도, 관리 모수 그리고 현재 수준 등을 고려하여 개선 방향 및 해결해야 할 문제 등을 구체적으로 파악하여 문제 해결 계획을 수립한다.

• 단계 6: 교육 훈련 계획 수립

문제와 문제 해결 방향을 수립하고 해결책을 모색하는 과정에서 필요한 경우 구성원들에 대한 교육 계획을 수립하는 단계이다.

• 단계 7: 문제의 해결책 실행

문제를 파악하고 해결 방향이 수립되고 구성원들에 대한 필요한 교육을 완료한 후 해결책을 모색하고 실행한다.

• 단계 8: 계속적 평가 및 개선

해결책의 효과를 파악하고, 새로운 문제점을 파악하여 개선 활동을 계속 수행하기 위하여 처음의 단계를 시작하는 예비 단계이다.

② DMAIC 방법론 개요

앞에서 설명한 모토로라사와 듀퐁사의 10단계 및 8단계 방법론은 PDCA 4단계 수행 방법을 기본으로 하고 있는 방법이라 할 수 있으며, 수행하는 절차 및 순서가 약간 다를 뿐 수행하는 내용은 유사하다고 할 수 있다. 이는 모든 기업에서 사용하고 있는 문제 해결의 방법은 순서와 절차가 다를 뿐 수행 내용은 유사하다는 것을 보여주고 있다고 하겠다. 모토로라사에서 극한 품질을 달성하기 위하여 개발한 문제 해결 절차를 바탕으로, GE사에서 정형화한 문제 해결 절차가 6시그마 경영에서 널리 사용되는 DMAIC의 5단계 절차이다.

DMAIC는 <표 3.1>에 주어진 것과 같은 Define정의, Measure측정, Analyze분석, Improve개선, Control관리의 약자이며, 6시그마 경영을 도입한 수많은 기업에서 그 효용성이 이미 검증된 방법론이다. 특히 최근에는 DMAIC 방법이 제품과 서비스를 효과적으로 개선할 수 있는 대표적인 문제 해결 절차로 자리매김하고 있으며, 구체적인 수행 내용은 기업마다 약간의 차이가 있을 수 있다.

<표 3.1> 문제 해결 절차 DMAIC의 단계별 수행 내용

수행 단계	수행 내용
정의 단계 (Define)	• 프로젝트 테마의 도출 • 프로젝트 선정 • 팀 구성과 실행 계획 수립
측정 단계 (Measure)	• 측정 대상 Y의 선정과 성능 표준의 설정 • 데이터의 수집과 측정 시스템 분석 • Y에 대한 현재 수준의 파악과 목표 설정
분석 단계 (Analyze)	• 잠재 원인의 파악 • 핵심 원인의 선정
개선 단계 (Improve)	• 개선안의 도출 • 개선안의 평가와 선정 • 개선 효과의 검증
관리 단계 (Control)	• 개선안 실행 • 프로세스 관리 및 개선 프로세스 모니터링 • 개선 프로젝트 종료

　　여기서 DMAIC에 대해 구체적으로 설명하기에 앞서, 우리가 주목해야 할 DMAIC를 관통하는 기본 사고방식을 살펴보면 다음과 같다.

● 품질에는 타협이 있을 수 없다.

　　기업은 완벽하지 못한 품질에 대해 대가를 치르며, 결함은 생산자와 소비자 모두에게 경제적 손실을 초래한다. 따라서 적정 수준에서 품질을 유지시키는 것이 아니라 완벽 품질을 달성함으로써 품질 실패 비용인 COPQ를 줄이는 것이 문제 해결의 목표가 되어야 한다.

- 철저히 고객 중심으로 사고해야 한다.

우수한 품질을 보유하고 있는 기업이라도 만약 지속적으로 고객 가치를 창출하지 못하면 고객을 만족시키지 못하게 되고 경쟁에서 뒤떨어지게 된다. 앞으로는 고객을 더 잘 알고 만족시킬 수 있는 기업만이 경쟁 우위를 차지하게 될 것이다. DMAIC는 모든 문제를 고객의 관점에서 파악하고 해결하는 것을 기본으로 하고 있다.

- 데이터와 사실에 근거하여 판단한다.

모호함과 불확실성은 판단을 어렵게 만든다. 이를 극복하기 위해서는 믿을 수 있는 정보를 확보할 필요가 있다. 다시 말해서 경험과 예감에만 의존할 것이 아니라 데이터와 사실에 기초한 근거를 갖고 의사 결정을 하여야 한다. 만약 데이터 없이 의사 결정을 하면 모호함과 불확실성을 극복할 수 없기 때문에 시행착오를 유발하기 쉽고, 그 결과 많은 문제 해결 비용이 발생하게 된다.

- 프로세스에 초점을 맞춘다.

모든 일은 프로세스를 통해 이루어지며, 결과를 바꾸려면 먼저 과정을 바꾸어야 한다. 과정을 바꿀 때 고객 가치 증진과 같이 꼭 해야 할 것은 제대로 해야 하지만, 낭비나 비부가가치 활동은 철저히 배제해야 한다. 하지 말아야 할 것을 하지 않는 것은 마땅히 해야 할 것을 제대로 하는 것만큼이나 중요하다.

● 중점 지향적으로 일한다.

기업이 갖고 있는 자원에는 한계가 있기 때문에 모든 문제를 한 꺼번에 해결할 수 없으며, 한꺼번에 해결 할 수 있을 만큼 간단한 문제도 드물다. 그리고 많은 문제들이 있는 경우, 선택과 집중을 하는 과정을 생략하거나 혹은 우선순위를 고려하지 않고 동시에 또는 차례대로 문제를 해결하고자 한다면, 이는 매우 비효율적인 해결 방법이다.

특히 많은 문제를 동시에 해결하고자 하면 문제들이 개선되고 나서 무엇 때문에 개선된 것인지 잘 파악이 안 될 뿐 아니라, 때로는 작은 일에 매달려 시간을 허비하는 경우도 발생한다. 따라서 해결해야 할 문제가 많은 경우에는 우선순위를 정하여 중점 지향적으로 하는 것이 효율적이다. 이를 위해서 DMAIC에서는 양적 확산 과정 후에 수렴 과정을 거쳐 핵심적 소수vital few를 선별하여 이에 집중한다.

● 회사 전체 차원의 최적화를 추구한다.

최종 제품과 서비스는 크고 작은 프로세스가 서로 연결된 상태에서 나오기 때문에, 어느 한 프로세스가 좋아진다고 해서 전체 결과가 반드시 좋아진다고 볼 수 없다. 결국 프로세스별로 최적화가 이루어지는 부분 최적화는 회사 전체 차원의 최적화와 반드시 일치 한다고 할 수 없다. 따라서 '큰 그림big picture'을 갖고 시스템 전체를 이해하면서 문제를 해결해야 회사 전체 차원의 최적화를 이룰 수 있다.

이와 같이 DMAIC는 문제 해결 절차이기도 하지만, 기업에서 일을 지혜롭게 하는 방식이며 체계적으로 사고하는 방식이기도 하다. 결국 모든 문제를 사라지게 할 수 없다면 문제를 해결하는 방법을 배워야 한다. 문제 해결이 어려운 이유 중에 하나는 잘못된 방식으로 문제에 접근하기 때문이다. 반면에 DMAIC는 수많은 사례를 통해 이미 탁월함이 검증된 방법이므로, 지금부터 DMAIC의 내용을 단계별로 차례로 설명하고자 한다.

3 정의Define 단계

프로젝트 수행의 첫 번째 단계인 정의 단계는 무엇을 개선해야 사업의 목적과 고객에게 바람직한 영향을 미치는가를 분석하여 프로젝트의 테마 즉 해결하여야 할 문제를 명확히 하고, 프로젝트 팀을 결성하여 개선 목적, 목표, 일정 등을 포함한 실행 계획을 작성하는 단계이다. 구체적인 내용을 설명하기 전에 우선 정의 단계에서 주로 수행해야 되는 세부적인 활동, 도구, 산출물을 도표로 정리하면 <표 3.2>와 같다.

<표 3.2> 정의 단계의 세부 추진 내용

주요 활동	세부 활동	사용되는 주요 도구	주요 산출물
프로젝트 테마 도출	• 비즈니스 기회 분석 • 프로젝트 테마 발굴	• 비즈니스 기회 분석 기법 • 시장 및 고객 조사 • 품질기능전개(QFD) • 품질비용 분석 • CTQ 전개	• CTQ • 잠재 프로젝트 목록
프로젝트 선정	• 평가 기준 설정 • 잠재 프로젝트 평가 및 선정	• 프로젝트 테마 평가표	• 우선순위가 정해진 프로젝트 목록
팀 구성과 실행 계획의 수립	• 문제 및 목표의 기술 • 프로젝트 범위 설정 • 팀 선정 및 일정 수립 • 기대 효과 산정 • 실행 계획서 작성 및 프로젝트 승인	• 상위 프로세스 맵 (SIPOC) • 일정 관리 기법	• 프로젝트 실행 계획서

1) 프로젝트 테마의 도출 활동

기업에서 중요한 문제를 해결하고자 하는 경우 일반적으로 프로젝트 중심의 개선 활동을 하게 된다. 프로젝트 결과가 경영 성과를 극대화하는 데 기여하기 위해서는 다음과 같은 이유로 올바른 프로젝트의 테마 선정이 무엇보다 중요하다.

• 기업에는 개선해야 할 문제가 많지만 자원(인력, 예산, 시간 등)이 한정되어

있으므로 프로젝트의 효과가 큰 핵심적 문제에 역량을 집중해야 한다.

- 기업의 전략과 방침에 연계하여 개선 주제, 즉 테마를 선정해야 부분 최적화가 아닌 회사 차원의 최적화를 이룰 수 있다.
- 테마의 규모나 난이도 등을 고려하여 실행 가능한 테마를 선정하여야 한다.

특히 임원이 중심이 되어야 할 대규모 전략 과제를 권한 위임도 이루어지지 않은 상태에서 중간 관리자가 중심이 된다면 프로젝트가 제대로 수행되기 어렵고, 분임조 활동과 같은 소단위 품질개선 활동을 통하여 충분히 개선될 수 있는 일상 개선 과제를 프로젝트 형태로 수행한다면 역량이 낭비될 것이다.

프로젝트 테마가 도출될 수 있는 원천은 **고객의 소리**(voice of customer: VOC), **사업의 소리**(voice of business: VOB), **현장의 소리**(voice of process: VOP)에서 출발하게 된다. 특히 고객 만족에 핵심 역할을 하는 품질 요소를 **CTQ**(critical to quality)라 하며, 이러한 **CTQ**를 파악하여 개선 하는 것이 바로 프로젝트 테마가 된다.

(1) 고객의 요구 사항(Voice Of Customer: VOC) 파악

고객의 요구 사항을 올바르게 파악하는 것은 프로젝트 테마를 선 정하는데 중요한 원천이며, 고객과의 대화, 시장조사, 품질기능전개 (quality function deployment: QFD) 등에 의해 규명될 수 있다.

특히 고객은 내부 고객과 외부 고객으로 구분하게 된다. 어떤 프로세스가 끝나고 다음 프로세스로 넘어가는 과정을 생각할 때, 전 단계 프로세스의 고객은 다음 프로세스를 진행하는 부서가 고객이 될 때가 있다. 이러한 회사 내의 고객을 내부 고객이라 한다. 반면에 외부 고객은 최종 고객으로서 우리가 만든 제품이나 서비스를 구매하는 사람을 의미한다. 내부 고객을 위한 개선은 궁극적으로 외부 고객을 위한 개선과 연결되기 때문에, 우리는 외부 고객뿐만 아니라 내부 고객을 위해서도 노력해야 한다.

고객의 요구 사항을 조사할 때 사용할 수 있는 방법으로는 설문지를 이용하는 방법, 고객 인터뷰 방법 및 포커스 그룹 방법 등 다양한 방법이 있으며 이에 대한 내용은 이 책의 뒷부분인 <부록>에서 설명하기로 한다. 특히 고객의 요구를 바탕으로 테마를 선정하기 위해서는 다음과 같은 질문이 유용하다.

① 당신의 고객은 누구인가?

내부 고객과 외부 고객을 포함하여 접촉 빈도가 많은 고객의 목록을 작성하고, 중요도를 상대 평가하여 우선순위를 정한다.

② 당신은 고객에게 무엇을 제공하고 있는가?

중요 고객에게 제공되는 제품과 서비스를 명확히 정의한다. 또한 제공되는 제품과 서비스의 질을 측정할 수 있는지를 파악하고 고객의 입장에서 제품과 서비스의 중요도를 검토한다.

③ 고객의 CTQ는 무엇인가?

CTQ는 설문지나 인터뷰, 고객의 소리(VOC), 고객 만족 지수 등을 통하여 파악한다. 예를 들면 다음과 같은 질문이 CTQ 파악에 도움이 될 수 있다.

- 고객의 불만 사항은 무엇인가?
- 아직 밝혀지지 않은 잠재적인 고객의 요구가 있는가?
- 우리 경쟁사의 고객들이 우리 제품을 구매하기 시작했는가?
- 현재의 우리 고객들은 앞으로도 계속 우리 제품을 구매할 것인가?
- 현재의 우리 고객들은 우리의 다른 제품도 구매하는가?
- 고객을 유지하고 관리하는 비용을 줄이고도 시장점유율을 유지할 수 있는가?

고객의 요구를 바탕으로 CTQ가 파악되면 CTQ 목록을 작성하고, 상호 비교하여 상대적인 중요도를 검토한 후 CTQ와 연관된 핵심적인 프로세스를 파악한다. 이때 유용한 기법이 SIPOC이다. SIPOC는 CTQ와 관련된 프로세스 영역에 대한 정보를 파악하기 위하여 공급자supplier, 인풋input, 프로세스process, 아웃풋output, 그리고 고객customer을 정의하는 상위 수준의 업무 흐름도라 할 수 있으며, 이에 대한 설명은 <부록>을 참고하기 바란다.

특히 SIPOC를 작성할 때는 순서를 거꾸로 고객, 아웃풋, 프로세스, 인풋, 공급자 순으로 작성하는 것이 바람직하며, 어디서 프로세스가 시작되고 끝나는지를 분명히 해야 하고, 너무 세세한 부분까지 들어가지 않고 프로세스의 상위 수준에 집중함으로써 프로세스의 '큰 그림big picture'을 이해하는 데 초점을 맞출 필요가 있다. 그리고 SIPOC를 통하여 다음 내용을 조사한다.

- 고객에게 제품과 서비스의 CTQ를 제공하고 있는 내부 프로세스는 무엇인가?
- 프로세스의 결함은 어디에서 발생하는가?

고객이 정말로 원하는 것이 무엇인지를 알기 위해서 중요한 점은 모든 것을 고객의 입장과 눈높이에서 바라보아야 하며, 내 생각과 다르더라도 마음을 닫아서는 안 된다는 것이다. 뿐만 아니라 고객의 요구는 자주 변하며, 그것도 빨리 변할 수 있다는 사실 역시 염두에 두고 있어야 한다. 결국 문제 해결을 위한 프로젝트의 목적은 주로 고객을 위한 가치 창출에 있으므로 고객의 요구는 테마 선정의 중요한 원천이 된다.

(2) 기업의 요구 사항(Voice Of Business: VOB) 파악

기업이 생존하고 번영하기 위해서는 시장점유율, 매출 이익, 투자 수익률 등과 같이 기업 입장에서 꼭 필요한 사항들이 있으며, 이를 충족시키기 위한 프로젝트의 테마 역시 매우 중요하다. 이를 간단히 함수식으로 표현해 보면 다음과 같다.

$$Y = f(y_1, y_2, \cdots, y_n)$$

여기서 대문자 Y는 기업의 전략과 방침을 의미하고, 소문자 y_1, y_2, $\cdots$, y_n은 이를 달성하기 위한 구체적인 기업의 CTQ를 의미한다. 또한 함수 f는 기업의 전략과 CTQ가 서로 연관이 있어야 한다는 것을 의미한다. 예를 들어, 어느 기업에서 시장점유율을 높이는 것이 전략적 차원에서 매우 중요하다면 Y는 시장점유율이 된다. 그리고 시장점유율을 높이기 위한 방안을 검토한 결과 상품 개발력(y_1), 마케팅 능력(y_2), 고객 만족도(y_3), 영업망 정비(y_4), 원가 경쟁력(y_5)이 중요하다고 파악되었다면 함수식은 다음과 같이 표현된다.

$$시장점유율 \quad Y = f(y_1, y_2, y_3, y_4, y_5)$$

이때, y_1, y_2, $\cdots$, y_5를 기업 요구 사항(voice of business: VOB) 또는 회사 차원에서의 CTQ라고 한다. 많은 경우 회사 차원의 CTQ는 부서별 또는 사업장별로 세분화하여 하류 전개(flow down)를 통하여 분석하게 된다. 예를 들어, 원가 경쟁력(y_5)은 생산 부서에서는 직행률, 프로세스 능력, 에너지 절감 등으로 전개될 수 있고, 또한 같은 원가 경쟁력(y_5)이라도 개발 부서에서는 개발 기간 단축, 개발 납기 준수율, 부품 공용화율 등으로 다르게 전개될 수 있다. 이와 같이 전개된 경우 원가 경쟁력을 상위 CTQ(high-level CTQ)라 하고 직행률, 프로세스 능력 등과 같이 전개된 CTQ를 하위 CTQ(low-level

CTQ)라고도 한다.

　만약 기업에서 BSC(balanced score card)와 같은 성과 측정 시스템
이 전략과 연계하여 잘 구축되어 있는 경우에는, 선행지표를 향상시
키는 방향으로 프로젝트의 테마를 선정한다면 프로젝트의 성과가
재무적 성과와 연계되고 나아가서 기업의 목표와 전략도 달성될 수
있을 것이다. 또한 경영자의 방침으로부터도 프로젝트의 테마가 도
출될 수도 있다. 예를 들어 국제 경쟁력 강화라는 사장 방침으로부
터 <표 3.3>과 같은 프로젝트의 테마가 도출될 수 있다. 이와 같
이 고객의 요구 사항뿐만 아니라 기업의 요구 사항도 프로젝트 테마
선정의 중요한 원천이 된다.

<표 3.3> 방침 전개를 통한 프로젝트 테마 선정의 예

사장 방침	국제 경쟁력 강화
본부장 시책	제품 경쟁력 강화
부서장 시책	제품별 원가절감 활동 추진
프로젝트 테마의 선정	용접 과정에서의 작업 시간 단축

(3) 현장의 문제(Voice Of Process: VOP) 파악

　모든 일은 프로세스를 통해 이루어지고 결과를 바꾸기 위해서는
과정을 변화시켜야 하므로, 프로세스와 관련된 현장의 문제도 프로
젝트 테마 선정의 중요한 원천이 될 수 있다. 과거에는 제품 불량으

로 인한 재작업 비용, 폐기 비용, 검사 비용 등과 같이 '눈에 보이는 비용'을 주로 관리했지만, 한 걸음 더 나가서 사이클 타임 장기화에 따른 비용 및 매출 감소와 매출 기회 상실로 인한 비용, 회사 이미지 손실에 따른 비용 등과 같이 '눈에 보이지 않는 비용'까지도 개선의 대상이 되어야 한다.

이와 같은 품질비용의 절감은 재무적 성과와 연결되기 때문에 제조 부문에서는 품질비용에 초점에 맞추어 프로젝트의 테마를 발굴하는 것이 효과적이다(<그림 3.1> 참조). 이런 경우 회계 부서의 자문과 검토를 받아 효과 금액이 과장되지 않도록 하는 것이 중요하다.

지금까지 프로젝트의 테마가 발굴될 수 있는 원천에 대하여 살펴보았다. 하지만 원인을 이미 알고 있는 테마나, 해결책이 이미 정해진 테마, 전략과 연계가 되지 않는 테마, 혹은 데이터 측정이 어려운 테마 등은 바람직한 프로젝트 테마라고 보기 어렵다.

특히 기업의 조직 목표가 자주 변하거나 성과 측정 시스템이 제대로 정비되어 있지 않다면 프로젝트 테마 도출이 어렵게 된다. 그리고 회사 내의 치부를 잘 드러내려 하지 않거나 또는 실패를 지나치게 두려워하는 풍토에서도 프로젝트 테마 도출은 쉽지 않게 된다. 이러한 경우에는 문제가 없는 조직은 없으며, 문제를 인식하는 것이 문제 해결의 첫 걸음임을 다시 한 번 명심할 필요가 있다. 그리고 기업의 여러 부문에서 도출될 수 있는 프로젝트 테마를 예시하면 <표 3.4>와 같다.

<그림 3.1> 품질비용에 초점을 둔 프로젝트 테마 선정 과정의 예

품질비용 항목 및 산출 기준 설정

• 품질비용 항목
  재료비, 노무비, 경비 등

• 산출 기준 설정
  시간당 인건비, 금리(금융 비용)
  장기/악성 재고 기준, 재료비 산정 기준

품질비용 산출 및 집계

• 산출 원칙
  객관적 데이터 집계가 용이한 부서에서 관리 및 Cross Checking

• 집계 방법
  비용 항목별, 부서별

프로젝트 테마 선정

• 주요 품질비용 항목 선정
  – 금액이 많은 항목
  – 매출 원가와 직결되는 항목
  – 프로젝트 수행이 용이한 항목
  – 전략적으로 반드시 개선해야 할 항목

<표 3.4> 기업 내의 각 부문별 프로젝트 테마의 예

제조 부문	• 제품 설계 정보 데이터베이스 구축 • 주요 설비별 제작 일정 기간 단축 • 에어컨 냉매 주입 불량 개선 • 가공 라인 프로세스 능력 향상 • 공업용수 수질 개선으로 품질비용 개선 • Scrap 감소를 위한 재단 공정의 정밀도 관리
사무 부문	• 외환 정보 제공의 적시성 및 정확도 향상 • 결산 프로세스에서의 월차 결산 일정 단축 • 수당 수수료 지급 프로세스의 개선 • 일자별 고객 요구 납기 관리 시스템 개선 • 보험 청구 업무 프로세스 개선 • 물류 프로세스에서 정보 및 실물 일치 정확도 향상 • 영업직 핵심 역량 추출을 통한 판매 능력 향상 • 인터넷을 통한 보험료 산출 프로세스 개선 • 일반 자재 공급 업체 관리 개선으로 품질 향상
연구 개발 부문	• 세탁기 신제품 개발 • 설계 최적화를 통한 차폐율 개선 • 마스크 투과율 설계 최적화

2) 프로젝트 선정 활동

프로젝트 테마가 도출되면 이들을 평가하고 우선순위를 부여하여 프로젝트를 선정하게 된다. 이때는 <표 3.5>와 같은 프로젝트 테마 평가표를 작성하여 우선순위를 정하는 것이 바람직하다. 이렇게 함으로써 테마별로 개선에 기여하는 중요도를 파악할 수 있다. 이때 평가 기준은 기업 목표에 대한 기여도, 고객 만족에 대한 중요도,

프로젝트에 투입되는 자원 등이 될 수 있다.

<표 3.5> 프로젝트 테마 평가표 예

프로젝트 테마	예상 효과	달성 가능성	평가 기준	우려 항목	판정		
					채택	보류	제외

　　그리고 테마를 평가하여 선정할 때는 객관적인 평가 기준을 근거로 선정해야 하며, 특히 기업의 입장과 고객의 입장이 상충될 때는 균형을 잃지 않도록 노력해야 한다. 그리고 프로젝트가 선정된 후에는 조직적인 의사소통 과정을 통해서 프로젝트가 선정된 이유를 관련 구성원들에게 충분히 설명할 필요가 있다.

3) 팀 구성과 실행 계획 수립 활동

　　프로젝트를 선정하고 나면 구체적인 실행 계획을 수립하게 되는데, 이때 실행 계획은 프로젝트의 목표, 범위, 일정, 팀 선정 등에 대한 내용을 포함해야 하며 구체적으로 내용을 설명하면 다음과 같다.

(1) 프로젝트의 목표

프로젝트의 목표는 측정 가능하고 구체적이며 프로젝트 기간 내에 달성 가능한 것이어야 하며 다음 내용을 포함하고 있어야 한다.

- 프로젝트 팀이 달성하고자 하는 것이 무엇인가?
- 목표 달성 여부를 어떻게 측정할 수 있는가?
- 구체적이고 명확한 성과는 무엇인가?
- 측정이 안 되는 무형의 성과는 무엇인가?

이를테면 목표나 예상 효과는 프로세스의 품질 수준, 혹은 품질비용면에서 기술하고, 이를 유형의 효과로 나타내기 어려운 경우에는 시간 단축, 고객 만족도 향상 등에 대해 가능한 한 수치화하여 기술해야 한다.

(2) 프로젝트의 범위

프로젝트의 범위는 개선의 대상이 어디에서부터 어디까지인지를 규정하기 위한 것으로 다음 내용을 포함하고 있어야 한다.

- 개선 대상이 되는 프로세스의 출발점과 종착점은 어디인가?
- 프로젝트의 범위에 포함되지 않는 영역은 어떤 부분인가?
- 프로젝트 팀 활동에서 발생할 수 있는 제약 조건은 무엇인가?

(3) 팀 구성

　프로젝트의 목표와 범위가 확정되면 프로젝트를 수행할 팀을 구성하게 된다. 프로젝트의 성격이 여러 부서에 연관되어 있는 경우에는, 연관된 각 기능 조직의 실무자들이 참여할 수 있도록 프로젝트 팀을 다기능 팀cross functional team으로 구성하는 것이 바람직하다.

　이러한 다기능 팀 활동에서 자주 겪게 되는 문제는 팀원이 자기 부서의 입장을 지나치게 주장하여 갈등을 빚게 되거나, 해당 부서장의 간섭으로 팀의 문제 해결에 어려움을 주는 경우가 종종 발생한다는 점이다. 이를 극복하기 위해서는 팀 리더의 역할이 중요하며, 팀 리더는 팀 활동의 과정에서 순수하게 문제 중심으로 팀원의 사고를 환기시킬 필요가 있다.

　또한 프로젝트 팀에 적정 수준의 권한이 위임되어야 프로젝트 팀이 활력을 갖고 효율적으로 움직일 수 있다. 회사 전체 차원의 최적화를 위해서는 다기능 팀이 효율적이지만, 특정 부서의 내부 프로세스를 개선하는 과제를 다기능 팀에서 해결하려 한다면 팀 활동의 진행이 느려지고 서로 간섭하는 것으로 느껴져서 저항을 야기할 수도 있다. 따라서 이러한 경우는 부서장 책임하에 소그룹 활동으로 개선하는 것이 효율적이다. 그리고 프로젝트 팀의 리더는 해당 프로젝트를 잘 알고 있는 사람으로서 직급과 리더십을 고려하여 선정하며, 팀원은 해당 과제에 대한 전문 지식과 다양한 사고와 시각으로 팀이 문제를 해결하고 목표를 달성하는 데 기여할 수 있는 사람으로 구성해야 한다.

(4) 추진 일정 수립

프로젝트의 추진 일정은 DMAIC의 각 단계별로 수립하며, 추진 기간 동안 팀원들이 프로젝트에 몰입할 수 있도록 적절히 계획되어야 한다. 일반적으로 프로젝트 전체 추진 기간이 4개월 이상 소요될 것으로 예상되는 경우는 상위 주관 부서와 협의하여 결정하는 것이 바람직하다. 그리고 추진 일정은 예정보다 항상 더 걸릴 수 있다는 점을 염두에 두어야 한다.

프로젝트 추진 일정이 수립되면 정리하여 실행 계획서를 작성하게 되는데(<표 3.6> 참조), 필요에 따라 개발 비용, 이해 관계자, 제약 조건, 사용 가능한 자원, 예상 위험 등과 같이 프로젝트와 관련된 중요 사항은 실행 계획서에 포함시키도록 한다. 실행 계획서를 작성할 때 유의할 점은 실행 계획서 자체가 실질적인 해결 방안을 제시하고 있어서는 안 된다는 점이다. 왜냐하면 해답을 아는 문제는 즉시 해결하면 되므로 굳이 프로젝트를 수행할 이유가 없기 때문이다.

<표 3.6> 실행 계획서에 포함되는 내용

<프로젝트 제목>	
문제 기술 (무엇이 문제인지 설명)	목표 기술 (프로젝트 목표에 대한 설명)
선정 배경 및 기대 효과 (프로젝트 선정 근거 설명)	프로젝트 범위 (개선 대상 설명)
주요 활동과 추진 일정 (DMAIC 각 단계별 일정 설명)	팀 구성 (팀원의 역할 설명)

4) 정의 단계의 톨게이트 리뷰Toll Gate Review

정의 단계에서는 문제와 이루어야 할 목표가 무엇인지 분명히 제시되어야 한다. 이러한 목표는 프로젝트를 진행하는 과정에서 나침반과 등대의 역할을 하게 된다. 결국 프로젝트가 성공적으로 수행되기 위해서는, 우선 정의 단계라는 시작이 제대로 이루어져야 한다. 고속도로에서 톨게이트를 잘못 빠져나가면 목적지에 도착하는 과정이 복잡해지고 추가 비용이 발생하는 것처럼, DMAIC의 각 단계에서 반드시 해야 할 중요 사항들을 마치지 않고 다음 단계로 넘어가게 되면, 다시 전 단계로 되돌아가야 하는 일이 발생할 수 있다.

따라서 다음 단계로 들어가기 전에 이를 확인할 필요가 있다. 정의 단계의 최종 결과물은 실행 계획서이다. 실행 계획서의 작성이 끝나면 실행 계획서가 효과적이며 일관성이 있는지 확인해 보아야 하며, 이를 위한 체크포인트는 다음과 같다. 만약 다음 질문에 모두 긍정적으로 답변할 수 있다면 프로젝트의 출발이 순조로우며 다음 단계인 측정 단계로 들어갈 준비가 된 것으로 판단할 수 있다.

- 실제 현장의 문제를 다루고 있는가?
- 객관적인 수치로 측정 가능한 문제인가?
- 개선 목표는 정해졌으며, 달성 가능한 목표인가?
- 프로젝트 기간은 적절한가?
- 프로젝트는 기업의 방침 또는 전략과 연계되어 있는가?
- 프로젝트의 팀원 구성과 역할 분담은 합리적인가?

4 측정Measure 단계

　정의 단계를 수행한 후에는 프로젝트의 두 번째 단계인 측정 단계를 수행하게 된다. 프로젝트의 목적인 문제를 해결하고 기업이 필요로 하는 지식을 창출하기 위해서는 올바른 측정부터 시작하여야 한다. 측정 단계는 측정을 통해 문제점의 현재 상태를 파악하는 단계이며, 수집된 데이터를 바탕으로 문제의 심각성이 어느 정도인지를 파악하는 단계라고 할 수 있다.

　우리는 무엇을 어떻게 측정할 것인지가 분명할 때 자연과 사회현상뿐만 아니라 해결하고자 하는 문제에 대해서도 깊은 지식을 얻을 수 있다. 이러한 측정 단계의 구체적인 내용을 설명하기 전에 우선 측정 단계에서 주로 수행해야 되는 세부적인 활동, 도구, 산출물을 요약하면 <표 3.7>과 같다.

<표 3.7> 측정 단계의 세부 추진 내용

주요 활동	세부 활동	사용되는 주요 도구	주요 산출물
측정 대상 Y의 선정과 성능 표준의 설정	• 측정 대상 Y의 선정 • 성능 표준의 설정	• 품질기능전개(QFD) • 프로세스 매핑 • 친화도법, 로직트리 • 파레토 도표	• 측정 지표 Y • Y의 성능 표준
데이터 수집과 측정 시스템 분석	• Y의 데이터 수집 계획 • 측정 시스템 분석	• 측정 시스템 분석 (Gage R&R) • 데이터의 정리 요약	• 측정 시스템 분석표 • Y 관련 데이터
현 수준 파악과 목표 설정	• 현 수준 파악 • 목표 재설정	• 프로세스 능력 분석	• 현 수준과 목표 수준

1) 측정 대상 Y의 선정과 성능 표준의 설정 활동

측정 단계에서 제일 먼저 할 일은 정의 단계에서 정의된 CTQ와 연관성이 높은 측정 대상 Y를 선정하고, Y에 대한 성능 표준을 설정하는 일이다.

(1) 측정 대상 Y의 선정

일반적으로 측정 대상 Y는 개선하고자 하는 프로세스의 결과물 중에서 CTQ와 연관성이 높고 측정 가능한 것으로 선정한다. 다시 말해서 측정 대상 Y는 고객이 요구하거나 기대하는 특성, 또는 기업의 목적이나 관리 지표를 만족시키기 위한 프로세스의 중요 특성을 의미한다. 이는 정의 단계에서 정의된 CTQ의 하위 CTQ라고 볼 수 있으며, 어떤 경우에는 정의 단계에서 정의된 CTQ와 동일한 경우도 있을 수 있다. 다시 말해서 측정 대상 Y는 개선하고자 하는 프로세스의 현재 수준을 측정할 수 있도록 선정된 변수를 의미하기도 한다.

측정 대상 Y를 선정하는 데는 우선 세부 업무의 흐름을 파악할 필요가 있으며, 세부 업무들의 진행 과정을 흐름도 형식으로 정리한 것을 프로세스 맵process map이라고 한다. 프로세스 맵을 작성하는 기법을 프로세스 매핑process mapping이라 하며, 이에 대한 내용은 뒷부분의 <부록>을 참고하기 바란다.

측정 대상 Y는 프로세스 맵을 통해 프로세스의 결과물을 검토함으로써 선정할 수도 있고, 결과물이 여러 개인 경우에는 중요도를 고려하여 그들 중 일부만을 선정할 수도 있다. 하지만 기본적으로 'VOC 분석 → 고객 요구 파악 → CTQ 파악 → 측정 대상 Y의 선정'의 흐름으로 도출하는 것이 일반적이다.

이러한 흐름 속에서 Y를 도출하는 데 사용되는 기법 중의 하나가 품질기능전개(quality function deployment: QFD) 방법이다. QFD 기법 내용에 대해서는 <부록>에 자세하게 설명되어 있지만 여기서 간단히 설명하면, 고객 요구와 요구를 만족시킬 수 있는 회사 혹은 프로세스의 많은 수단들을 파악한 후 상호 연계를 분석하여 고객 요구에 대한 중요한 수단들을 파악하는 방법이라 할 수 있다.

그리고 측정 대상 Y를 정할 때 계수형 데이터보다는 계량형이 좀 더 많은 정보를 가지고 있기 때문에 가급적 Y는 계수형보다는 계량형으로 설정하는 것이 바람직하다. 만약 계수형 데이터밖에 없는 경우에는 데이터를 되도록 많이 확보할 필요가 있다. 이때 계량형은 시간, 무게, 강도 등과 같이 어떠한 양을 측정하는 것을 의미하며, 계수형은 불량품의 수, 결점의 수, 사고 건수, 실수 건수 등과 같이 하나둘씩 셀 수 있는 형태로 측정하는 것을 말한다.

데이터 수집 방법에는 관찰, 실험 등 다양한 방법이 있을 수 있으므로, 주관적 요소가 많이 포함되는 설문지에 지나치게 의존하지 않는 것이 좋다. 측정 대상 Y가 선정되면 무엇보다도 Y에 대한 운영 정의operational definition를 분명히 해야 한다. 왜냐하면 이렇게 해야 데이터를 수집하는 사람들이 동일한 방식으로 데이터를 측정하게 되므로 측정에 있어 혼란과 오류를 줄일 수 있기 때문이다. 그리고 선정된 변수 Y는 다음과 같은 성질을 갖는 것이 바람직하다.

- Y는 고객의 요구 사항(기업의 목표)에 연결되어 있어야 한다.
- Y의 의미가 모호하지 않고 명확하게 정의될 수 있어야 한다.
- Y에 대한 데이터 수집이 용이하고 이해가 간단해야 한다.
- Y의 문제점에 대한 적절한 대응책을 도출하는 것이 용이해야 한다.
- Y에 영향을 미치는 원인 및 효과에 대한 분석이 가능해야 한다.

(2) 성능 표준의 설정

측정 대상 Y를 선정한 후에는 **성능 표준**performance standard을 설정하여야 한다. 성능 표준이란 예를 들어 Y가 납품일인 경우에는 2주일 이내 납품 완수, 수주 적중률이라면 수주 적중률 60% 이상, 혹은 제품의 길이인 경우에는 허용오차 ±5mm 등과 같이 측정 대상이 되는 변수 Y의 규격, 혹은 고객의 요구 수준을 말하며, 성능 표준을 만족시키지 못하는 것을 **결함**이라고 한다.

사무 부문에서는 성능 표준을 '일의 기준'이라고 부르기도 한다. 성능 표준은 고객의 요구 수준, 경쟁사의 성능 표준, 계약서, 기술적 요구, 운영상 요구 등을 바탕으로 팀 구성원들 간의 토의를 통하여 설정되며, 관련 부서의 동의가 필요한 경우에는 관련 부서의 검토와 심의를 거쳐 확정되기도 한다.

2) 데이터의 수집과 측정 시스템 분석 활동

측정 대상 Y에 대한 운영 정의가 명확히 이루어지고 성능 표준이 합리적으로 설정되면, 현재의 수준을 파악하기 위하여 데이터를 수집하는 활동을 수행하게 된다.

(1) 데이터 수집 계획

신뢰할 수 있는 데이터를 적은 비용으로 수집하기 위해서는 먼저 데이터 수집 계획을 수립할 필요가 있다. 데이터 수집이 효율적으로 이루어지기 위해서는 먼저 조사 대상에 대하여 알고자 하는 내용을 정리하고, 이를 확인하기 위한 분석 방법을 선택한 후 분석에 필요한 데이터를 결정해야 한다. 그리고 데이터 수집 계획에는 측정 대상 Y에 대한 정의, 표본의 크기, 수집 담당자와 시기, 수집 방법, 동시에 수집해야 할 데이터 등의 내용을 포함하는 것이 바람직하다. 데이터 수집 계획을 수립할 때는 다음과 같은 점도 함께 염두에 둘 필요가 있다.

- 가능하면 전체보다는 일부, 즉 표본sample을 조사하여 데이터 수집을 단순화시킨다.
- 구체적인 데이터 수집 방법, 시기, 장소 등을 명문화하여 데이터의 일관성을 유지한다.
- 미리 준비된 체크 시트check sheet를 사용하여 데이터 수집을 용이하게 한다.
- 데이터 수집의 초기 단계에서 데이터가 타당하고 오류가 없는지 확인하기 위하여 시범적인 데이터를 수집해 본다.
- 데이터 수집의 객관성을 유지할 수 있는 사람이 데이터를 수집하고 있는지를 확인하는 등 데이터의 신뢰성을 높이는 노력을 해야 한다.
- 필요한 경우 데이터 수집 담당자에 대한 교육을 실시한다.

(2) 측정 시스템 분석

데이터를 수집할 때 무엇보다 중요한 것은 신뢰할 수 있는 데이터를 확보하는 것이다. 만약 데이터를 측정하는 측정 시스템에 문제가 있다면 데이터 자체에 신뢰성이 없게 되어 데이터 분석 결과를 믿을 수 없게 된다. 따라서 데이터를 수집하기 전에 먼저 측정 시스템 분석(measurement system analysis: MSA) 기법 등을 이용하여 측정 시스템의 신뢰성을 분석할 필요가 있다. 여기서 측정 시스템이란 측정 절차, 계측기와 연계된 다른 장비 및 소프트웨어, 측정자 등 데이터를 얻기 위해 사용되는 전체 시스템을 의미한다. 이러한 측정 시스템 분석에 대한 내용은 뒷부분의 <부록>에 설명되어 있으므로 필요한 독자는 참고하기 바란다.

측정 시스템 분석 결과 계측기에 문제가 있는 경우에는 계측기를 수리 혹은 조정, 대체하는 작업이 필요하다. 그리고 계측하는 사람에게 문제가 있는 경우에는 측정자에 대한 교육을 실시하거나 혹은 작업 표준을 재설정할 필요가 있으며, 숙련도 및 수행상의 문제라면 측정자 간의 차이를 해결할 수 있는 적절한 조치를 취해야 한다.

(3) 데이터 수집과 정리 요약

측정 시스템 분석을 통해 데이터의 신뢰성이 확보되면 데이터 수집 계획에 따라 데이터를 수집한다. 이때 오류가 생기지 않도록 데이터 수집 관리를 철저히 할 필요가 있다. 데이터가 수집되면 데이터의 특성을 이해하고 유용한 정보를 파악하기 위해서 데이터를 정리하고 요약하여야 하며, 이를 위해서 다양한 통계적 기법들이 적용될 수 있다.

특히 데이터를 정리하고 요약할 때는 평균값이나 표준편차값 등과 같이 숫자를 이용하여 요약하거나, 히스토그램 등과 같이 도표나 그래프를 이용하여 정리하는 방법들을 사용하면 효과적이다. 이러한 데이터 요약 방법에 대한 내용은 뒷부분의 <부록>에 설명되어 있으니 필요한 독자는 참고하기 바란다.

3) 측정 대상에 대한 현재 수준의 파악과 목표 설정

데이터가 수집된 후에는 측정 대상 변수, 즉 Y에 대한 현재 수준을 파악하여 프로젝트의 출발점baseline으로 삼게 된다. 현재 수준을 파악하는 데는 불량률이나 C_p와 같은 프로세스의 능력 지수 등 전통적인 방법과 함께 최근에는 시그마 수준으로 프로세스의 수준을 파악하는 방법도 널리 사용되고 있다.

특히 프로세스나 업무의 수준을 파악하는 데는 다음과 같은 점에 유의하여 적절한 측정 방법을 선택하여야 한다.

• 조직 내의 모든 프로세스에 대하여 현재 상태나 목표의 달성도를 같은 척도로 측정함으로써, 객관적인 의사 결정의 기준이 될 수 있게 하는 것이 바람직하다.

- 프로세스별로 평가가 가능하게 하여 각 부문 관리자에게 목표 달성에 대한 기여도와 진척도를 쉽게 추적 및 관리할 수 있어야 한다.
- 경쟁사나 타 부문과의 비교 및 벤치마킹 수단으로 활용될 수 있어야 한다.
- 회사 내의 구성원들이 공통으로 이해할 수 있는 방법이어야 하고, 측정 결과가 구성원들에게 설득력을 가져야 한다.

프로세스의 수준을 측정하는 기법 중 위의 조건을 만족하는 방법으로는 시그마 수준으로 측정하는 기법이 사용될 수 있다. 프로세스나 업무의 능력을 시그마 수준으로 측정하는 방법은 프로세스의 성격, 데이터의 형태에 따라 다양한 방법이 개발되어 있으나, 구체적인 측정 방법을 이해하기 위해서는 통계학 등에 대한 지식이 필요하므로 자세한 설명은 이 책의 뒷부분인 <부록>에서 다루기로 한다. 다만 여기에서는 시그마 수준을 사용하는 경우, 장점과 함께 다음과 같은 문제점 또한 있을 수 있다는 점을 지적하고자 한다.

- 일반적으로 프로세스는 수많은 하위 프로세스로 구성된다.

이때 각 프로세스, 부품, 제품별로 시그마 수준을 계산하고, 이를 종합하여 회사 전체 시그마 수준을 구하는 일이 간단하지 않다. 전체 시그마 수준을 도출하였다 하더라도 어느 정도의 객관성을 확보하고 있는지 여부와 타 회사와 비교할 수 있는지에 대해서는 논란의 여지가 있다.

- 사무 부문의 경우에는 업무 결과가 계량적으로 측정하기 어려운 경

우가 많다.

이러한 경우 시그마 수준을 계산한다면 주관적 요소가 개입될 가능성이 크다.

● **산출 방법에 따라 시그마 수준은 달라질 수 있다.**

예를 들어 고객 만족도와 같은 대외적인 문제에 대하여 평가할 경우에는 설문지의 문항 설계, 무응답 처리 등에 따라 결과가 달라질 수 있으므로 시그마 수준에 대한 신뢰성이 문제가 될 수 있다.

이러한 문제를 극복하기 위해서는 무엇보다도 기업에서 프로세스의 수준을 측정하는 방법을 일단 결정하면, 그 방법을 문서화하고 표준화하여 일관성 있게 적용해야 한다. 또한 정직하고 정확한 데이터 없이는 시그마 수준을 비롯한 프로세스의 수준을 측정한 결과는 아무런 의미도 없음을 명심하여야 한다.

신뢰성 있는 데이터를 바탕으로 현재 수준을 파악하게 되면 이를 바탕으로 필요한 경우 목표를 재설정한다. 불가능한 목표는 물론 곤란하지만 높은 목표는 창의적 긴장감을 조성하여 활력과 도전 의욕을 일으키기도 한다. 이렇게 해서 현재 수준을 파악하고 나아갈 목표를 정하게 되면 측정 단계를 마치게 된다.

4) 측정 단계의 톨게이트 리뷰Toll Gate Review

측정 단계를 공식적으로 끝내기 위해서는 지금까지의 진행 성과를 추적하고 중요 사항들이 모두 제대로 완료되었는지를 확인할 필요가 있다. 다음과 같은 질문에 모두 긍정적으로 답변할 수 있으면, DMAIC의 다음 단계인 분석 단계로 이동할 준비가 완료된 것으로 판단할 수 있다.

- 측정 대상 Y는 적절하게 설정되었는가?
- 측정 대상 Y는 명확하게 정의되고 기술되었는가?
- 측정 대상 Y에 대한 성능 표준의 설정은 타당한가?
- 고객 요구 조사는 제대로 이루어졌는가?
- 측정 시스템 분석에서 평가와 조치가 적절하게 이루어졌는가?
- 측정 대상 Y에 대한 데이터 수집 계획이 적절히 수립되었는가?
- 데이터 수집 계획에 따라 신뢰성이 있는 데이터가 수집되었는가?
- 현재 수준을 명확히 분석하였는가?
- 현재 수준과 목표 수준과의 차이를 적절하게 분석하였는가?

결국 측정 단계는 개선 테마와 연결된 CTQ와 CTQ를 분석하기 위한 측정 대상 Y와 고객의 요구를 반영한 성능 표준을 설정하고, 측정 시스템 분석을 통하여 데이터 수집 시스템의 신뢰성을 확보한 후, 신뢰할 수 있는 데이터를 수집하고 수집된 데이터를 기반으로 현재 수준을 파악하여, 이를 바탕으로 프로젝트의 목표의 타당성을 확인하고 필요한 경우 목표를 재설정하는 단계라 할 수 있다.

5 분석Analyze 단계

    측정 대상 Y를 선정하고 성능 표준을 설정하며 데이터를 수집하여 현재 수준을 파악하는 측정 단계를 마치고 나면 분석 단계를 수행하게 된다. 분석 단계는 결함이 언제 어디서 발생하는가를 파악함으로써 개선의 대상을 명확히 하는 단계이다.

    분석 단계에서는 결함의 형태와 원인을 규명하고, 결함의 잠재 원인을 파악한 후 이를 데이터를 통해 검증하게 된다. 구체적인 내용을 설명하기 전에 우선 분석 단계에서 주로 수행해야 되는 세부적인 활동, 도구, 산출물을 요약하면 <표 3.8>과 같다.

<표 3.8> 분석 단계의 세부 추진 내용

주요 활동	세부 활동	사용되는 주요 도구	주요 산출물
잠재 원인 파악	• 잠재 인자 도출 • 잠재 인자 우선순위화	• 프로세스 맵 • 특성 요인도 • 5Why, 층별 • 기능전개 행렬(FDM)	• 우선순위화된 잠재 원인 목록
핵심 원인 선정	• 데이터 수집 • 데이터 분석	• 그래프 분석 • 통계적 가설검정 • 상관분석, 회귀분석	• 핵심 원인 목록

1) 잠재 원인의 파악 활동

프로젝트의 목적은 고객과 경영 성과에 나쁜 영향을 미치는 원인을 영구히 제거하는 데 있다. 이를 위해서는 우선 문제점의 원인을 파악하여야 하며, 이러한 내용을 수식으로 표현하면 다음과 같다.

$$Y = f(x_1, \ x_2, \ \cdots, \ x_n)$$

여기서 Y는 측정 단계에서 정의된 측정 대상을 의미하며, x_i는 Y에 영향을 주는 원인을 의미한다. 또한 함수 기호 f는 측정 대상 Y와 원인들이 서로 연관이 있어야 한다는 것을 의미한다. 구체적인 원인 파악에 들어가기 전에 먼저 주요 개념에 대하여 정리해 보자.

우선 **잠재 원인**이란 결과에 영향을 주리라 예상되지만 아직 입증되지 않은 원인을 말한다. 그리고 잠재 원인이 데이터를 바탕으로 진짜 원인이라는 것이 검증되면 이를 검증된 **참 원인**이라고 한다. 문제점에 영향을 미치고 있는 다양한 원인을 파악하다 보면, 결과에 직접 영향을 주는 1차 원인이 있을 수 있고, 1차 원인에 영향을 주는 2차 원인이 있을 수 있다. 이러한 경우 궁극적으로 결과에 영향을 주는 마지막 원인을 **근본 원인**이라 한다.

만약 근본 원인을 찾지 못한 상태에서 개선을 하게 되면 나중에 같은 문제가 발생되기 쉽고 그 결과 만성적인 문제로 전락되기 쉽다. 또한 문제의 원인을 파악하다 보면 여러 원인들이 있을 수 있다. 이때 우리가 갖고 있는 자원은 한계가 있기 때문에 모든 원인들을 한꺼번에 해결하기는 어렵다. 이때 **파레토 법칙**에 바탕을 두어 원인을 소수의 **핵심 원인**vital few과 다수의 **사소한 원인**trivial many으로 구분한 후에 핵심 원인을 선택하여 이를 제거하고자 노력을 집중하면 문제 해결의 효율이 높아진다.

파레토 법칙은 이탈리아 경제학자 파레토V. Pareto에 의해 제시된 것으로 전체 국민총소득의 80% 정도를 상위 부유층 20%가 독점하고 있는 현상을 분석한 것으로 흔히 80 : 20 법칙이라고도 한다. 이러한 파레토 법칙은 문제 원인을 분석하는 데도 적용되어 전체 원인들 중 20%의 핵심적인 원인들을 개선하면 결함으로 야기되는 전체 문제점의 80% 이상을 해결할 수 있게 된다. 그리고 이러한 파레토 원리에 입각하여 다양한 잠재 원인 중 핵심 원인을 파악하는 데 효율적으로 사용될 수 있는 방법이 파레토 도표Pareto chart이다. 이에 대한 자세한 내용은 이 책 뒷부분의 <부록>을 참고하기 바란다.

특히 과거에는 프로세스의 결과 자체에 초점이 맞추어져 있는 경우가 많았지만 개선을 제대로 이루려면 결함의 원인 파악이 매우 중요하며, 결함의 원인을 파악할 때는 다음과 같은 점을 착안하면 도움이 된다.

- 관련 부서의 직원을 참여시켜 지혜를 모아 원인을 찾는다.
- 어떤 조건에서 결함이 발생하는가를 조사한다.
- 사람, 기계 설비, 재료, 작업 방법 등의 요소를 고려하여 원인을 찾는다.

- 결함이 발생한 경우의 사례를 역추적하여 따라가 본다.
- 근본 원인이 나올 때까지 '왜'를 반복한다.
- 결함이 발생할 때 나타날 수 있는 징후가 있는지를 조사한다.

그리고 잠재 원인을 파악하는 데 사용될 수 있는 몇 가지 기법을 간단히 소개하면 층화classification 기법, 인과도cause and effect diagram와 프로세스 매핑process mapping 기법, 그리고 Why-Why도 등이 있다.

층화 기법은 수집된 데이트를 어떤 특징에 따라 몇 개의 그룹 혹은 부분 집단으로 분류하는 기법으로, 데이터를 몇 개의 그룹으로 분류하여 각 그룹의 특징을 비교하면 품질이나 서비스 만족도 등에 영향을 미치고 있는 잠재 원인이 파악될 수 있다. 그리고 **인과도**는 **특성 요인도** 혹은 **생선뼈 그림**fish-born diagram이라고도 하며, 브레인스토밍brain-storming 등을 통하여 파악된 문제점과 원인들을 유형별 그리고 그룹별로 분류하여 정리하는 기법이다.

프로세스 매핑 기법은 업무가 진행되는 상황을 업무 흐름도 형식으로 정리한 그림이며, Why-Why도는 어떤 문제에 대하여 왜라는 질문을 근본 원인이 파악될 때 까지 반복하여 원인들을 파악한 후 도표로 정리하는 기법으로서, 이러한 기법들에 대한 내용은 <부록>에 설명되어 있으므로 필요한 독자들은 참고하기 바란다.

이렇게 해서 예를 들어 30개 이상의 많은 잠재 원인이 파악되면 데이터를 통해 참 원인을 규명하기 전에 우선 10여 개 정도로 압축시킬 필요가 생긴다. 이때 흔히 이용할 수 있는 기법이 파레토 도표와 기능전개 행렬(function deployment matrix: FDM)이다. FDM은 측정 대상 Y들과 잠재적 원인들과의 연관성을 파악함으로써 원인들의 상대적 우선순위를 체계적으로 구할 수 있게 해주는 기법으로서, <부록>에 설명되어 있다.

FDM을 통하여 우선순위가 정해진 잠재 원인에 대한 목록을 작성할 때, 가능하면 잠재 원인의 특성을 다음과 같이 4가지로 구분해 놓는 것이 바람직하다. 왜냐하면 잠재 원인의 특성에 따라 개선 단계에서 문제 해결을 위한 개선 방향이 달라지기 때문이다.

● 상수Constant

측정 대상 Y에 영향을 주지만 조건이 고정되어 있다.

● 잡음Noise

측정 대상 Y에 영향을 주지만 습도나 기온과 같이 제어하기 어려운 변수이다.

● 제어 가능한 변수Controllable X

제어 가능한 변수로서 주요 개선 대상이 되는 변수이다.

● SOP(Standard Operating Procrdure)

표준 업무 절차로서 정확히 이해하고 실행하면 되는 작업 조건이다.

2) 핵심 원인의 선정 활동

우선순위가 정해진 잠재 원인에 대한 목록을 작성한 후에는, 우선순위가 높은 원인들을 대상으로 데이터를 수집하고 이를 바탕으로 상세한 분석을 하고, 필요한 경우 파레토 도표 등을 통하여 핵심 원인을 규명한다. 개선 단계에서 한정된 자원이 불필요한 곳에 투입되는 것을 막기 위해서는 핵심 원인을 추출하는 것이 중요하며, 또한 개선 단계에 들어가기 전에 잠재 원인이 참 원인임을 데이터를 통해 규명하는 것도 역시 필요하다. 이때 다음과 같은 점에 유의하여야 한다.

● 핵심 원인을 찾기 어려울 때가 있다.

핵심 원인 파악이 어려운 경우에는 최초의 가정을 다시 한 번 검토해 본다. 그리고 누락되거나 파악되지 않은 원인이 없도록 끈질기게 노력해야 한다.

● 기간에 쫓기거나 윗사람이 빠른 해결 방안에 대해 압력을 가해 올 때가 있다.

이때는 인내심을 갖고, 성급한 결론을 내리는 것을 피해야 하며 새로운 시각을 얻기 위해 외부인과 문제를 논의해 보는 것도 바람직하다.

● 단순한 짐작만으로 원인에 대한 결론을 내리는 것은 매우 위험할 수 있다.

가능한 한 데이터를 통해 객관적인 방법으로 결론을 유도하는 것이 바람직하다.

- 측정 단계에서 수집되지 않은 추가적인 데이터가 필요할 수 있다.

  이런 경우에는 어렵더라도 데이터 수집 계획을 다시 수립해서 제대로 된 데이터를 수집하여야 한다. 원칙대로 하는 것이 결국은 빠른 길임을 명심할 필요가 있다.

  핵심 원인과 참 원인을 선정하기 위해서는 정의 단계와 측정 단계에서 수집한 데이터 이외에 새로운 데이터를 수집할 필요가 있는 경우에는 추가적으로 데이터를 수집한 후, 다양한 기법을 통하여 데이터를 분석하여 핵심 원인을 파악한다. 이때 히스토그램과 앞에서 언급한 파레토 도표 그리고 간단한 그래프들이 효과적으로 사용될 수도 있다.

  그래프의 활용은 통계에 대한 깊은 지식이 없이도 데이터를 직관적으로 이해할 수 있게 도와주지만 착시 현상이 있을 수도 있고, 그래프만으로는 분석이 충분하지 못한 경우가 있을 수 있다. 따라서 핵심 원인을 규명할 때 필요한 경우 다양한 통계적 기법이 활용될 수 있으며, 널리 사용되는 통계적 기법에 대한 몇 가지 방법을 간단히 소개하면 다음과 같고 자세한 내용은 <부록>에 설명되어 있다.

- 가설검정Hypothesis Test

  잠재 원인을 파악했다는 것은 가설을 설정할 수 있다는 것과 같은 의미이므로 참 원인을 선별하기 위해서는 데이터를 통한 검증이 필요하다. 가설검정은 서로 상반된 두 개의 주장이나 추측을 설정한 후 데이터를 통하여 둘 중에서 보다 타당한 것을 가려내고자 할 때 사용되므로 참 원인을 선별할 때 많이 사용된다.

● **상관분석**Correlation Analysis

임금 수준과 생산성, 광고액과 판매액 등과 같이 서로 관련되어 대응하는 특성 간의 관계를 파악하기 위해 사용된다. 따라서 출력 변수 Y와 입력 변수 X의 상호 관계를 확인하고 결합된 정도를 파악하는 데 유용하다.

● **회귀분석**Regression Analysis

변수들 간의 관련성을 규명하기 위하여 어떤 함수관계를 가정하고 데이터로부터 이 함수를 추정하여 예측하거나 통계적으로 추론하는 통계적 분석 방법이다.

● **스크리닝 실험**Screening Experiments

문제점에 영향을 주리라 예상되는 많은 원인을 대상으로 실험을 설계하고 적은 실험의 횟수로 중요 핵심 원인을 선별하고자 할 때 사용된다.

이와 같이 데이터를 바탕으로 간단한 그래프 분석이나 통계적 분석을 실시하면 잠재 원인 중에서 참 원인을 선별할 수 있게 된다. 그리고 원인이 규명되면 그것이 통제가 불가능한 잡음noise인지를 확인할 필요가 있다. 왜냐하면 잡음은 개선하기가 쉽지 않기 때문이다. 반면에 제어하기가 번거로워 중요 요인을 일부러 버리는 경우도 바람직하지 않다.

그리고 선정된 요인이 우리 부서가 아닌 다른 부서에서 관리를 해야 하는 경우, 다른 부서와의 조율 등의 문제가 번거롭거나 혹은 프로젝트 범위를 벗어나는 것으로 간주하여, 이러한 원인들을 무시해 버리는 경우가 있을 수 있다. 이러한 잘못을 피하기 위해서는 분석 단계에서는 전체 최적화 관점에서 문제점과 원인을 철저히 분석하고, 다음의 개선 단계에서 가능한 노력을 집중하여 효과적인 개선안을 도출하여야 한다.

3) 분석 단계의 톨게이트 리뷰Toll Gate Review

핵심 원인이 추출되고 확인된 후에는 "과연 파악된 핵심 원인이 개선된다면 프로젝트의 목표가 달성되는가?"에 대한 검토가 필요하다. 그리고 핵심 원인을 개선하였을 때 예상되는 기대 효과를 분석함으로써 필요한 경우 개선 목표를 재수립하고, 프로젝트를 계속 추진할 가치가 있는지를 점검해 보아야 한다.

분석 단계에서 점검해야 할 다음 사항들에 대하여 모두 긍정적으로 답변할 수 있으면 분석 단계가 성공적으로 수행되었다고 할 수 있고, 다음 단계인 개선 단계를 시작할 준비가 완료된 것을 의미한다.

- 데이터의 특성 및 구조에 대한 분석을 통해 프로세스의 이해를 적절히 시도하였는가?
- 잠재 원인들은 모두 정확히 파악되어 정리되었는가?
- 잠재 원인들이 결과(Y)에 유의한 영향을 주고 있는지에 대한 분석을 시도하였으며, 그 결론은 명확한가?
- 핵심 원인들을 선별 하는 데 적절한 분석 방법이 사용되었으며 정확하게 파악되었는가?
- 추출된 핵심 원인들은 개선 단계에 타당하게 연계될 수 있으며, 통제 및 개선 가능한 요인들인가?
- 파악된 핵심 원인들이 개선된다면 설정된 목표가 달성 가능한가?

6 개선Improve 단계

    개선 단계는 앞의 분석 단계에서 파악한 핵심적 소수 원인에 대해 해결책인 개선 방안을 모색하는 단계이다. 개선 방안을 찾기 위해서는 여러 사람의 지혜를 모으고, 가능한 해결 방안을 실험적으로 실시해 보기도 한다.

    개선 단계에서 가장 중요한 것은 개선하고자 하는 의지와 창의력이다. 개선 방안을 마련하기 위해서는 다양하고 창의적인 사고가 바탕이 되어야 하지만, 과학적인 방법에 근거한 일관성 있고 분석적인 사고 역시 병행되어야 한다. 개선 단계의 구체적인 내용을 설명하기 전에 우선 개선 단계에서 주로 수행해야 되는 세부적인 활동, 도구, 산출물을 정리하면 <표 3.9>와 같다.

<표 3.9> 개선 단계의 세부 추진 내용

주요 활동	세부 활동	사용되는 주요 도구	주요 산출물
개선안의 도출	• 개선 전략 수립 • DOE 적용 및 개선안의 창출	• 실험설계(DOE) • 아이디어 도출 기법 • 프로세스 맵 • 벤치마킹	• 실험 데이터 분석 결과 • 예상 위험 요소 • 개선안
개선안의 평가와 선정	• 개선안의 평가 • 최적안의 선정	• 평가 행렬	• 최적 조건 및 최적 개선안
개선 효과의 검증	• 파일럿 검증	• 파일럿 실험 • 재현성 실험	• 보완된 최종 최적 조건 및 최적안 • 개선 효과 예측

1) 개선안의 도출 활동

우리는 앞의 분석 단계에서 문제점 즉 출력 변수 Y에 영향을 주는 핵심적 소수의 원인vital few을 규명하였다. 이제 개선 단계에서는 규명된 요인에 근거하여 프로젝트 목표를 달성하기 위한 개선안을 도출하게 된다.

개선안 도출을 위해서는 먼저 핵심 원인 즉 입력 변수 X의 성질을 규명하여야 한다. 이를 통해서 통계적 기법을 활용하는 **실험설계** (design of experiment: DOE)를 적용할 것인지, 아니면 원인 극복을 위한 대안을 설정할 것인지를 선택하여야 한다. 만약 핵심 원인들이 프로세스에서 통제 및 제어 가능controllable한 요인이라면 실험설계를 적용해서 최적 조건을 구해야 하지만, 만약 핵심 원인들이 목표 달성을 방해하는 요인이거나 아니면 개선해야 할 정성적qualitative인 요인이라면 이를 제거하거나 개선하기 위한 다양한 개선안을 도출하고, 그 중에서 최적안을 선정하여야 한다. 이러한 두 가지 개선 방향에 대하여 구체적으로 알아보기로 하자.

(1) 실험설계 방법이 필요한 경우

실험설계(DOE)란 프로세스의 성격을 알기 위하여 실험을 수행하고자 할 때, 실험을 설계하는 방법 그리고 실험을 수행하여 데이터를 수집하는 방법 및 데이터를 분석하여 필요한 정보를 획득하는 방법 등을 다루는 통계 기법이다. 우선 실험설계가 필요한 경우를 몇 가지 살펴보기로 하자.

대표적인 경우는 제조 프로세스에서 흔히 있는 경우로 핵심 원인들(X)이 연속형이고 문제 해결을 위해서 출력 변수 Y와 입력 변수 X의 관계를 파악할 필요가 있는 경우이다. 예를 들어 출력 변수 Y가 제품의 강도이고, 여기에 영향을 미치는 핵심 원인(입력 변수)들은 제조 온도(X_1)와, 제조 시간(X_2)이라 할 때 제품의 강도를 최대화하기 위한 최적 조건을 구하고자 한다면 실험 데이터를 바탕으로 수학적 모형을 개발한 후 Y와 X의 관계식을 파악하여 X의 최적 조건을 구해야 한다. 이때 DOE 기법을 활용하면 효율적으로 실험을 설계하고 데이터를 수집하여 분석을 수행할 수 있다.

또 다른 경우는 핵심 원인(입력 변수) X들이 온도나 시간과 같이 연속형은 아니지만, 조정이 가능하고 선택에 따라 출력 변수 Y의 반응을 모니터링할 수 있는 경우이다. 예를 들어 출력 변수 Y가 불량률이고 여기에 영향을 주는 요인이 근무 형태(주간, 야간), 원료 납품 회사(국내, 중국, 일본), 장비(자동, 수동) 등이라면, 이 경우에도 실험을 통하여 데이터를 수집한 후 데이터 분석을 통하여 최적의 조합을 결정해야 할 것이다. 결국 입력 변수 X가 제어 가능한 경우에는 실험을 통해서 최적 조건을 찾아야 한다.

(2) 대안의 선정이 필요한 경우

분석 단계에서 도출한 핵심 원인들이 의사소통 부족 또는 잘못 설정된 전략 등과 같이 제어하기가 어려운 경우가 있다. 이러한 경우에는 실험설계를 통하여 통계적 모형을 분석하는 실험설계 방법보다는 핵심 원인들을 제거하거나 영향을 완화할 수 있도록 다양한 대안을 도출하게 된다. 이러한 대안을 도출할 때는 우선 대안의 질보다는 양을 고려하고, 새로운 시각과 발상의 전환을 통하여 다각도로 대안을 검토할 필요가 있다.

그리고 대안과 대안의 조합을 통해 새로운 대안의 도출을 시도하고 실현 가능한 대안을 도출한다. 대안을 도출하기 위해서는 우선 대안이 나올 수 있는 원천이 무엇인지부터 알아볼 필요가 있는데, 이때 다음과 같은 사항을 다시 한 번 면밀히 분석하는 것이 효과적이다.

- 프로젝트의 목표
- 분석 단계에서 발견하고 파악한 핵심 원인
- 팀 구성원 간의 브레인스토밍을 통한 아이디어
- 벤치마킹을 통한 아이디어와 훌륭한 사례의 모방
- 다른 프로젝트의 아이디어

대안은 문제를 유발하는 환경에 따라 달라질 수 있다. 예를 들면 적절한 프로세스가 규정 또는 표준에 따라 작업이 진행되지 않기 때문에 결함이 발생하는 경우가 있다. 이러한 불일치 문제는 위반 사항이 발생하는 상황을 파악하고 이를 제거하여 관리함으로써 즉시 개선quick win을 이루어야 한다.

또한 프로세스가 적소에 있으나 어떤 특정한 사항이 부족해서 결함이 발생하는 경우도 있을 수 있다. 이때는 부족한 사항을 추가해서 프로세스를 수정하면 즉시 개선이 달성될 수도 있다.

만약 분석 단계에서 구한 핵심 원인들이 프로세스 흐름에서 발생한 문제라면 프로세스 흐름을 분석하여 최적화할 필요가 있다. 특히 시스템이 비효율적이거나 낙후된 경우에는 문제 해결을 위해 프로세스를 재설계하고 개선안을 도출해야 한다.

재설계할 때는 업무 처리 시간보다는 업무 사이클 타임을 줄이는 데 초점을 맞추고, 조직 내에 처리 과정이 여러 개 있는 경우에는 이들 중 핵심적 소수의 효율 향상에 중점을 두며, 프로세스가 원활하게 이루어지도록 연계 부문에 초점을 맞출 필요가 있다. 이 외에도 프로세스를 재설계할 때는 다음과 같은 점을 유의할 필요가 있다.

● 업무의 계층 및 단계를 축소해야 한다.

부가가치가 없는 작업들은 제거하거나 다른 업무와 통합해서 업무의 계층 및 단계를 축소할 필요가 있다. 그리고 의사 결정 과정이 지나치게 많은 계층을 거치는 경우에는 의사 결정의 스피드가 떨어지고, 전달 과정에서 정보가 왜곡될 수 있다. 이러한 경우 기본 업무와 관리 업무의 통합, 권한 위임 등을 통해 해결 방법을 모색해야 한다.

흔히 관리 부서 직원이 한 명 더 배치되면 현업 부서의 업무는 몇 배 더 늘어난다는 말이 있다. 일반적으로 관리 업무는 비부가가치non-value added에 해당하는 업무를 만들기 쉽기 때문에 관리 업무와 기본 업무의 통합을 검토해 볼 필요가 있다.

● 조정 업무를 최소화하여야 한다.

원인이 발생하는 부서에 업무 이관을 시도하면 효과적으로 조정 업무를 줄일 수 있다. 예를 들어 현업 부서에 적정 한도 내에서의 물건 구입 권한을 이양하면 조달 부서를 거쳐 물건을 구매할 필요가 없어질 수 있다. 그리고 보험회사의 경우 보험료 청구를 처리하는 부서에 권한을 이양하여 사고 현장에서 보험금 지급을 결정할 수 있도록 하면 부가가치가 없는 많은 업무들이 줄어들 수 있다.

● 업무의 성격에 따라 세분화를 시도한다.

프로세스를 업무의 성격에 따라 적절히 세분화하면 전체적인 효율이 높아진다. 예를 들어 보험회사의 신용 평가 작업에서 신용 평가에 문제가 없는 단순한 업무는 자동화하여 처리하고, 어느 정도 수준의 문제에 대해서는 관리자가 전담하여 해결하도록 하며, 아주 어려운 업무는 전문가의 도움을 받도록 하면 획일적으로 업무를 진행하는 것보다 효율적일 수 있다.

- 전담자 또는 전담팀을 두는 것을 고려한다.

  한 사람이 특정 업무를 담당하는 전담자를 두거나, 이것이 어려운 경우 각 부서의 담당자로 이루어진 전담팀을 두는 것을 고려해 보는 것도 하나의 방법이다. 이렇게 하면 업무 간 연계 부문을 제거할 수 있을 뿐만 아니라 착오, 지연, 재작업 등을 방지할 수 있다. 또한 책임 소재가 분명해지고 성과 측정이 쉬워질 수 있다. 다만 전담자나 전담팀이 프로세스와 관련된 전체 업무를 총괄할 수 있기 위해서는, 전담자나 전담 팀이 여러 업무를 수행할 수 있는 능력을 갖추고 있는 것이 전제되어야 한다. 그리고 필요한 경우에는 교육과 훈련을 통하여 업무 능력을 향상시켜야 하고, 업무의 종류에 따라서는 전문가의 도움이 필요할 수 있으므로 이들에 대한 접근이 손쉽게 이루어질 수 있도록 해야 한다. 그리고 전문가 시스템과 데이터베이스 등을 통한 제도적 지원도 이루어져야 한다.

- 종업원에게 적정 수준의 권한 위임이 이루어져야 한다.

  문제가 발생하는 곳에서 가장 인접해 있는 담당자가 의사 결정을 할 수 있을 때 가장 신속하게 대응할 수 있다. 또한 관리자로서의 경영층의 역할이 관리 및 감독을 수행하는 감독자의 역할에서 조언을 해주는 조언자의 역할로 전환되어야 한다. 일반적으로 관리자나 경영층이 통제를 하게 되면 담당자들은 통제에 대비하기 위해 관료적인 업무를 수행하게 되어 업무가 증대될 수 있다.

● 고객과 공급자와의 접점을 확대해야 한다.

고객과 공급자와의 접점에 대한 업무를 가능한 확대시켜야 하며, 고객과의 접점에서 발생하는 문제는 향후 업무에 피드백될 수 있어야 한다. 예를 들어 부품을 납품 받는 회사는 포장을 뜯어내고 내용물을 사용하게 되는데, 지나치게 튼튼한 포장이 작업량을 늘리고 그 결과 원가 상승 요인이 될 수도 있다. 이 경우 포장을 단순하게 해달라는 고객의 요구가 납품 업체의 포장 부서에 피드백될 수 있어야 한다.

● 업무 순서의 변화가 필요하다.

한 작업이 끝나기 전에 다른 작업을 착수할 수 있는 방안을 모색해 볼 필요가 있으며, 순차적으로 이루어지는 직렬 업무를 병렬 업무로 전환하면 시간을 단축할 수 있다. 또한 순차적으로 이루어지는 직렬 업무를 한 팀이나 한 사람이 통합하여 처리할 수 있는 방안도 모색되어져야 한다.

개선안을 모색하는 데 사용될 수 있는 유용한 한 방법으로는 5W1H 질문법을 비롯하여 ECRS 등이 있다. 5W1H 질문법은

<표 3.10>에 주어진 바와 같이, 주어진 문제에 대하여 여러 측면에서 질문을 하고 그 질문에 대하여 답변을 함으로써 아이디어를 얻는 기법으로서, 먼저 문제를 구체적으로 기술하여 참가자들에게 설명한 후 5W1H의 항목 각각에 대한 질문을 개발한다. 그리고 질문에 대한 참가자들의 답변을 정리하여 평가하여 개선 방법에 대한 여러 가지 대안을 모색하게 된다. 그리고 ECRS는 영문자 Eliminate, Combine, Rearrange, Simplify의 머리글자로서 구체적으로는 다음과 같은 내용을 의미한다.

● 배제Eliminate: 배제할 수는 없는가?

관점을 바꾸어 생각하거나, 보다 높은 차원에서 판단하면 의외로 쓸데없는 작업이 파악될 수 있다.

● 결합Combine: 결합할 수 없는가?

유사한 작업을 함께 하는 것은 물론이고 그 밖의 프로세스도 동시에 진행시킨다고 하는 생각은 개선 활동에 커다란 성과를 파생시킬 수 있다. 예를 들어 외국의 철도에서는 카드를 이용해서 "표를 판다"는 작업과 "개찰한다"는 작업을 동시에 하고 있는 사례도 있다. 사무나 생산 현장에서 이와 같은 사고방식을 도입할 경우 개선 영역은 무한하다고 할 수 있다.

● 교환Rearrange: 교환할 수 없는가?

일의 순서를 바꾸는 것 말고도 사람이나 프로세스를 교환하여 개선할 수 있는지 검토한다.

● 단순화Simplify: 간소화, 단순화할 수 없는가?

단순화를 통해 횟수나 거리를 줄이고 비용이나 시간의 개선을 꾀하는 사례는 많이 있다. 예를 들어 상품의 포장을 단순화하는 것 등이 이러한 개선에 해당한다.

위의 방법들을 통하여 대안이 도출되면 프로세스매핑을 통해서 개선된 프로세스의 맵(to-be-process map)을 작성하는 것도 좋은 방법이 될 수 있다. 이와 같이 프로세스 흐름에서 문제의 원인이 있다고 판단되는 경우에는 프로세스를 재설계를 하여 문제를 해결하도록 노력한다. 이때 핵심은 일하는 방법인 프로세스에 정보 기술을 적용하여 고객 만족을 위한 스피드 확보에 노력해야 한다는 점이다.

프로세스 재설계 이외에 대안의 선정이 필요한 경우는 분석 단계에서 규명된 구체적인 원인에 대하여 실용적이고 창의적인 대책을 마련해야 하는 경우이다. 이때 유용하게 활용될 수 있는 방법이 벤치마킹이다. 먼저 다른 회사 혹은 다른 사원들은 유사한 사례를 어떻게 극복했는지부터 알아보고, 만약 적절한 사례를 찾기 어려운 경우에는 창의적 사고에 바탕을 두어 새로운 아이디어를 도출하도록 한다.

<표 3.10> 5W1H 질문법

5W1H	질문 형태	체크포인트
Why	왜 하는가? (목적)	그것을 중지할 수 없는가? 일부를 중지하면 어떤가?
When	언제 할 것인가? (시기, 시간)	시기를 바꿀 수 없는가? 동시에 할 수 없는가?
Who	누가 하는가? (사람)	사람을 바꿀 수 없는가? 같은 사람이 할 수 없는가?
Where	어디서 할 것인가? (장소)	장소를 바꿀 수 없는가? 같은 자리에서 할 수 없는가?
What	무엇을 할 것인가? (대상)	그것이 아니면 안 되는가? 모양을 바꿀 수 없는가?
How	어떻게 하는가? (방법)	다른 방법은 없는가? 더 간단히 할 수 없는가?

특히 창의적 아이디어 도출 기법 이외에도 문제에 대한 해결 방안을 도출하고자 할 때 우선 그 문제의 내부에서 작용하고 있는 도움이 되는 힘과 방해가 되는 힘을 알아야 하는 경우가 있다. 이것을 파악해야 방해가 되는 힘을 약화시키고 도움이 되는 힘을 강화시킬 수 있는 해결 방안을 마련할 수 있다. 이런 경우 사용 사용될 수 있는 방법이 **역장 분석**force field analysis이며 <그림 3.2>에는 호텔 룸 서비스 프로세스에서 고객 만족 향상이라는 문제에 대하여 역장 분석을 간단하게 적용한 사례를 보여주고 있다.

역장 분석을 한 결과 만약 방해가 되는 힘이 도움이 되는 힘보다 크면 바람직한 변화는 일어나지 않게 되고, 이와 반대인 경우 변화가 일어난다. 따라서 방해하는 힘을 제거할 수 있는 활동 부문이나 목표 증진에 도움이 되는 힘을 강화시켜 줄 수 있는 활동 부문을 도출하여야 한다. 이때 도움이 되는 힘을 강화하면 방해가 되는 힘도 같이 강화되어 예상치 못한 결과를 낳을 수도 있음을 유념하여야 한다.

결론적으로 상황에 맞는 적절한 방법을 적용하여 제한조건 없이 창의성에 바탕을 두어 다양한 아이디어를 내는 것이 바람직하지만, 아이디어를 개선안으로 전환시킬 때는 분석적으로 아이디어를 평가하여야 한다.

<그림 3.2> 호텔 룸서비스에 대한 역장 분석 예

목표 달성에 도움이 되는 힘	목표 달성에 방해가 되는 힘
정성과 친절 ⟶ ⟵	프로 의식 결핍
신속한 배달 ⟶ ⟵	복잡한 절차
맛있는 음식 ⟶ ⟵	요리사 부족
훌륭한 매너 ⟶ ⟵	잦은 직원 교체

2) 개선안의 평가와 선정 활동

(1) 실험설계 분석 결과의 평가

만약 실험설계(DOE) 방법을 적용하여 최적 조건을 구했다면 먼저 경제적 측면을 검토해 보아야 한다. 예를 들어 현재의 프로세스의 조건을 바꾸어야 한다면, 바꾸는 데 드는 비용과 얻는 이익을 비교해야 할 것이다. 만약 비용 문제가 있다면 이를 극복하기 위한 대안을 수립해야 하고, 문제가 없다면 정말 실험 결과가 재현성이 있는지 여부와 부작용이나 또 다른 역기능은 없는지를 검토한다.

부작용이나 역기능이 있으면 원인을 파악하여 적절한 조치를 취해야 한다. 만약 경제적인 문제도 없고 부작용도 없으며 최적 조건에서 반복 실험해 보아도 원하는 같은 결과가 반복해서 나온다는 것이 검증 되었다면, 이때 비로소 이 조건을 표준화하여야 할 것이다.

(2) 대안의 평가

지금부터는 다수의 잠재적인 대안이 도출된 경우 이들을 평가하여 최적안을 선정하는 과정을 설명하기로 한다. 다만 개선안에 대한 도출, 평가, 선정 프로세스는 반드시 순차적으로 진행해야 하는 것은 아니며, 각각의 대안이 도출될 때마다 평가 과정을 통하여 개선안을 좀 더 바람직한 방향으로 수정할 수도 있다는 점을 유의할 필요가 있다.

만약 도출된 대안의 수가 지나치게 많으면 우선 정밀 평가가 가능한 소수의 개선안으로 개선안의 수를 축소할 필요가 있다. 선별된 소수의 개선안을 평가할 때는 사실과 데이터를 바탕으로 해결책을 평가하고 선택하는 방법을 적용하는 것이 바람직하며, 다음과 같은 이유로 실행이 어려운 대안은 보완을 시도해 보고 어렵다면 일차적으로 평가 대상에서 제거하는 것이 바람직하다.

- 기업의 전략과 방침에 정면으로 위배되는 대안
- 현행법에 위배되는 대안
- 단기적으로 이익이 발생하지만 궁극적으로 고객 불만족을 초래하는 대안
- 개선안을 실행하는 과정에서 기업의 경영 시스템과 충돌하는 대안
- 조직 문화 또는 기업이 중시하는 가치와 크게 모순되는 대안

선별된 소수의 개선안을 평가할 때는 사실과 데이터를 바탕으로 다음과 같은 순서를 따르는 것이 바람직하다.

① 순서 1: 개선안에 대한 판단 기준을 결정한다.

판단 기준은 객관적 평가를 위해 측정 가능해야 한다. 판단 기준의 예로는 목표에 대한 달성도, 개선안을 정착시키는 데 걸리는 시간, 투자에 대한 재무적 효과, 기타 무형 효과 등이 될 수 있다.

- 목표에 대한 달성도

개선안으로 선정되기 위해서는 우선 프로젝트 목표의 달성 여부가 가장 중요하다. 만약 개선안이 목표를 달성하지 못하는 경우는 다른 개선안과 결합하여 목표 달성이 가능한지를 검토하고, 그렇게 해도 목표 달성이 어려우면 목표를 수정하거나 고려 대상에서 제외해야 한다.

- 개선안을 정착시키는 데 걸리는 시간

  개선안의 가치는 실행 시점과 현업에서 정착하는 데 걸리는 총시간에도 영향을 받는다. 예들어 프로젝트 성과가 날 때까지 걸리는 시간이 지나치게 길면 예산 확보도 어려워지고, 개선안을 일관성 있게 추진하기도 어려워지며 환경이 바뀌어 고객의 요구 사항이 변화할 수도 있다. 따라서 성과가 날 때 까지 필요한 시간도 프로젝트 성격에 따라 중요한 판단 기준이 될 수 있다.

- 개선안의 재무적 효과

  개선안을 평가하는 데 재무적 효과는 판단 기준으로서 반드시 고려되어야 하지만, 프로젝트 팀들이 재무적 효과를 계산하는 데 여러 가지 이유로 인해서 어려움을 느끼는 경우가 많다. 예를 들어 COPQ를 계산한다는 것이 간단하지 않으며, 비용 절감액은 시간이 지남에 따라 시장 상황, 화폐가치, 환율 등의 변화로 평가액이 달라질 수도 있다. 따라서 재무적 효과의 파악이 복잡한 경우에는 재무 부서의 검토와 자문을 받는 것이 바람직하다.

- 프로젝트 성과 지표

  판단 기준 중에는 재무적 효과뿐만 아니라 객관적으로 돈으로 환산하기 어려운 지표들이 있다. 그리고 사이클 타임 축소, 고객 만족도 개선, 고객 유지율 향상, 시장점유율 확대, 브랜드 이미지 강화 등과 같이 재무적으로 환산하기는 어렵지만 중요한 지표들이 있을 수 있다. 이때는 가능하면 계량화를 시도하여 판단 기준에 포함시켜야 한다.

● 기타 무형 효과

직접 효과 금액 산출은 어렵지만 예를 들어 종업원 만족도 향상, 구성원 사기 증대, 환경오염 개선, 안전사고 예방 등과 같이 조직과 사업에 긍정적인 영향을 주는 사항도 판단 기준에 포함될 수 있다.

② 순서 2: 각각의 판단 기준에 대하여 중요도에 따라 가중값을 준다.

앞에서 선정된 판단 기준은 기업 상황, 프로젝트의 목표와 성격 등에 따라 중요도가 다를 수 있으므로 각 판단 기준의 중요도를 가중값으로 표현하기도 한다. 예를 들어 목표에 대한 달성도가 개선안을 정착시키는 데 걸리는 시간에 비해 2배 중요하다면 달성도는 시간에 비해 2배의 가중값을 갖게 된다. 또한 시간, 재무적 효과, 작업의 안정성은 중요도가 비슷하다면 각 판단 기준에 대한 가중값은 <표 3.11>과 같이 주어진다.

<표 3.11> 개선안 평가 가중값의 예

판단 기준	목표 달성도	시간	재무적 효과	작업 안정성	합계
가중값	0.4	0.2	0.2	0.2	1

③ 순서 3: 각 개선안을 점수로 평가한다.

각 개선안에 대하여 판단 기준의 값을 점수로 환산하다. 점수는 1점에서 5점까지 혹은 1점에서 10점까지를 주로 사용한다. 이때 가능하면 데이터를 바탕으로 계량화하여 평가하고, 계량화가 어려우면 팀 구성원 간의 충분한 토의를 거쳐 평가한다.

④ 순서 4: 개선안의 우선순위를 결정한다.

　각 판단 기준의 점수와 가중치를 곱하여 더하면 각 개선안에 대한 평가 점수가 나오게 되고, 이를 바탕으로 우선순위를 정한다. 예를 들어 <표 3.12>와 같이 점수가 주어진 경우, 개선안 A의 평가 점수는 가중합인 7.0이 된다($7 \times 0.4 + 10 \times 0.2 + 7 \times 0.2 + 4 \times 0.2 = 7.0$). 그리고 <표 3.12>을 살펴보면 개선안 A와 B를 함께 실행하는 것이 개선안 A에 비해 투자비용이 많고 시간도 오래 걸리지만 더 바람직한 것으로 최종 평가된다.

<표 3.12> 판단 기준에 의한 개선안의 평가의 예

판단 기준	가중치	개선안			
		A	B	C	A+B
목표 달성도	0.4	7	5	3	10
시간	0.2	10	8	8	6
재무적 효과	0.2	7	4	3	9
작업 안정성	0.2	4	4	6	4
합계		7.0	5.2	4.6	7.8

　지금까지 언급한 방법 말고도 도출된 개선안이 비교적 간단할 때는 예를 들어 <표 3.13>에 있는 Payoff Matrix를 이용하여 개선안을 선정할 수도 있다. 이때 적은 노력으로 많은 성과를 낼 수 있는 개선안이 당연히 바람직하다.

<표 3.13> Payoff Matrix

성과＼노력	적은 노력	많은 노력
적은 성과		
많은 성과		

3) 개선 효과의 검증 활동

최종안이 선정되면 이를 현장에 적용하여 개선 효과가 측정 단계
에서 파악한 개선 전 수준과 비교하여 효과를 검증해 볼 필요가 있
다. 검증할 때는 측정 단계에서 선정한 프로세스 Y와 동일한 Y에 대
해 측정 단계에서와 동일한 방법으로 데이터를 수집하여 비교해야
한다. 그리고 개선 효과를 검증하기 위해서는 필요한 경우 선정된 해
결 방안을 제한된 범위 내에서 시험적으로 실행하는 파일럿 검증pilot
test을 수행하게 된다.

파일럿 검증을 통해 문서상에 나타난 해결 방안을 작은 규모지만
현업에 실제로 적용해 봄으로써 해결 방안이 광범위하게 적용되기
전에 검증하고 보완할 수 있는 기회를 갖게 되고, 새로 설계한 해결
방안의 효과에 대한 이해도를 높일 수 있으며, 비용 문제와 잠재적
문제를 사전에 파악하여 위험을 최소화할 수 있다. 특히 파일럿 검
증은 다음과 같은 경우에 필요하다.

- 해결 방안의 범위가 복잡하고 광범위한 경우
- 비용이 많이 들고 현시점에서 해결 방안의 실행을 위한 자원 제공이 불가능한 경우
- 상당한 잠재 효과가 기대되지만 결과 예측이 어려운 경우
- 해결 방안에 대한 신뢰성이 필요한 경우
- 해결 방안을 일단 결정하고 나면 최종 결과를 반전시키기 어려운 경우
- 직무 설계의 대폭적인 수정으로 많은 교육이 필요한 경우

파일럿 검증은 일반적으로 앞에서 살펴본 계획plan, 실행do, 검토check, 조치action의 **PDCA** 사이클에 따라 실행하면 효과적이며, 그 수행 내용을 간단히 설명하면 다음과 같다.

(1) 파일럿 검증 계획 수립(Plan)

파일럿 계획의 구성 요소는 파일럿 검증이 끝난 후 수립하게 되는 해결책에 대한 실행 계획의 구성 요소와 거의 일치한다. 그리고 파일럿 검증의 실행 계획은 해결책의 실행 계획 전체에 대한 축소판으로 볼 수 있으며, 실행 계획은 해결책과 해야 할 일을 연결시켜 주는 교량적 역할을 한다. 파일럿 계획을 수립할 때 고려해야 할 요소는 다음과 같다.

- 파일럿 검증의 범위
- 파일럿 검증의 성공 기준

- 잠재 장애 요인의 파악 및 대응 방안
- 현장 요원에 대한 교육 계획
- 파일럿 계획 검증 방안
- 파일럿 검증의 일정 및 작업 계획

(2) 파일럿 검증의 실행(Do)

파일럿 검증의 실행 계획이 수립되면 계획에 맞추어 실행하게 된다. 실행할 때는 적극적인 통제와 관리가 필요하다. 예를 들어 예상치 못한 상황에 대비하여 주변 정황을 살펴보고, 필요하면 추가 자원을 확보하여 상황에 대처한다. 실행하는 과정에서 발생할 수 있는 위험과 장애 요인에 잘 대처하지 못하면 파일럿 검증의 목적을 달성하기 어렵게 된다.

(3) 파일럿 검증 실행 결과 검토(Check)

파일럿 검증을 실행하고 나면 결과를 측정하고 평가한다. 실행 결과 문제 해결의 목적을 어느 정도 달성하는지를 평가하고, 자원은 얼마나 소모되었는지를 확인하며, 예상하지 못했던 장애 요인이 있었는지 여부와 있었다면 어떻게 극복했는지를 검토한다. 또한 해결책을 실행함으로써 생긴 변화가 문제와 관련 없는 다른 프로세스에 어떠한 영향을 미쳤는지도 확인해 볼 필요가 있다. 왜냐하면 프로세스들은 서로 연결되어 있고 서로가 서로에게 영향을 주기 때문이다.

극단적으로 한 부서의 작은 변화가 점점 증폭되어 다른 부서에 큰 영향을 줄 수도 있고, 한 부서의 문제 해결이 단지 다른 부서로 문제를 떠넘긴 것에 불과한 경우도 있다.

(4) 파일럿 검증 결과 조치(Action)

파일럿 검증의 평가 결과에 따라 조치를 취하게 된다. 특히 해결책이 기대했던 결과를 전혀 만들어 내지 못하면 해결책을 폐기하고 전 단계로 되돌아 갈 수도 있고, 혹은 파일럿 검증의 결과를 반영하여 해결책을 보완하거나 수정할 수도 있다. 만약 파일럿 검증 결과 해결책의 유효성이 입증되면 전체적으로 확대하기 위한 실행 계획 수립으로 넘어 가게 된다. 그리고 파일럿 검증이 완료된 후에는 해결책을 시행했을 때 결과가 프로젝트의 목포를 달성 할 수 있는지를 평가하고, 평가 결과에 따라 다음과 같은 적절한 조치를 취하게 된다.

먼저 약간의 보완과 수정으로 테스트 결과와 목표 사이의 차이가 해소될 것으로 기대되는 경우에는 해결 방안에 적절한 변화를 가하고 다시 테스트한다. 그러나 근본 원인에 대한 정확한 규명이 이루어지지 않는 경우나, 효과가 목표에 크게 미치지 못하고 해결 방안을 도출할 때 사용된 가정이 부적절하다고 판단되는 경우에는, 해결 방안을 폐기하고 분석 단계로 돌아가서 프로젝트를 새롭게 수행해야 한다.

만약 파일럿 검증에서 고려하지 않은 변수들이 해결 방안의 유효성에 미치는 영향을 확인하고 싶은 경우에는 추가 변수를 포함시켜 파일럿 검증을 확장할 수도 있다. 그리고 파일럿 검증 결과 별다른 문제없이 목표를 달성한 경우에는 선정된 개선 방안을 최종 개선안 으로 확정하고 구현한다. 이렇게 해서 파일럿 검증을 마치게 된다.

4) 개선 단계의 톨게이트 리뷰Toll Gate Review

개선 단계를 공식적으로 종료하기 위해서는 다음과 같은 점을 점 검해 볼 필요가 있다. 만약 이러한 질문에 모두 긍정적으로 답변할 수 있다면 개선 단계의 활동이 성공적으로 수행되었고, 다음 단계 인 관리 단계에 대한 내용을 수행할 준비가 완료된 것으로 판단할 수 있다.

- 개선안의 효과가 처음에 설정한 프로젝트의 목표는 달성되었는가?
- 개선안은 명확하고 새롭게 정립되었는가?
- 더 이상 개선의 여지는 없는가?
- 개선안에 대한 역기능은 발생하지 않는가?
- 개선안은 실행을 위해 경영진을 설득하는 데 문제가 없는가?
- 사실과 데이터를 근거로 개선안이 평가되었는가?
- 파일럿 검증 결과가 프로세스 또는 시스템을 대표할 수 있는가?
- 실험설계를 통해 최적 조건을 찾은 경우에 효과의 검증 및 재현성 실험 이 수행되었는가?

7 관리Control 단계

프로젝트 수행의 마지막 단계인 관리 단계에서는 어떻게 하면 프로세스를 개선된 상태로 유지할 수 있는가 하는 문제를 다룬다. 문제가 해결되어 개선을 이루어도 관리가 뒤따르지 않을 경우, 개선된 상태를 유지하지 못한 경우가 많다. 지금부터 최적안의 효율적 실행을 위한 주요 활동과 수행 내용에 대하여 알아보기로 한다. 우선 관리 단계에서 수행하는 세부적인 활동, 주요 도구, 주요 산출물을 요약하면 <표 3.14>와 같다.

<표 3.14> 관리 단계의 세부 추진 내용

주요 활동	세부 활동	사용되는 주요 도구	주요 산출물
개선안 실행	• 위험도 평가 • 실수 방지 • 개선안 실행 계획 수립	• 고장 유형 영향 분석 (FMEA) • 실수 방지법	• 개선안 실행 계획서
프로세스 관리 및 개선 프로세스 모니터링	• 문서화/표준화 • 관리 계획	• 통계적 프로세스 관리 방법 • 관리도	• 관리 계획서 • 관리 결과 • 표준 작업 절차
개선 프로젝트 종료	• 예상 효과 분석 • 현업 이관	• 교육, 전파 • 작업 지도서	• 효과 및 성과 산출 • 완료 보고서

1) 개선안 실행 활동

이 활동에서는 앞의 개선 단계에서 도출된 최적안을 실행하는 과정에서 위험도 평가, 고장 유형 영향 분석(FMEA), 실수 방지법 등의 기법을 활용하여 잠재 문제를 파악하고, 개선안에 대한 실행 계획을 수립하고, 실행 계획에 따라 개선안을 실행하여 그 결과를 평가하는 업무를 수행하게 된다. 세부적인 활동을 설명하면 다음과 같다.

(1) 위험도 평가Risk Assessment

개선안을 효율적으로 실행하고 현장에 정착하기 위해서는 실제 실행 과정에서 나타날 수 있는 위험 요소나 장애 요인을 사전에 예측하고 이를 해결하기 위한 방안을 마련해 둘 필요가 있다. 개선안에 대한 위험도 평가를 실시하면 개선안 실행에 따른 잠재적인 문제들을 제거할 수 있으므로 실행에 따른 위험risk을 줄일 수 있게 된다. 이러한 위험도 평가는 다음과 같은 순서를 따른다.

먼저 개선안을 실행하였을 경우 발생할 수 있는 문제점과 관심사 그리고 결과들을 브레인스토밍과 같은 방법에 의해 위험 요소를 확인한 후, 위험 요소들을 로직트리 형태로 분류하여 정리한다. 그리고 각 위험 요소에 대하여 발생 '가능성의 상대적 크기'와 '위험 요소가 결과에 미치는 영향의 크기'를 파악하여 위험도를 계산한다. 이때 위험도는 이러한 '발생 가능성'과 '영향' 정도를 곱하여 구하게 되며, 이때 점수는 **높음**(5점), **보통**(3점), **낮음**(1점)의 3단계로 부여하기도 한다.

만약 위험 요소가 완화되지 않으면 프로젝트 목표 달성이 어려운 경우에는 5점을 부여하고, 프로젝트 목표 달성에 제한적인 영향을 미친다면 3점을 부여하며, 프로젝트 목표 달성에 영향을 주지 않으면 1점을 부여할 수도 있다(<표 3.15> 참조).

<표 3.15> 위험 요소의 위험도 계산 예

위험 요소	발생 영역	발생할 수 있는 문제점(위험 요소)	문제점 발생 결과	발생 가능성	영향	위험도
#1	프로세스 설계 부문	인력, 재원, 시간 등 자원 부족	일정 차질	5	5	5×5=25
#2	마케팅 부문	고객의 요구 사항이 계속 변화함	고객 불만족	5	5	5×5=25
#3	구매 부문	구입 부품의 신뢰성 확인 어려움	높은 고장률	5	3	5×3=15
#4	생산 부문	새로운 프로세스에 대한 불충분한 교육	높은 불량률	3	3	3×3=9

각각의 위험 요소에 대한 위험도를 평가한 후에는 위험 요소들을 <그림 3.3>과 같은 평가 매트릭스를 사용하여 어떤 속성에 해당하는지를 파악한다. <그림 3.3>에서는 <표 3.15>에서 파악한 위험 요소 '#1'과 '#2'는 같은 종류, 즉 발생 가능성도 높고 영향도 큰 속성을 가지고 있고, '#4', 그리고 '#3'은 다른 속성을 갖고 있는 것으로 파악된다.

<그림 3.3> 위험 요소들에 대한 평가 매트릭스 예

위험 요소가 미치는 영향	높음			#1, #2
	보통		#4	#3
	낮음			
구분		낮음	보통	높음
		위험 요소의 발생 가능성		

　위험 요소들의 위험도와 속성들을 파악한 후에는 위험도가 높은 순으로 우선순위를 결정하고, 위험 요소의 발생을 감소시킬 수 있는 방안을 마련하여 <표 3.16>과 같이 정리한다. 이렇게 개발된 위험 요소에 대한 감소 방안 및 계획안은 프로젝트 수행 전체 일정에 포함시키고 진행 사항을 관리하여 그 결과를 공유하고 개선안이 원활하게 정착될 수 있도록 한다.

　그리고 개선안의 실제 실행 과정에서 나타날 수 있는 실패 요인과 연관된 위험을 없애거나 줄이기 위해서는 위험도 평가뿐만 아니라 필요한 경우에는 고장 유형 영향 분석(FMEA)을 활용하기도 한다. 고장 유형 분석 방법에 대한 내용은 <부록>에 설명되어 있으므로 필요한 독자는 참고하기 바란다.

<표 3.16> 위험 요소별 위험 감소 계획의 예

위험 요소	발생 영역	발생할 수 있는 문제점(위험 요소)	문제점 발생 결과	감소 방안	담당자	완료 일정
#1	프로세스 설계 부문	인력, 재원, 시간 등 자원 부족	일정 차질	프로젝트 팀에 신규 인력 보강	안동현	8월 19일
#2	마케팅 부문	고객의 요구 사항이 계속 변화함	고객 불만족	VOC 파악을 위한 외부 컨설팅 의뢰	최장애	8월 21일
#3	구매 부문	구입 부품의 신뢰성 확인 어려움	높은 고장률	실험을 통한 신뢰성 자료 확보	신누리	8월 29일
#4	생산 부문	새로운 공정에 대한 불충분한 교육	높은 불량률	e-러닝을 통한 학습 기회 확대	안동오	9월 4일

(2) 실수 방지법 Mistake Proofing

프로세스 개선을 통하여 문제가 해결된 상태라 하더라도 프로세스에는 사람과 관련된 부분이 항상 존재하므로, 사람의 실수로 인하여 결함이 다시 발생될 소지가 있다. 따라서 실수 방지 장치를 마련함으로써 가능하면 실수 발생을 원천적으로 막을 수 있도록 하고, 적어도 실수가 발생하면 경보 장치를 통하여 이를 확인하고 즉각 조치를 취할 수 있도록 하는 것이 바람직하다. 흔히 사람들이 저지르는 실수를 유형별로 정리해 보면 다음과 같다.

- 작업자의 무지 또는 오해 때문에 저지르는 실수
- 작업자의 부주의로 인한 실수
- 작업자의 미숙련으로 인한 실수
- 작업자가 규정을 무시함으로써 생기는 실수
- 작업 표준 등의 기준 설정이 없어서 생기는 실수
- 기계의 이상 작동 등과 같이 예상치 못한 실수

실수 방지법은 생산 속도가 매우 빠른 곳, 변화가 응답하는 속도보다 빠르게 움직이는 곳, 통계적 프로세스 관리 기법 등이 효과적으로 활용되는 곳 등에서 적용하는 것은 적절하지 않다. 반면에 다음과 같은 곳에 실수 방지법을 적용하면 효과적이다.

- 작업자의 세심한 주의를 필요로 하는 수작업이 이루어지는 곳
- 작업자의 위치 선정이 잘못될 수 있는 곳
- 조정이 요구되는 곳
- 통계적 프로세스 관리 기법의 적용이 어렵거나 비효율적인 곳
- 측정이 중요하게 요구되지 않는 곳
- 작업자의 교육비가 많이 들거나 이직이 심한 곳
- 특별한 원인으로 문제가 재발되기 쉬운 곳
- 외부 실패 비용이 내부 실패 비용보다 훨씬 높은 곳

실수 방지의 원리로는 실수 가능성의 원천적 제거elimination, 작업자보다 신뢰성 있는 프로세스로의 대체replacement, 작업의 편리성

facilitation 확보, 프로세스의 더 이상의 진행을 막기 위한 실수 감지 detection, 실수가 미치는 영향을 최소화하기 위한 완화mitigation 등이 있다. 이러한 원리를 바탕으로 개선안이 현장에서 결함 발생 없이 제대로 정착되게 하기 위하여 적절한 실수 방지 장치를 마련하는 것이 중요하다.

이렇게 개발된 실수 방지 장치는 불필요한 검사 작업을 제거해주며 또한 실수로 인한 결함 발생을 막아주고, 문제가 발생할 경우 즉각 조치를 취할 수 있게 해준다. 그 결과 개선안의 효과를 보장해주고 유지하는 데 도움이 된다. 실수 방지 장치의 예를 몇 가지 들어보면 다음과 같다.

- 과열되는 경우 전열 기구의 자동 차단 장치
- 자동차의 엔진 경고 등
- 프로그램 종료할 때 결과를 저장하지 않은 경우 저장 의사를 묻는 대화 박스
- 문서 작성할 때의 오타 검사 소프트웨어

결론적으로 실수mistakes가 생기면 오류error가 생기고 오류가 발생하면 결함defect이 발생한다. 이때 검사를 통해 결함을 제거하려는 노력보다는 실수가 발생하더라도 결함이 발생하지 않도록 프로세스가 설계되는 것이 바람직하다. 그리고 모든 결함에는 원인이 있으며 원인을 알면 해결 방법도 찾을 수 있으므로, 의지만 있다면 모든 실수와 결함을 없앨 수 있는 방법은 존재한다는 것을 명심할 필요가 있다.

(3) 개선안 실행 계획서

최종 개선안에 대하여 위험도를 평가하고 위험 감소 계획을 수립하고, 발생할 수 있는 실수에 대한 실수 방지책까지 마련한 후에는 최종 개선안을 현장에 구현하기 위한 구체적인 실행 계획을 수립하게 된다.

먼저 실행에 따른 문제를 예상하고 세부적인 작업 계획과 변화 요인들과 실행에 따른 제약 조건들을 파악할 필요가 있으며, 실행 계획을 수립하기 위하여 개선안에 대한 업무나 활동에 대해 이정표 milestones 형식으로 요약한 실행 계획서를 작성하게 된다. 실행 계획서에는 기본적으로 다음과 같이 개선안과 관련된 모든 사항을 누가, 무엇을, 언제 해야 하는지에 대한 내용이 포함되어야 한다.

● 이정표

실행을 위한 단계적 목표를 이정표라고 한다. 이정표는 흐름이 자연스러워야 하고, 중요한 결정 사항들이 반영되면서 관리가 가능하도록 구성해야 한다. 그리고 관리 항목의 수는 10개에서 15개 정도가 적당하다. 또한 이정표는 효과적인 결과가 나올 수 있도록 각 단계별로 시간적 간격이 잘 조정되어 있어야 하며 서술문 형태의 완성된 문장으로 표현하는 것이 바람직하다.

● 최종 개선안의 실행을 위한 활동

이정표의 모든 단계에서 어떠한 활동이 필요한지를 파악하고, 이러한 활동에 누가 필요한지를 결정하며 활동의 역할과 의무roll and responsibility를 파악하고 결정한다. 그리고 각 활동에 참여하는 사람 개개인별로 해야 하는 작업 내용과 각 활동에 대한 일정을 확인해 본다.

● 일정 계획

이정표의 각 단계에서 필요한 작업 내용을 파악하여 필요한 작업 기간을 추정한다. 이때 업무를 과소평가하지 않도록 주의해야 한다. 그리고 추정된 작업 일정을 차트에 표시하고, 차트를 통해서 소요되는 기간뿐만 아니라 활동간 전후 관계가 파악될 수 있어야 한다.

● 지원 계획

효과적인 개선안의 실행을 위해 필요한 자원(인력, 예산, 공간 등)을 파악하고 이를 이정표에 따라 배분한다.

2) 최종 개선안 관리 및 개선 프로세스 모니터링 활동

실행 계획서에 따라 실행하고 나면 결과를 평가하고 조치를 취하게 된다. 프로젝트를 통한 성과와 이익은 개선 활동 자체에서 나오는 것이 아니라 개선 결과를 유지하는 과정에서 발생하므로, 개선도 중요하지만 개선 상태를 유지하기 위한 관리가 매우 중요하다.

(1) 프로세스의 문서화

관리 단계에서는 무엇보다도 정해진 규칙을 지키고 유지하는 성실성이 요구되며, 프로젝트 팀의 결과가 현장에 잘 정착될 수 있도록 해당 부서로 업무 주관ownership을 명확히 이전하는 일이 중요하다. 이때 프로젝트 팀과 해당 부서 간의 긴밀한 협조가 필요하다. 긴밀한 협조는 원활한 의사소통을 전제로 하며, 전달 내용을 명확히 하기 위해서는 개선 결과를 문서화하는 것이 필요하다.

특히 개선된 프로세스를 누구나 참고하고 사용할 수 있도록 하기 위해서도 문서화는 필요하다. 그리고 문서화할 때는 업무에 활용될 수 있는 지침서의 형태로 프로세스의 절차, 결과물, 유의 사항 등이 포함되도록 하여야 한다. 문서화가 이루어져야 팀이 재배치되거나 해체될 경우에도 해결 방안이 남아 있게 되고, 다른 부서나 고객 또는 직원들에게 전파될 수 있다. 결국 문서화의 목적은 프로젝트를 통해 획득한 지식을 기업에 축적하고 구성원들이 공유하는 데 있다.

(2) 프로세스의 표준화

누가, 언제 프로세스를 진행하더라도 같은 결과가 나올 수 있도록 하기 위해서는 최종 개선안에 대한 표준화 작업도 필요하다. 사무 부문에서는 일반적으로 업무가 다양하고, 업무의 독창성을 저해할지 모른다는 우려 때문에 표준화 활동이 제조 부문에 비하여 상대적으로 적었다. 하지만 표준화는 다음과 같은 점에서 제조 부문뿐만 아니라 사무 부문에서도 중요한 역할을 한다.

● 동일한 업무가 반복되는 경우 균일한 업무의 질을 유지하는 데 유용하다.

만약 명확한 기준이 없다면 각자의 개성에 따라 일하는 방법이 달라져 업무의 품질 산포는 커지게 되고 결과적으로 실패 비용이 증가하게 된다.

● 과오나 사고를 미리 설정한 기준에 따라 제어할 수 있다.

● 직무 내용이나 책임 또는 권한을 명확히 할 수 있다.

● 기업 내에 지식을 공유하는 데 도움이 된다.

표준의 내용들은 지금까지 배우고 경험한 모든 잘못을 제거하고, 잘되었던 것들만 집대성한 경험과 기술의 축적이라고 볼 수 있으므로 표준화를 통하여 구성원들 간에 공유할 수 있게 된다.

● 표준은 관리 기준이 되며 통계적 기법을 활용할 수 있는 바탕이 된다.

● 사원 교육의 교과서 역할을 하게 된다.

결국 표준화는 개선의 성과가 일관되게 유지되도록 프로세스의 수행 절차나 관련 표준들을 정비하는 과정이며 불량 발생을 예방하기 위한 사전 관리의 성격을 갖게 된다. 다시 말해서 프로세스 관리의 핵심은 표준 관리이고, 표준 관리는 다음과 같이 5M＋1E 항목에 대하여 이루어지는 것이 바람직하다.

● **사람**Man

　　가장 편하고 일하기 쉬우며 반복이 가능한 방법으로 작업이 이루어지도록 인간공학 연구에 입각한 작업 표준을 정한다.

● **기계**Machine

　　고장 후 수리보다는 예방을 보장할 수 있는 설비 표준을 정한다.

● **방법**Method

　　개발된 최종 개선안에 대하여 동일한 작업의 반복을 보장할 수 있는 프로세스 및 기술 혹은 작업에 대한 표준을 정한다.

● **자재**Material

　　원부자재 및 납품 업자의 관리를 위하여 변동 폭이 최소화될 수 있는 자재 표준을 정한다.

● **측정**Measurement

　　계측기의 정확성과 정밀성의 확보를 위한 계측 표준을 정한다.

- 환경Environment

    최소의 허용치를 규정한 품질관리 표준을 정한다.

    표준화 활동은 일상 활동의 효율화를 도모하기 위한 것이므로 프로젝트 팀과 실무를 담당하는 각 부문이 협력하여 추진해야 하며, 기업 규모가 큰 경우는 전문 스태프와 실행 조직을 두기도 한다. 프로젝트 결과를 표준화할 때는 그 기업의 표준 체계에 맞추어야 하고, 표준 체계는 쉽게 변경되지 않으므로 충분한 검토를 거쳐 결정해야한다. 업무 표준이란 회사 내에서 수행되는 관리, 행정적인 제반 업무 절차를 표준화한 것을 말하는데, 표준 체계의 예를 들어보면 <표 3.17>과 같다.

<표 3.17> 표준 체계의 예

상위 레벨 (규정)	경영의 기본이 되는 사항으로서 업무의 기본적인 방침 및 책임과 권한, 기본 절차 등을 정한 것.
중간 레벨 (지침)	규정의 구속을 받으면서 별도의 업무 처리 절차와 방법을 정함으로써 효율적인 업무 수행이 가능하게 하는 것.
하위 레벨 (직무 매뉴얼)	직능별 단위 업무에 대하여 직무 수행자가 반드시 지켜야 할 사항을 구체적으로 명시한 것.

(3) 관리 계획 및 모니터링 시스템 구축

    관리 계획control plan이란 개선안을 현 업무에 전면적으로 시행할 때 개선 효과를 유지하기 위하여 수립하는 계획을 말한다. 또한 관리 계획에 포함되는 **모니터링 시스템**monitoring system은 프로세스가 개선된 형태로 진행되고 있는지와, 개선 효과가 제대로 유지되고 있는지를 확인하기 위하여 구축하는 정기적인 검사 시스템을 의미한다.

　바람직한 모니터링 시스템은 프로세스가 규정 혹은 표준화된 방법대로 운영되고 있는지를 판단하는 방법, 규칙 미준수자 및 프로세스의 고질적인 문제 등에 대한 대처 방법, 그리고 문제가 발생했을 때 조치를 취하는 방법들을 포함하고 있어야 한다. 이러한 모니터링 시스템의 구축을 위해서는 다음 내용을 파악하여 정리할 필요가 있다(< 표 3.18> 참조).

● 프로세스 개요

　모니터링 시스템이 제시하는 작업의 분야를 명시하되 가능한 짧게 작업 범위 전체를 포괄할 수 있는 말로 서술한다.

● 고객

　프로세스의 주된 목표인 내부 고객과 외부 고객을 명시한다.

● 프로세스 CTQ(측정 대상 Y)

　프로세스의 결과물로서 고객의 요구 사항과 연계되고 측정이 가능한 품질 특성을 서술한다.

● 프로세스 흐름도

　프로세스에서 누가 어디서 무엇을 수행하는지 단계별로 서술한다.

- 중점 관리 항목과 관리 기준

  CTQ와 강한 상관관계를 가지고 있으면서 구체적으로 관리할 항목들을 나열한다. 이때 관리 기준은 관리가 되고 있는지를 판단할 수 있는 기준을 의미하며, 이미 규격이 설정되어 있는 경우는 설정된 규격을 적용한다.

- 관리 방법

  관리 상태의 확인 방법, 관리 주기, 관리 자료, 담당자, 책임자 등의 내용을 서술한다.

- 기타 사항

  관련 표준, 시방서 등과 같이 모니터링 시스템에 도움이 될 만한 모든 관련 정보를 나열한다.

  그리고 관리 계획에는 위와 같은 내용에 조치 기준과 조치 사항이 포함되어 있어야 한다. 조치 기준이란 프로세스에 대해 조치를 취해야할 조건을 말하며, 일반적으로 관리 표준을 벗어난 경우가 이에 해당된다. 그리고 조치 사항이란 조치 기준에 해당하는 상황이 발생했을 때 어떻게 조치를 취해야하는지를 알려준다.

<표 3.18> 모니터링 시스템 정리표의 예

모니터링 시스템

프로세스 개요			제정일	
고객의 정의			개정일	
프로세스 CTQ			개정 번호	

프로세스명	프로세스 흐름도	중점 관리 항목		관리 방법					기타 사항
		관리 항목	관리 기준	확인 방법	관리 주기	관리 자료	담당자	책임자	

(4) 관리도Control Chart를 이용한 프로세스 관리

프로세스의 관리 상태를 모니터링하는 기법으로 관리도control chart
가 일반적으로 많이 사용된다. 관리도 방법에 대해서 간단히 설명하
면 다음과 같고, 보다 자세한 내용이 필요한 독자는 이 책의 <부록>
을 참고하기 바란다.

프로세스에서 어떤 특징을 측정하여 데이터를 수집하였을 때, 데
이터 값들은 똑같을 수 없고 필연적으로 변동이 생긴다. 프로세스가
정상적인 조건을 유지하고 엄격하게 관리되고 있다 하더라도 어느
정도의 변동은 불가피하다. 관리도에서는 변동의 원인을 이상원인
special cause과 우연원인common cause으로 구분한다.

2장에서 언급한 바와 같이 작업자의 숙련도 및 작업 태도의 차이,
작업환경 등의 차이 등과 같이 불가피하게 생기는 원인을 우연원인
이라 하고, 작업자의 부주의, 불량 자재의 사용 혹은 표준화된 규정
을 준수하지 않는 경우와 같이 조치를 취해야 하는 원인을 이상원인
이라고 한다. 따라서 프로세스의 변동을 모니터링하면서 이상원인에
의한 변동이 발생하였을 경우에는 프로세스는 관리 상태에서 이탈
하였다고 판단할 수 있고, 우연원인에 의해서만 변동이 발생하고 있
는 경우에는 관리 상태에 있다고 판단하게 된다.

관리도 방법은 일정 단위별(시간 단위 혹은 제품 단위)로 데이터를 주
기적으로 측정하여, 관리하고자 하는 통계 수치를 그래프(관리도)에
정리하여 데이터의 변동이 우연원인에 의한 것인지, 아니면 이상원

인에 의한 것인지를 판단하는 통계적 기법이다. 변동이 이상원인에 기인할 경우에는 관리 상태를 벗어났다고 판단하여 원인을 규명하고 조치를 취하게 된다. 관리도를 이용한 프로세스 관리 절차를 정리하면 <그림 3.4>와 같다.

<그림 3.4> 관리도를 이용한 프로세스 관리 절차

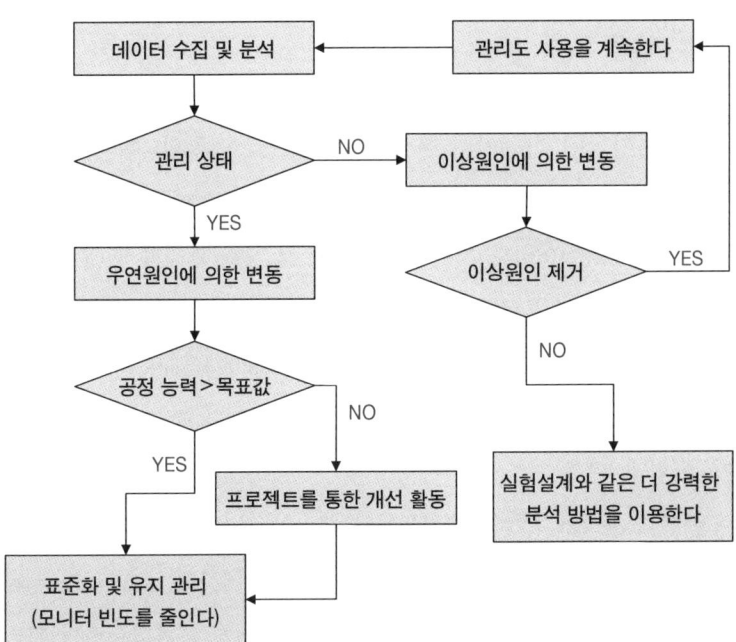

관리도는 프로세스의 관리 상태를 모니터링하는 데뿐만 아니라 변동의 원인을 규명하고 개선 방법을 강구하는 데도 사용될 수 있으며, 시간의 흐름에 따라 업무 특징의 변화를 파악하는 데도 사용될 수 있다. 그러므로 관리도는 개선 단계에서 찾아진 개선안을 실제

프로세스에 적용하여 개선안이 제대로 적용되어 관리되고 있는지를 판단하고자 하는 관리 단계에서만 사용되는 것이 아니라 측정 단계 및 다른 단계에서도 필요에 따라 효율적으로 사용될 수 있다.

3) 관리 단계 톨게이트 리뷰Toll Gate Review와 프로젝트의 종료

지금까지 최종 개선안이 현장에 성공적으로 정착되도록 하고 개선안의 효과를 모니터링하는 활동에 대하여 알아보았다. 아무리 훌륭한 개선안을 도출했더라도 개선된 프로세스에 대한 관리가 제대로 이루어지지 않는다면 프로세스의 산포가 커지고, 고객 불만이 높아지며, 업무가 새로운 **표준 작업 절차**(standard operating procedure: SOP)대로 이루어지지 않게 되므로 최종 개선안의 성과를 지속적으로 유지하기가 어렵게 된다.

반면에 관리가 잘 이루어져서 프로세스의 성과가 유지되는 것이 어느 정도 확인되는 경우에는 장기적 관점에서 예상되는 효과 및 성과를 분석해 보고, 프로젝트 결과를 현업에 완전히 이관함으로써 관리 단계를 종료하게 된다. 관리 단계의 핵심은 프로세스가 다시 원상태로 돌아가지 않고 프로젝트의 성과를 유지할 수 있게 하는 데 있다.

관리 단계를 공식적으로 종료하기 위해서는 다음과 같은 점을 점검해 볼 필요가 있다. 만약 이러한 질문에 모두 긍정적으로 답변할 수 있다면 관리 단계가 성공적으로 수행되었다고 판단할 수 있고,

성과를 유지 보수해 나갈 준비가 다 된 것이라 할 수 있으며, 더 나아가 성과를 서로 축하하게 된다.

- 최종적으로 검증된 해결 방안 또는 최적 조건이 유지되고 있는지를 확인하는 방법은 적절한가?
- 개선된 내용을 관리, 실행, 유지할 책임자는 개선된 내용을 충분히 이해하고 있는가?
- 비용 측면에서 기대되는 효과는 명확한가?
- 모니터링 시스템은 적절한가?
- 프로젝트에서 얻은 성과를 재검증할 수 있는 계획은 수립되어 있는가?

프로젝트가 관리 단계를 마치면 DMAIC라는 개선을 위한 여정을 마치게 된다. 이때 최종적으로 DMAIC라는 여정을 마치면서 프로젝트의 전반적인 결과에 대하여 최종적으로 다음과 같은 점을 확인해 볼 필요가 있다.

- 고객이 정확히 정의되었으며, 프로젝트가 고객 가치 창출에 기여하였는가?
- 해결책은 적절하며 현실적으로 적용이 가능한가?
- 해결책에 대하여 관련 부서장이 동의하였는가?
- 적합한 통계분석을 실시하였는가?
- 문제의 재발 방지를 위한 대책이 마련되어 있는가?
- 비용 절감액 부문에서 회계 부문의 검토를 통해 동의를 받았는가?
- 프로젝트의 결과가 다른 부서나 다른 부문으로 확산이 가능한가?

위와 같은 질문에 대한 답을 파악하고 적절한 조치를 취함으로써 우리는 문제 해결 업무인 프로젝트를 종료하게 되고 DMAIC의 전 과정을 마치게 된다. 물론 이제까지 살펴본 DMAIC의 방법론이 현장의 모든 문제를 해결할 수 있는 것은 아니다. 그리고 문제 자체가 너무 복잡하거나 혹은 문제가 극복할 수 없는 제약 조건을 갖고 있는 경우도 있을 수 있고, 분석에 드는 비용이 얻어지는 이익을 초과할 수도 있다.

뿐만 아니라 DMAIC와 같은 체계적인 문제 해결 절차를 따르기에는 시간이 절대적으로 부족할 수도 있다. 하지만 상황이 복잡할수록 원칙과 핵심이 무엇인지를 생각해야 하고, 급할수록 여유를 가져야 한다. DMAIC가 적절하지 않은 몇 가지 경우가 있다고 해서 DMAIC의 가치 자체가 훼손되는 것은 아니다.

그리고 문제 해결을 위해서 지금까지 언급한 DMAIC를 반드시 따라야 하는 것은 아니며, 상황에 따라 변형될 수도 있고 생략될 수도 있다. 특히 사무 간접 부문에서 DMAIC를 적용할 때는 제조 부문과는 업무의 성격상 차이가 생길 수 있고(<표 3.19> 참조), 이러한 차이로 인하여 문제 해결 절차에도 차이가 발생할 수 있다.

예를 들면 제조 부문은 프로세스가 정형화되어 있는 경우가 많으므로 DMAIC 방법론이 비교적 잘 적용되고 최적 조건을 도출할 수 있는 경우가 많으므로 실험설계 방법(DOE)과 같은 통계적 기법이 중요한 역할을 할 수도 있다. 반면에 사무 간접 부문은 업무가 일회적이거나 정형화하기 어려운 경우가 많으므로 DMAIC 적용이 어려운 경우가 있을 수 있고, 최적 조건보다는 최적 개선안을 도출해야 하는 경우에는 더 많은 창의성이 요구되기도 한다. 여러 상황에 따라 로드맵이 조금씩 달라져야 하지만 기본과 원칙에 충실하면서 DMAIC를 충실히 따라가다 보면 어떤 방법론보다 실패의 가능성이 적어진다는 점을 유념할 필요가 있다.

<표 3.19> 제조 부문과 사무 간접 부문의 업무 특징

구분	제조 부문	사무 간접 부문
주요 관심	제품의 품질 향상	사무 생산성 향상
주요 원인	• 부적절한 제품 설계 • 불안정한 부품과 자재 • 불충분한 프로세스 능력	• 부적절한 방침과 전략 • 비합리적 절차와 방법 • 역량을 갖추지 못한 사람
개선 목표	• 변동(variation) • 결점(defects)	• 사이클 타임 • 정확성(accuracy)
개선 성과	• 제품 품질, 생산비, Delivery • 제품의 신뢰성	• 고객 만족, 평판도 • 핵심 역량 • Speed

DMAIC 방법론의 기본적인 아이디어는 현실 문제를 통계 문제로 전환하여 해결하고, 통계적 해결을 현실적 해결로 변환시켜서 문제를 데이터의 입각하여 보다 객관적으로 분석함으로써, 합리적으로 문제를 해결하고자 하는 데 있다. 결론적으로 DMAIC 방법론은 현실 문제를 통계 문제로 전환하는 것이 가능할 때 특히 효과적이다. 따라서 과거 기업에서 사용하였던 문제 해결 방법과 비교하여 다음

과 같이 강조하는 부분에 차이가 있다.

- 측정 단계에서 데이터를 통해 현재의 수준을 객관적으로 파악하고자 한다.
- 분석 단계에서 잠재 원인 중에서 데이터를 통해 무엇이 핵심 원인인지를 검증하고자 한다.
- 개선 단계에서 핵심 원인이 제어 가능한 경우에는 실험을 통해 검증된 최적 조건을 구하고자 한다.
- 단순히 해결안을 실행하는 데 그치는 것이 아니라 관리 단계에서 관리 시스템을 구축함으로써 성과를 지속적으로 유지하고 관리하고자 한다.

이와 같이 DMAIC 방법론은 과거의 다른 방법론과는 달리, 문제 해결을 위해 프로젝트를 추진할 때 데이터에 바탕을 둔 과학적이고도 객관적인 방법을 적극 활용하는 것이 특징이라 할 수 있다. 하지만 문제 해결을 위해 무엇보다 중요한 것은 정말로 개선하겠다는 의지와 팀워크이다. 과학적 방법은 수단이지 목적이 아니므로 필요한 경우 적절한 방법을 선택하여 정확하게 적용하는 것이 무엇보다 중요하다고 하겠다.

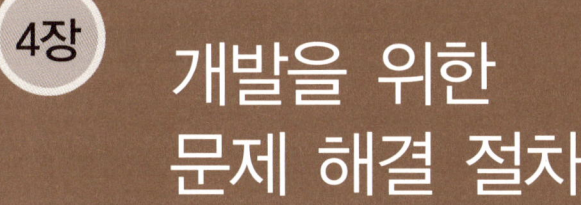

4장

개발을 위한
문제 해결 절차

우리는 앞 장에서 기존의 제품이나 프로세스를 개선하고자 할 때 활용되는 문제 해결의 절차에 대하여 DMAIC의 5단계 방법론을 중심으로 살펴보았다. 기업에서 가장 이상적인 상황은 일을 처음부터 제대로 함으로써 문제 자체가 발생하지 않도록 하는 것이다. 예를 들어 제품 설계와 같은 앞 단계의 준비가 소홀했다면 생산 프로세스가 아무리 잘 이루어져도 높은 수준의 제품 생산은 불가능할 것이다. 그리고 이러한 잘못을 시정하기 위해서 설계를 변경해야 하는 경우, 시점이 늦어질수록 변경에 따른 처리 비용이 급격히 증가하게 될 것이다.

따라서 문제 발생 자체를 줄이기 위해서는 설계부터 제대로 이루어져야 한다. 그리고 새로운 제품과 서비스의 비용, 품질, 개발 기간은 대부분 설계 과정에서 결정되며, 특히 설계 초기 과정에서 결정되므로 효율적인 설계 능력은 기업의 성과 창출을 위해서 기업이 갖추어야 할 핵심 역량 중 하나이다.

신제품을 개발하는 과정에서 발생하는 실패 요인에는 고객의 요구 파악 실패, 낮은 품질, 마케팅 실패, 높은 가격, 적절치 못한 타이밍, 기술적 문제 등 다양한 원인이 있을 수 있지만, 이 중에서 특히 고객의 요구를 제대로 반영하지 못한 미흡한 설계가 주요 실패 원인이다. 따라서 고객 가치 창출을 위해서는 연구 개발 단계부터 설계가 제대로 이루어져야 한다.

이 장에서는 이렇게 새로운 제품이나 서비스 혹은 프로세스를 설계하고자 할 때 활용되는 문제 해결 절차인 DMADV 방법론에 대하여 구체적으로 설명하고자 한다.

1 DFSS란 무엇인가?

1) DFSS의 개념

앞의 3장에서 살펴본 DMAIC의 문제 해결 절차가 현존하는 프로세스를 개선할 때 주로 사용되는 반면에 새로운 제품이나 서비스를 설계하거나 또는 기존 제품이나 서비스를 재설계할 때 활용되는 접근 방법을 흔히 DFSS(design for six sigma: DFSS)라고 한다.

그리고 DFSS는 전략 목표를 수행할 프로세스가 없거나 기존의 프로세스가 제대로 작동하지 않는 경우, 기존의 프로세스가 한계 능력entitlement에 도달하여 고객의 요구를 충족시키지 못하는 경우 또는 새로운 사업 기회를 모색하는 경우 등에 활용될 수 있다. DFSS는 제품과 서비스 및 프로세스를 설계하는 데 있어서 고객을 만족시키고 초일류 수준으로 생산 또는 공급이 가능하도록 하기 위한 체계적인 문제 해결 방법론이라 할 수 있다.

DFSS는 적용 분야에 따라 크게 두 가지로 나누어 볼 수 있는데,

연구 개발이나 기술 개발 등과 같은 분야에 쓰이는 Technical DFSS와 금융, 서비스, 마케팅 또는 사무 간접 부문 등에 쓰이는 Commercial DFSS로 구분하기도 한다. 그리고 이러한 두 가지 DFSS 사이에는 근본적인 차이가 있는 것은 아니고, 다만 활용되는 분야와 주된 관심사 및 사용되는 도구에서 차이가 있다. 예를 들어 Commercial DFSS는 관심사가 고객 만족과 전략 목표 달성 및 스피드 확보 같은 경우에 많이 활용되고, 사용되는 기법 면에서는 허용차 설계tolerance design나 강건 설계robust design와 같은 공학적 기법은 거의 사용되지 않는다.

제품을 개발하는 것과 서비스 또는 프로세스를 개발하는 것 사이에도 차이가 있을 수 있다. 대부분의 제조 회사는 제품을 설계하고 검증하는 자체 고유의 프로세스를 가지고 있는 경우가 많고, DFSS를 통하여 고품질의 제품을 설계하고 생산하는 능력을 향상 시키고자 한다. 반면에 대부분의 서비스 회사는 자체 고유의 설계 프로세스를 갖고 있지 못하므로 DFSS를 통해 설계 접근 방법 자체를 향상시키고, 이를 바탕으로 높은 수준의 서비스를 제공하기 위한 프로세스의 개발에 집중한다.

이러한 DFSS의 구체적인 내용은 적용 분야에 따라서도 달라지지만 설계 관점에 따라서도 달라질 수 있다. 특히 프로젝트 팀이 마케팅, 연구 개발, 설계, 부품, 제조, 서비스 등 다양한 분야의 팀원으로 구성된 다기능 팀인 경우, 팀원들은 설계 과정에서 각기 다른 조건에 접하게 되고 결과적으로 팀원들은 서로 다른 특정한 관점에서 설계 목표를 설정하고 설계에 필요한 속성들의 목록을 개발할 가능성이 크다.

이때 관점이 서로 지나치게 다르면 설계 과정에서 혼란을 야기할 수도 있으므로 설계에서 강조하고자 하는 주요 관점에 대해 합의가 선행되어야 하며, 이를 'X 고려 설계(design for X)'라고 부른다.

따라서 DFSS(design for six sigma)란 X가 '6 시그마', 즉 극한에 가까운 '최고의 품질(six sigma)'인 경우로서, '최고의 품질을 확보하기 위한 설계 방법'이란 의미가 된다. 여기서 'X 고려 설계(design for X)'에서 X의 예를 몇 가지 예시하면 다음과 같다.

● 조립 고려 설계|Design For Assembly

조립 비용을 최소화하기 위하여 부품의 수와 종류를 줄이고, 대량 부품은 취급하기 쉽게 하며 조립 과정을 용이하고 착오가 없도록 만드는 경우이다.

● 제조 고려 설계|Design For Manufacturing

제조의 용이성을 강조하여 낮은 원가, 균일한 품질, 생산성, 유연성을 향상시키는 데 중점을 둔다. 결국 높은 품질을 보장하는 동시에 제조원가를 낮추려고 하는 경우에 해당한다.

● 환경 고려 설계(Design For Environment, Green Design)

환경오염 요소 감소reduce, 재사용reuse, 리사이클recycle을 강조하여 에너지 보호, 재료 관리, 쓰레기 산출 방지를 강조한다. 제품의 기능, 수명, 성능을 유지하면서 친환경적인 제품을 만들고자 하는 경우이다.

● 신뢰성 고려 설계Design For Reliability

신뢰성은 정해진 사용 기간 동안 정해진 사용 조건에서 제품이 기능을 발휘하는 수명 확률을 말한다. 따라서 정해진 기간 동안 고장이 발생하지 않도록 하는 것이 목표가 된다.

이 외에도 비용 고려 설계, 성능 고려 설계, 안전 고려 설계 등 다양한 'X'들이 있을 수 있다. 이와 같이 설계의 중요 관점인 'X'가 있는 경우에는 추후 설계의 판단 기준이 되므로 추진 과정에서 중요한 역할을 하게 된다.

2) DFSS의 문제 해결 절차

새로운 제품이나 프로세스를 개발하고 설계하는 DFSS에서의 문제 해결 절차는 앞의 DMAIC 절차와는 조금 상이하게, 정의 단계Define, 측정 단계Measure, 분석 단계Analyze, 설계 단계Design, 검증 단계Verify라는 DMADV의 5단계로 수행하는 것이 일반적이다. 그리고 문제 해결을 위한 프로젝트는 상황에 따라 DMAIC와 DMADV 절차가 병행되어 같이 진행되기도 한다.

물론 DMADV 절차는 일반적으로 새로운 제품이나 프로세스를 설계할 때 활용되지만, DMAIC를 적용하는 과정에서도 필요한 경우 DMADV 절차를 사용하기도 한다. 예를 들어 정의 단계에서 프로세스나 제품이 존재하지 않는 경우에는 처음부터 DMADV의 절차로 진행한다. 그러나 이미 프로세스나 제품이 존재하는 경우, 처음에는 DMAIC 절차로 문제 해결을 진행하다가 기존의 설계나 프로세스를 완전히 바꿔야 하는 경우에는, 수행 방법을 DMADV 절차로 변경하여 프로젝트를 진행할 수도 있다(<그림 4.1> 참조).

<그림 4.1> DMAIC와 DMADV 진행 절차

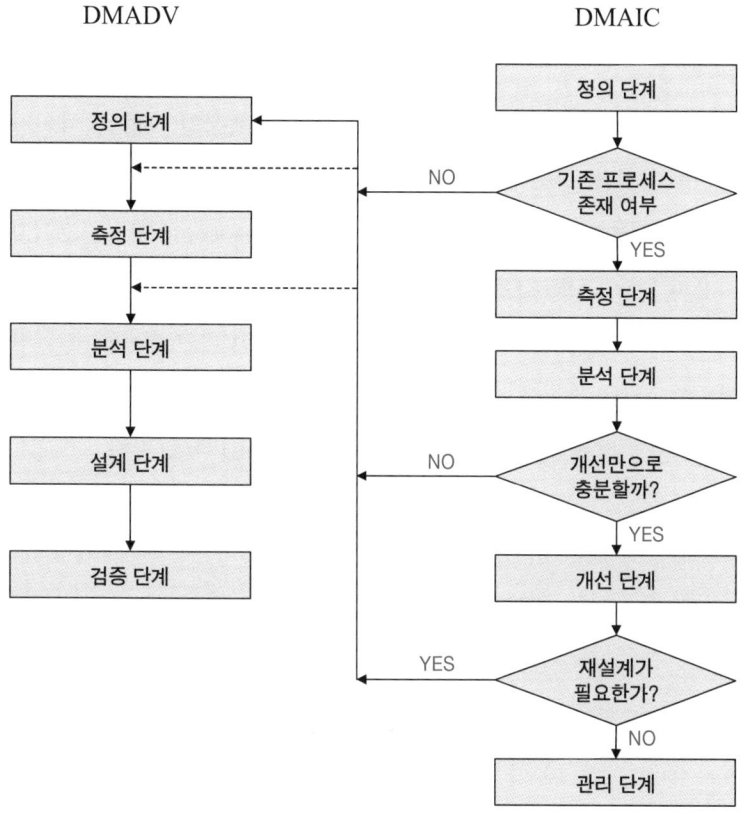

DFSS의 방법론에도 DMADV 방법론 이외에 다양한 종류가 있다. 앞에서 언급한 DMADV절차는 새로운 사업 구상과 사무 간접 분야에서 유용하며, 제품 개선 등에 주로 적용될 수 있는 문제 해결 절차이다. 이러한 DMADV의 각 단계별 구체적인 내용은 적용 대상과 상황에 따라 약간 다를 수 있다. 또한 연구 개발 분야의 성격에 따라서 DMADV 이외에도 IDOV의 4단계 수행 절차가 사용될 수 있다. IDOV는 Identify확인, Design설계, Optimize최적화, Validate검증의 약자이며, 신제품 개발에 대한 방법론으로 자주 활용된다.

IDOV 역시 적용 대상과 상황에 따라 구체적인 내용은 차이가 날 수 있지만 강조하는 부분에 차이가 있을 뿐이고 기본 구조는 DMADV 방법론과 유사하다고 할 수 있다(<표 4.1>참조). 그리고 <표 4.1>의 DMADV의 절차에서 Design 단계를 좀 더 세분화하여 최적화 단계Optimize를 추가하면, DMADOV라는 6단계 수행 방법론이 된다. 참고로 신제품 개발을 위한 공학설계 절차의 유형과 문제 해결 절차와의 관계를 정리하면 <표 4.1>과 같다.

표 4.1 DFSS 문제 해결 절차의 유형

공학 설계 절차의 유형			개발을 위한 문제 해결 절차		다구찌 품질공학
유형1	유형2	유형3	DFSS (DMAD(O)V)	DFSS (IDOV)	
문제 정의	문제 정의	문제 정의	정의 단계(D)	확인 단계(I)	시스템 설계
			측정 단계(M)		
개념 설계	기능과 구조의 결정	개념 설계	분석 단계(A)	설계 단계(D)	
	해법의 원리 탐구				
제품 설계	실현 가능한 모듈로 분할	구체화 설계			
	전체적 배치 완성				
	생산 문서 준비	상세 설계	설계 단계(D)		파라미터 설계
			(최적화 단계(O))	최적화 단계(O)	허용차 설계
			검증 단계(V)	검증 단계(V)	

최근에는 DMADV 절차와 IDOV 절차의 장점과 공통 영역을 묶어서 만들어진 DMADOV의 6단계 방법론이 기업에서 표준 설계 절차로 정착되는 경향이 있다. 그러나 최적화 단계(O 단계)를 설계 단계(D 단계)에 포함시킬 수 있으므로, DMADOV 6단계 방법론은 DMADV의 5단계로 축소될 수 있다. 따라서 이 장에서는 DMAIC

에 대응하여 DMADV의 5단계에 대하여 수행 내용을 구체적으로 살펴보고자 한다(<표 4.2> 참조).

이와 같이 DMADV의 세부적인 활동이나 도구는 설계의 중요 관점에 따라서도 달라지지만, 해당 프로젝트의 환경과 수행하는 팀의 리더나 팀원의 역량, 경험 등에 의해서도 달라질 수 있다. 따라서 본 장에서 다루는 기본 개념을 이해한 후 필요에 따라 변형하고 수정하여 사용하면 될 것이다. 다소 DMAIC와 중복되는 내용도 있지만 차이점을 중심으로 DMADV의 각 단계별로 구체적인 수행 내용에 대하여 설명하기로 한다.

<표 4.2 > DMADV의 각 단계별 수행 내용

수행 단계	수행 내용
정의 단계 (Define)	• 프로젝트 선정 • 프로젝트 정의
측정 단계 (Measure)	• 프로젝트 CTQ와 측정 대상 Y의 선정 • 현재 수준의 파악(가능한 경우)과 목표 설정
분석 단계 (Analyze)	• 개념 설계 • 상위 수준 설계
설계 단계 (Design)	• 설계 인자 분석 • 상세 설계 • 최적화 및 평가
검증 단계 (Verify)	• 파일럿 검증 • 관리 계획 실행 • 문서화 및 현업 이관

② 정의Define 단계

    정의 단계는 비즈니스 기회를 분석하고 잠재적인 테마를 발굴하여 이를 평가함으로써 프로젝트를 선정하는 단계이다. 그리고 프로젝트가 선정되면 프로젝트를 수행하기 위한 팀을 구성하고, 프로젝트의 추진 배경과 선정 과정을 확인하며, 프로젝트의 추진 범위와 목표를 명확히 하기 위한 실행 계획서를 작성하는 업무를 수행한다.

    실행 계획서를 작성한 후에는 관련 부서의 프로젝트 추진에 대한 합의를 도출하고, 회사로부터 승인을 받아 프로젝트 추진을 공식화한다. 정의 단계의 구체적인 내용을 설명하기 전에, 주로 수행하는 세부적인 활동, 도구, 산출물을 정리하면 <표 4.3>과 같다.

<표 4.3> 정의 단계의 세부 추진 내용

주요 활동	세부 활동	사용되는 주요 도구	주요 산출물
프로젝트 선정	• 비즈니스 기회 분석 • 잠재 프로젝트의 발굴과 선정	• 비즈니스 기회 분석 기법 • 시장/고객 조사 기법 • CTQ 전개	• 추진 배경 • 고객의 요구 • 시장 환경 분석 • 경쟁사 분석 • 프로젝트 목록

프로젝트
정의
	• 문제 및 목표의 기술
	• 프로젝트의 범위 설정
	• 팀 선정 및 일정 수립
	• 프로젝트의 잠재 위험 분석
	• 프로젝트의 기대 효과 산정
	• 실행 계획서 작성 및
	  프로젝트 승인
		• 범위 설정 기법
		• 일정 관리 기법
		• 잠재 위험 분석 기법
			• 프로젝트
			  실행 계획서

1) 프로젝트 선정 활동

프로젝트의 선정 활동의 주요 핵심은 DMAIC의 정의(D) 단계에서와 같이 추진하고자 하는 프로젝트를 왜 해야 하는지를 분명히 하여, 앞으로 진행해야 할 프로젝트의 방향과 목표를 명확히 설정하는 것이다.

문제의 전체적인 윤곽도 파악하지 않은 상태에서 단편적인 사실 몇 가지를 바탕으로 프로젝트를 선정하거나, 혹은 주변 환경에 대한 명확한 인식도 없이 프로젝트를 선정하여 추진하는 경우가 있다. 이러한 경우에는 정의 단계가 채 끝나기도 전에 주변과의 마찰이 생기거나 혹은 본인이 추진하려고 했던 방향과 실제 진행되는 내용과의 차이점이 발생하여, 프로젝트를 중도에 포기하게 되는 경우까지 발생할 수 있다.

이러한 상황을 사전에 예방하고 프로젝트를 성공적으로 진행하여 만족스러운 결과를 얻기 위해서는, 반드시 프로젝트를 선정하는 과정에서 프로젝트를 왜 하게 되었는지에 대한 '프로젝트의 추진 배경'을 분명히 하고, '프로젝트의 추진 목적'의 기술을 통해 프로젝트에서 수행하고자 하는 방향을 명확히 할 필요가 있다.

이와 같이 프로젝트 선정 과정이 제대로 이루어지기 위해서는 우선 고객 관점을 기반으로 하여 주변 사업 환경과 경쟁사의 동향에 대한 거시적인 분석부터 실시해야 한다. 그리고 분석 결과를 바탕으로 기업 차원에서의 비즈니스 기회와 신제품 개발 여부 등을 검토하고, 타당성이 입증되면 비로소 프로젝트로 선정하게 된다.

(1) 비즈니스 기회의 분석

프로젝트를 올바르게 선정하기 위해서는 비즈니스 기회를 명확히 분석하는 것이 무엇보다 중요하다. '비즈니스 기회의 분석'이라는 말은 우리 기업이 차별적 우위를 확보하기 위해서 필요한 '어떤 새로운 것'의 본질과 특성을 모색한다는 의미이다. 이러한 비즈니스 기회를 파악함으로써 고객 가치와 사업의 목적에 부합되는 신제품 개발 또는 설계 대상이 무엇인지를 명확히 파악할 수 있게 된다.

이와 같이 사업 계획을 구상하기 위해서는 우선 무엇을 해야 하며, 무엇이 중요한가를 파악하고, '해야 할 것', '할 수 있는 것', '하고 싶은 것' 등을 정리함으로써 어떻게 해야 하는가에 대한 기본 방향을 설정해야 한다. 예를 들어 어떤 고객이, 왜, 무엇을 경험하고 있으며 어떤 어려움이나 요구가 있는가를 파악하여야 한다. 더 나아가 고객 가치를 향상 시킬 수 있는 기본 방향이 무엇인지를 분석하는 과정에서 비즈니스 기회를 찾을 수 있게 된다. 그리고 고객의 기대를 배신하지 않을 때 비로소 비즈니스의 성공 가능성이 높아진다.

또한 비즈니스 기회가 올바르게 분석되어야 사업 전략과 일치하는 핵심 성과 지표 및 이를 추진하는 데 필요한 기업의 핵심 역량을 파악할 수 있게 된다. 그리고 비즈니스 기회가 제대로 파악되어야 이를 바탕으로 프로젝트의 타당성도 확인할 수 있으며, 지금 이 프로젝트를 수행하지 않으면 안 되는 이유와, 이 프로젝트를 수행하지 않을 경우 앞으로 발생할 수 있는 문제점들도 구체적으로 파악할 수 있게 된다. 비즈니스 기회를 파악하는 데는 다음과 같은 방법들이 적용될 수 있다.

① 3C(Customer, Competitor, Corporation) 분석
비즈니스 기회를 파악하기 위해서는 우선 사업 환경을 구성하는 요소인 고객, 경쟁사, 우리 회사를 분석할 필요가 있다. 고객에 대해서는 시장의 규모와 성장 가능성, 주요 고객의 세분화, 주요 고객의 특성과 요구 사항 등을 분석한다. 그리고 경쟁사에 대해서는 선진 기업의 성공 요인, 최근 동향, 강점과 약점 등을 분석한다. 반면에

우리 회사에 대해서는 우리 회사의 주요 제품, 매출, 이익률, 자원, 강점과 약점 등을 분석한다. 이때 기회를 발견하기 위해서는 다음과 같은 항목들에 중점을 두고 우리 회사의 강점과 경쟁사의 약점을 위주로 분석한다.

● 고객과 시장의 요구

먼저 고객 요구 사항과 시장에서 요구하고 있는 사항들 중에서 아직 충족되지 못하고 있는 것은 무엇이며, 현재 또는 앞으로 어떤 요구들이 발생할 가능성이 있는지를 분석한다. 그리고 시장의 요구는 현재 얼마의 비용으로 어떻게 충족되고 있는지를 파악하고, 시장의 요구를 충족시키는 과정에서 어떤 개선이 필요한가를 면밀히 검토할 필요가 있다.

● 경쟁사 분석

우리의 경쟁 상대는 누구이며 우리가 갖고 있는 경쟁 우위 요소와 열등 요소를 분석하고, 경쟁사와 차별화를 이루는 데 필요한 항목 및 비용, 그리고 증진되는 가치를 비교한다.

● 우리 회사의 분석

우리 회사에는 현재 및 미래에 어떤 기회와 위협이 가능하며, 이러한 기회와 위협은 우리 회사에 얼마만큼의 재무적 효과를 야기시킬 수 있는지, 그리고 기회의 매력과 위협의 심각성은 어느 정도인지를 분석한다. 또한 우리 회사의 강점과 약점을 파악하기 위해서는 예를 들어 <표 4.4>와 같은 항목에 대한 검토가 필요하다.

<표 4.4> 우리 회사 능력의 검토 항목의 예

분류	검토 항목
상품 개발력	연구 개발 인력, 기술 축적 수준, 개발 정보 수집 능력, 개발 투자 여력, 보유 기술 등
마케팅 능력	마케팅 정보 수집 능력, 마케팅 기획 능력 등
판매 능력	영업 인력, 판로, 영업 조직, 판매 촉진(선전 광고), 물류 등
생산 능력	생산기술, 생산 설비, 생산관리 기술, 공장 입지, 외주, 원자재 등
재정 능력	자금 조달 능력, 재무구조의 견실성, 재무관리 능력 등
조직력	조직 구조, 조직 풍토, 조직 활동, 인사관리 시스템 등
인력	직능 구성과 관리직 구성, 인건비, 노사 관계 등
경영 능력	경영자의 능력, 경영자의 리더십, 임원진의 능력 등

② SWOT 분석

우리 회사의 내부 환경 요인인 강점strength, 약점weakness 요인과 시장에서의 기회opportunity, 위협threat 요인을 분석 평가하고, 행렬 형태로 서로 연관 지어 대응 전략을 개발한다. 이러한 SWOT 분석 방법은 내부 강점을 바탕으로 외부 기회와 연계하여 미래의 비즈니스 기회에 대한 전략을 개발하는 것을 바탕으로 한다.

SWOT 분석은 <그림 4.2>와 같이 기업 외부의 기회opportunity 와 위협threat, 기업 내부의 장점strength과 단점weakness을 정리하여 문제를 발견하는 분석 방법으로, 작성할 때는 다음과 같은 사항을 유념할 필요가 있다.

- SWOT의 각 요소에 해당하는 것에는 어떤 것이 있는지를 생각하고 기입한다.
- 기입한 사항들이 정말로 SWOT의 각 요소에 부합되는지를 확인한다.
- SWOT에 기입된 내용을 각각 대비시켜 문제를 발견한다.

이렇게 SWOT 분석을 통하여 파악된 항목 중에서 기업 외부의 기회와 기업 내부의 장점이 결합되는 항목들은 '최대한 활용'하고, 외부의 기회에 대하여 기업 내부에서는 단점으로 결합되는 항목들은 '대책을 모색'하는 과정에서 해결하여야 할 문제가 파악될 수 있다. 그리고 외부의 위협에 대하여 회사 내부의 장점 및 단점을 파악하여, '회피 혹은 준비'를 해야 하는 항목을 파악하는 과정에서도 문제가 올바르게 파악되기도 한다.

<그림 4.2> SWOT 분석표

기업 외부	기회(O)	대책 모색	최대한 활용
	위협(T)	회피 혹은 준비	회피 혹은 준비
분류 기준		단점(W)	장점(S)
		기업 내부	

그리고 이러한 SWOT 분석 방법과 유사하게 행렬 형태를 통해 대응 전략을 개발하고자 하는 목적으로 다음과 같은 분석 방법이 유용하게 활용될 수 있다.

- Portfolio 분석

시장 매력도를 외부 환경요인 축으로 하고, 내부 역량을 다른 축으로 하여 행렬 형태로 나누어, 비즈니스의 강점과 약점을 분석하여 개선 기회를 찾는 데 활용한다.

- Trends 행렬

정치, 문화, 기술, 규제, 환경, 경쟁 구도, 경제 등에 대한 추세와 경향을 가로축에 위협과 기회로 구분하고, 세로축에 장기와 단기로 구분하여 행렬 형태를 만들어 정리하여, 각각의 경우 대응해야 할 바를 파악함으로써 기회를 분석한다.

- 격차GAP 분석

고객의 요구를 충족시키기 위하여 필요한 역량을 확인하고, 우리 회사의 현재 역량과 역량의 중요성을 2개의 축으로 하여 행렬 형태로 나눔으로써, 핵심 격차critical gap를 메울 전략을 수립하거나 혹은 즉시 실행할 수 있는 항목을 파악한다.

③ 다세대 계획(Multi Generation Plan: MGP)

급격한 기술 변화가 일어나고 예측이 어려울수록 기술 개발과 사업 전략의 상호 관련성이 높아진다. 만약 다세대 제품과 서비스를 적시에 개발하지 못한다면 경쟁 심화, 기술적 변화, 법률 규제 등으로 인한 시장의 흐름에 대해 사후적으로 대응하게 되고 결과적으로 기업의 경쟁력이 약화될 수밖에 없다.

이러한 어려움을 극복하기 위해서는 외부적으로는 현재 제품과 서비스에 대한 고객 반응, 시장의 변동, 경쟁사 동향, 기술정보 동향, 고객의 피드백 등에 대한 새로운 정보를 지속적으로 수집하고, 내부적으로는 효율성 제고, 비용 절감, 새로운 특징 등에 대한 개선 아이디어를 도출하여야 한다. 그리고 이를 바탕으로 개발이 시급한 차세대 제품과 서비스를 파악하여 다세대 계획(MGP)을 수립해야 한다. 이러한 MGP 방법은 새로운 제품과 서비스를 적절한 타이밍에 지속적으로 출시하고자 할 때 유용하게 활용될 수 있다. 좀 더 추가된 내용은 이 책의 뒷부분 <부록>을 참고하기 바란다.

결론적으로 사업 환경 분석과 더불어 고객 가치 창출의 관점에 기반을 두고 우리 회사의 성장 기회 발견, 경쟁력 우위 확보, 고객 만족도 향상, 비용 절감 등의 항목을 중점적으로 분석할 때 비즈니스 기회가 파악될 수 있다.

(2) 신제품 개발의 필요성 검토

오늘날 기업 간의 경쟁은 날로 격화되고, 시장의 요구와 고객의 기대는 점점 까다롭게 변하며 기술의 변화는 점점 다양해지고 있다. 이러한 상황에서 기업이 빠른 기술 변화를 수용하고 고객을 만족시킴으로써 성장 목표를 달성하고, 나아가 새로운 시장을 창출하기 위해서는 신제품 개발에 대한 중요성이 점점 더 커질 수밖에 없다.

하지만 미래에 대한 복잡성과 불확실성은 어떤 프로젝트에 우선순위를 부여해야 하고, 어느 정도 투자해야 하는지에 대한 의사 결정을 어렵게 만든다. 뿐만 아니라 개발 추진 조직의 미숙한 운영, 잘못된 개발 방향, 기술적 문제, 부서 간의 부조화 등 다양한 이유로 신제품 개발은 지연되기 쉽다. 만약 기업이 이러한 문제를 극복하고 적기에 고품질과 독창성을 갖춘 신제품을 개발할 수 있다면 시장 지배 기업으로서 지속 성장이 가능해진다. 따라서 신제품 개발은 프로젝트의 발굴의 중요한 원천이 된다.

① 신제품 개발의 필요성

신제품 개발의 필요성에 대한 검토는 매우 중요하지만 대체로 긴급성이 적기 때문에 관계자들 간의 의견 일치를 보기가 어렵고, 성공 여부가 불확실할 뿐만 아니라 여러 분야의 지식을 필요로 하는 경우가 많으므로 검토 업무가 쉽지 않다. 이를 극복하기 위해서는 시장, 기술, 자원에 대한 충분한 분석을 바탕으로 개발 방향을 잘 설정해야 하며, 개발 전략과 운영 전략을 통합해서 효율적으로 운영하는 것이 바람직하다.

제품 개발의 방향은 크게 **전문화**와 **다각화**로 나눌 수 있다. 전문화를 지향하면 개발 과정에서 실패 위험이 적지만 외부 환경 변화에 따라 존폐 위기를 맞을 수도 있다. 한편 기업 성장이 한계에 도달했다고 판단되는 경우, 흔히 다각화를 검토하게 된다. 이때 기업은 보유하고 있는 판로나 고객층, 브랜드, 기술과 인력, 설비, 토지, 취급한 자재나 중간 원료 또는 제품, 자금력 등 경영 자원을 활용하여 다각화를 지향할 수도 있다. 이처럼 다각화를 지향하고자 할 때 축적된 지식이 부족하면 개발 과정 자체가 체계적으로 추진되기가 어려워지고, 그 결과 시행착오를 겪을 가능성이 높아진다.

신제품 개발의 필요성은 제품 수명 주기와도 연관이 깊다. 제품 수명 주기라는 것은 제품의 도입기, 성장기, 성숙기, 포화기와 같이 시간이 흐름에 따라 제품에 대한 수요가 변하는 것을 말한다. 한 제품이 영원히 성장할 수는 없으므로 포화기에 이르기 전에 신제품을 개발해야 기업이 성장을 유지할 수 있다. 제품 수명 주기가 생기는 원인을 살펴보면 다음과 같다.

● 기능 대체와 기술 혁신에 의한 신제품 출현

기존 제품의 기능 일부 또는 전부가 신제품에 의해 대체되거나, 혹은 기술 혁신의 성과로 신제품이 출현한 경우에는 기존 제품의 수명은 영향을 받게 된다.

● 기업 전략에 의한 계획된 수명 단축

일반적으로 제품 수명이 단축되면 투자 금액을 회수하지 못하는 일이 생길 수 있으므로 손실이 발생할 수 있다. 그러나 신제품을 출시하는 것이 매출과 시장점유율을 증가시키고 경쟁 우위를 유지하는데 도움이 되는 경우에는, 계획적으로 기존 제품의 수명을 단축시키기도 한다.

- 국제 경쟁력 상실

  예를 들어 원유가 급등과 같이 국제 경제 환경의 변화에 따라 대량으로 수입품이 유입되는 경우 국내 제품은 수요가 정체되거나 급감하기도 한다.

- 생활양식과 유행의 변화

  예를 들어 생활양식이 서구화되고 고령화와 핵가족화가 심화됨에 따라 필요한 물건도 변하게 된다. 특히 패션, 스포츠, 레저용품 등은 유행에 민감하게 수요가 변한다.

- 사회적 폐해 발생

  어떤 제품이 공해 문제와 같은 사회문제를 일으키는 것이 드러나는 경우 그 제품의 수명은 다할 수도 있다.

  이 외에도 제품 자체의 특성에 따라 수명 주기가 다르다. 예를 들어 자동차나 가전제품과 같은 제품은 고객 요구의 변화도 심하지 않고 기술도 어느 정도 안정되어 있다. 이러한 정적static 제품은 비교적 수명 주기가 길기 때문에 제품 설계보다는 원가절감에 더 관심을 갖게 되는 경우가 많다. 하지만 핸드폰이나 소프트웨어와 같이 고객의 요구와 기술 변화가 심한 동적dynamic 제품은 수명 주기가 짧기 때문에 생산기술보다는 제품 개발이 더욱 중요하게 된다.

② 신제품의 유형

신제품 개발을 위해서는 우선 가격이나 성능 면에서 어떤 제품이 사업과 전략적 측면에서 필요하고 고객의 요구를 충족하는지를 분석하고, 시장 상황과 경쟁사의 대응을 예측하여 어떤 제품이 시장의 요구를 충족시킬 수 있는지 파악해 볼 필요가 있다.

신제품 개발은 기본적으로 고객의 요구 또는 잠재적 요구를 파악한 후 보유한 역량과 기술을 연결함으로써 이루어진다. 이를 **시장 주도형** 제품 개발이라고 한다. 반면에 아직 상품화되지 않은 기술을 기업이 보유하고 있는 경우에는 보유하고 있는 기술을 바탕으로 고객의 요구와 일치하는 무엇을 만들 수 있는지 용도를 개발하고, 필요하면 타 기술을 접목하여 보완할 수도 한다. 이것을 **기술 주도형** 제품 개발이라고 한다. 또한 단순히 아이디어만 갖고 있는 경우에는 아이디어에서 출발하여 이를 구현할 수 있는 시장을 찾고 고객의 요구에 맞게 수정하여 상품화하기도 한다. 이때 다른 회사 또는 외국 성공 사례에서 아이디어를 얻을 수도 있다.

개발 과정에서 기업은 보유한 인력, 설비, 자금, 정보 등과 같은 보유 자원의 강점이 발휘될 수 있도록 해야 하며, "만약 이것이 개발되면 수요가 크다"와 같이 수요예측을 바탕으로 개발해야 한다. 그리고 가격과 성능의 경쟁력, 기술 발전 추이, 개발 자원의 제약, 고객의 전환 가능성 등을 고려하여 바람직한 개발 완료 시점을 예상해야 한다. 뿐만 아니라 어떤 제품 유형을 개발해야 시장의 요구에 효과적으로 대응할 수 있는지도 검토할 필요가 있다. 신제품 개발을 유형별로 분류하면 다음과 같다.

● 혁신적 제품

혁신적 제품 개발의 원동력은 신기술의 출현이며, 혁신적 제품 개발은 새로운 시장의 창출을 가능하게 하고 기존 제품과 제조 방법에도 중대한 변화를 가져온다. 혁신적 제품의 개발을 위해서는 신기술이 지속성 기술sustainable technology인지 혹은 교란성 기술disruptive technology인지부터 파악해야 한다.

지속성 기술이란 일정한 기존 기술의 진화 궤도상에 있는 기술을 말하며, 교란성 기술이란 새롭게 창출되어 기존 기술을 대체하게 되는 기술을 의미한다. 교란성 기술은 일부 기능에서는 뚜렷한 우위를 지니지만, 초기에는 기존 기술에 비해 성능이 떨어지는 경우가 많다. 교란성 기술이 초기 시장에서 자리를 잡기 시작하고 개선을 통해 성능이 급속히 발전하게 되면, 혁신적 제품으로 자리 잡게 될 가능성이 높아진다.

● 차세대 제품

앞에서 언급한 다세대 계획(MGP)에 따라 개발되는 신제품들은 이전 세대 제품에 비해 비용, 품질, 성능 면에서 근본적인 향상을 이룩함으로써 기존 제품과는 뚜렷한 차별성을 가져야 한다. 차세대 제품은 고객의 요구와 핵심 성능이 일치해야 하며, 품질 특성들의 추가, 대체, 삭제를 통해 파생 제품으로 쉽게 수정될 수 있도록 설계해야 한다. 뿐만 아니라 그 다음 세대로의 전환이 용이하도록 염두에 두고 설계할 필요가 있다.

● 파생 제품

파생 제품이란 기존 제품에 원감절감을 이루거나 혹은 기능을 추가, 대체, 삭제하거나 또는 성능 향상을 시도하는 제품으로, 제품 설계나 제조 공정에 큰 변화를 수반하지 않는 제품을 말한다. 파생 제품은 일반적으로 기존 제품의 변경이기 때문에 제약이 많지만, 상대적으로 개발해야 하는 사양specification은 적은 편이다. 예를 들어 기존의 냉장고 제품을 기반으로 김치 냉장고, 화장품 냉장고, 반찬 냉장고, 와인 냉장고 등을 파생적으로 개발하는 경우가 이에 해당된다.

③ 핵심 제품으로부터 파생 제품의 개발

시장을 선도하는 기업이란 핵심 제품을 개발할 수 있는 능력을 갖춘 기업이다. 여기서 핵심 제품이란 이 제품이 개발된 후에 다른 제품들의 기반이 될 수 있는 차세대 제품이나 혁신적 제품을 말한다.

핵심 제품으로서 가치를 지니기 위해서는, 제품의 사양specification이 표준적인 사양으로 정립될 수 있고, 출시되었을 때 고객이 기존 제품과의 현격한 차이를 느낄 수 있으며, 출시된 후 시간이 흘러도 큰 변화가 없는 제품이어야 한다. 그리고 핵심 제품이 개발되고 나면 이를 바탕으로 다음과 같은 파생 제품을 개발할 수 있는지를 파악해 볼 필요가 있다.

- 기능 강화 제품

시장을 세분화하여 충족되지 않고 있는 기능을 발굴함으로써 핵심 제품에 기능을 추가하거나 혹은 제품의 성능을 강화하는 제품을 말한다. 이때에는 사업성이 충분할 정도로 고객층이 존재하는지를 확인할 필요가 있다.

- 비용 절감 제품

비용에 민감한 고객을 위하여 기능의 일부를 제거하거나 혹은 제조원가를 낮출 수 있도록 조정한 제품을 말한다.

- 특화된 고객 중심 제품

특정한 고객이나 유통 경로를 대상으로 제품에 독특한 특징을 첨가한 제품을 말하며, 예를 들어 산악용 자전거의 개발 등이 이에 해당된다.

- 혼합 제품

여러 핵심 제품들의 특성을 통합하여 새롭게 개발한 제품을 말하며, 예를 들어 핸드폰에 인터넷과 같은 컴퓨터의 기능이 혼합된 제품이 이에 해당된다. 혼합 제품이 또 하나의 핵심 제품이 될 수도 있다.

이와 같은 파생 제품의 개발은 매출 증대를 위해 필요하지만 원가 상승이나 핵심 제품의 수요 감소와 같은 부작용도 있을 수 있다. 특히 지나치게 많은 파생 제품은 운영비를 상승시킬 수 있다는 점을 명심할 필요가 있다. 파생 제품의 개발에 따라 생산라인이 빈번하게 변경되면 관리가 복잡해지고 규모의 경제return to scale가 희생될 수 있을 뿐만 아니라, 유통 측면에서도 복잡성이 증가되어 물류비용과 재고 비용이 증가할 수 있다.

그리고 파생 제품의 개발에 따라 핵심 제품에 대한 수요가 감소할 수 있다. 특히 파생 제품 수의 증가는 핵심 제품에 대한 이미지 희석으로 이어지고, 그 결과 기존 핵심 제품에 대한 충성도가 약화될 수 있으며 고객이 다양한 다른 상표의 제품을 추구하게 되는 계기가 될 수도 있다. 그리고 지나치게 다양한 파생 제품은 소비자들을 혼동시킬 수 있으며, 결과적으로 지나친 다양성은 그 제품군에 대한 소비자들의 관심을 도리어 저하시킬 수 있다는 점을 유념하여야 한다.

결국 히트 상품을 개발하기 위해서는 상품이 시대 변화의 본질을 담고 있어야 하고, 이러한 본질을 충족시키기 위한 기능이나 조건을 갖추고 있어야 하며, 경쟁사와 차별화되는 특징을 포함하고 있어야 할 뿐만 아니라 시장에 적시에 출시할 수 있어야 한다. 이렇게 해야 '만든 것을 파는 것'이 아니라 '팔리는 것'을 개발할 수 있게 된다.

(3) 개발의 타당성 평가

새로운 것을 개발할 때는 많은 투자가 수반되므로 실패할 경우 많은 손실이 발생한다. 따라서 평가를 통해 개발 여부와 계속 추진 여부를 결정하여 위험을 최소화할 필요가 있다. 또한 개발하는 과정에서 예상과 실제와는 차질이 생길 수 있으므로 이에 대비해야 한다. 특히 최악의 예상 차질이 생길 경우 기업이 어느 정도 정도 타격을 받는가를 판단해 볼 필요가 있다.

새로운 것을 개발하기 위해서 무엇보다 중요한 것은 비즈니스 기회 또는 신제품 개발이 과연 타당성을 갖고 있는지를 먼저 확인하는 일이며, 타당성이 입증되어야 비로소 프로젝트를 통한 개발에 착수한다. 프로젝트를 추진하기 전에 비즈니스 기회와 개발의 타당성을 평가하기 위해서는 다음과 같은 평가 항목을 확인할 필요가 있다.

● 수요Demand

대상 고객층의 범위 또는 시장의 크기, 상품 특성과 용도, 품질과 가격의 관계, 시대적 추세 또는 유행과의 적합성, 사회적 또는 법적 제약 등을 검토하여 개발의 필요성을 확인한다.

● 판매 가능성Marketability

시장과 고객 요구와의 일치, 현재 판매망과의 관계, 기존 제품과의 관계, 기존 제품의 매출에 대한 영향, 예상 가격 등을 검토하여 팔릴 수 있을지를 확인한다.

● 생산 가능성Productive Ability

필요한 기술과 인력, 자금력, 원자재 확보와 가격 안정성, 필요한 설비 투자 규모, 양산 가능성 등을 검토하여 우리 회사 능력으로 만들 수 있는지를 확인한다.

- **지구성**Durability

제품 수명 주기, 경기와 계절 변동의 영향, 지적 소유권의 보호 등을 검토하여 얼마나 오래 제품이 지속될 수 있는지 분석한다.

- **장래성**Growth Potential

사업 환경, 고객 요구와의 관계, 경쟁사 동향, 고객층의 변화, 소비 동향의 적합성, 개발에 필요한 기간 등을 검토하여 성장 가능성을 확인한다.

이러한 평가를 통해 사업의 타당성이 입증되면 프로젝트를 선정하여 추진하게 된다. 이와 같이 프로젝트를 추진하기 전에 위험을 최소화하기 위해서는, 나타날 수 있는 위험 요소를 체크리스트 등을 사용하여 누락 없이 모두 파악하는 것이 바람직하다. <표 4.5>에는 다소 중복되지만 개발 프로젝트 테마의 평가를 위한 평가 항목과 질문의 예가 주어져 있다.

특히 개발 프로젝트의 테마를 평가할 때, 원가에 대한 검토는 흔히 몇 가지 이유로 인하여 생략되거나 뒤로 미루어지는 경우가 많다. 예를 들어 아직 성능이 결정되지 않아서 원가 검토 자체가 어려운 경우도 있고, 개발 과정에서 싼 재료나 비용이 저렴한 방법을 사용하는 것이 가능한 경우에는 추후 시제품을 만들어 보고 검토하면 되지 미리 검토할 필요가 없다고 생각할 수도 있다.

그리고 재료나 부품의 가격은 구매 과정에서 결정되므로 개발 후에 협상력으로 해결하면 되고, 원가 계산은 회계 전문가에게 맡길 사항이라고 생각할 수도 있다. 하지만 기업은 상품을 개발함으로써 궁극적으로는 수익을 올려야 하므로 가능하면 개발 초기부터 목표 원가와 실적 원가가 일치하도록 관리하고 통제하는 것이 바람직하다.

(4) 잠재 프로젝트의 발굴과 선정

비즈니스 기회와 신제품 개발의 타당성이 거시적으로 확인되면 이를 바탕으로 경영 성과와 연결된 구체적인 프로젝트를 발굴하여 선정하게 된다. 발굴된 프로젝트가 아직 개발 프로젝트로 확정되지 않고 예비적인 성격을 갖는 경우 이를 잠재 프로젝트라고 한다. 일 반적으로 잠재 프로젝트를 발굴하기 위해서는 먼저 입증된 비즈니 스 기회로부터 기업의 핵심 CTQ(Big Y)를 도출하고, 필요한 경우 Big Y 전개를 통해 하위 CTQ(small Y)를 도출하기도 한다.

<표 4.5> 개발 프로젝트 테마의 평가의 예

평가 항목	질문 내용
시장성	• 제품 수요가 어느 정도인가? • 고객의 요구를 어느 정도 충족시킬 수 있는가? • 앞으로 제품 수요에 대한 전망이 어떠한가?
유사 제품	• 유사 제품이 시장에 출하되고 있는가? • 경쟁사의 유사 제품은 시장점유율이 어느 정도인가? • 유사 제품의 시장에서의 평가는 어떠한가?
제품의 수명 주기	• 유사 제품의 수명 주기는 어느 정도인가? • 신제품의 수명은 기존 제품과 비교할 때 어느 정도인가?

평가 항목	질문 내용
기술	• 핵심 기술을 보유하고 있는가? • 필요한 기술의 개발이 가능한가? • 특허 신청이 되어 있지는 않은가?
생산 능력	• 현재 시설로 생산 가능한가? • 필요한 설비는 도입할 수 있는가?
경쟁력	• 연구 개발력은 경쟁 업체보다 우위에 있는가? • 생산 능력은 경쟁 업체보다 우위에 있는가? • 판매 능력은 경쟁 업체보다 우위에 있는가?
제품 원가	• 고객에게 적정 가격으로 제공 가능한가? • 제조비용과 유통비용을 절감할 가능성이 있는가?
다른 제품과의 시너지 효과	• 기반 기술 강화에 도움이 되는가? • 다른 제품의 기능 향상에 기여할 수 있는가? • 매력 있는 제품군 구축에 도움이 되는가?
회사 이미지 향상	• 회사 이미지 향상 또는 변화에 도움이 되는가?
수익성	• 예상 개발 비용은 어느 정도인가? • 손익분기점에 도달하는 데 걸리는 기간은 얼마인가? • 최악의 경우 어느 정도의 손실이 발생하는가?

세부 전개를 통하여 하위 CTQ가 도출되면, 이를 충족시키기 위한 잠재 프로젝트를 발굴하여 평가한 후 수행할 프로젝트를 결정하게 된다. 이러한 프로젝트 선정 과정이 <그림 4.3>에 정리되어 있다. 이때 기업의 핵심 CTQ는 3장의 정의 단계와 마찬가지로 사업부나 팀 단위로 최대의 성과를 내기 위한 사업 전략 분석, 고객의 요구 분석, COPQ의 분석 등을 통하여 도출되기도 한다.

<그림 4.3> 개발 문제의 프로젝트 선정 과정

그리고 다소 중복되지만 잠재 프로젝트를 발굴할 때 고려해야 할 사항들은 다음과 같다.

● 새로운 제품과 서비스를 개발하고 설계하는 데 드는 비용을 고려하여 투자가치(return on invesment: ROI)가 높은지를 확인하고, 개발하고자 하는 제품과 서비스가 회사의 성향과 맞는지도 검토한다.

● 새로운 제품과 서비스 개발이 경영 성과에 미칠 수 있는 손실을 분석한다.

특히 일부 고객의 이익만을 위한 고객 요구인 경우에는 이를 충족시키지 않아도 회사의 매출이나 이익 등에 거의 영향이 없을 수 있고 회사의 이미지에도 큰 영향이 없을 수 있다. 따라서 고객의 요구라고 해서 무조건 충족시켜야 하는 것은 아니며 사업에 미치는 영향과 연계하여 판단해야 한다.

● 오랜 기간 동안 개발이 검토되어 온 문제라면 이를 해결할 필요가 있다.

전체 이익 규모에 비해 예상되는 이익의 크기가 다소 작더라도 해결이 계속 지연되면 회사 전체의 이미지가 훼손되어 타 제품이나 서비스의 매출에 손실을 초래할 수 있다. 특히 이러한 문제는 고질적인 문제로 고착화될 위험이 있기 때문에 시급히 해결할 필요가 있다.

• 회사 전체의 관점에서 조직의 목표를 달성하기 위해 개발이 반드시 필요한지를 검토하고, 새롭게 개발되었을 경우 다른 부분에 어떤 영향을 주게 되는지를 면밀히 검토한다.

• 프로젝트를 수행하면 반드시 결과를 얻을 수 있는지를 검토한다.
　필요성은 있으나 현재의 문제 해결 능력, 자금력, 기술력 등을 감안할 때 개발이 불가능한 경우도 있다. 그리고 개발 또는 설계가 필요하지만, 여러 요인을 고려할 때 현재의 팀의 역량으로 개발이 어렵다면 더 큰 조직의 문제로 변경하거나 프로젝트 팀을 확대해야 하는 경우도 있을 수 있다.

• 프로젝트의 목표나 범위가 프로젝트 팀원의 능력이나 권한 등에 적절한지를 확인한다.
　프로젝트 팀이 지나치게 의욕적이어서 팀의 권한을 넘어서는 목표를 설정하여 문제에 접근하면 해결할 수 없는 상황이 발생할 수 있다.

• 새로운 제품이나 서비스의 개발은 타이밍이 중요하므로 개발하는 데 필요한 기간이 적절한지 확인한다.

　위와 같은 점을 고려하면서 잠재 프로젝트들이 다수 발굴되면 평가 과정을 통하여 우선순위를 파악하고 우선적으로 수행할 프로젝트를 확정하게 된다. 그리고 최종적으로 프로젝트가 선정되면 프로젝트를 정의하는 다음 활동 과정으로 넘어간다.

2) 프로젝트 정의 활동

프로젝트를 정의하는 목적은 수행하고자 하는 프로젝트의 목표와 범위를 설정하고 기대 효과를 분석하여 프로젝트를 수행할 방향을 결정하는 것이다. 프로젝트를 수행할 방향이 일관성을 유지하고, 계획에 따라 프로젝트를 체계적으로 수행해야 최고의 성과를 기대할 수 있다. 따라서 프로젝트를 정의하는 과정에서 고객과 사업적 측면에서 프로젝트가 어떤 의미를 갖는지 파악하고, 현재의 상황과 목표를 분명히 하며, 프로젝트 추진과 관련된 내용들을 구체화해야 한다. 이러한 과정에서 도출해야 할 주요 성과물에는 다음과 같은 것들이 있다.

- 문제 및 목표의 기술
- 프로젝트의 범위 설정
- 팀 선정 및 일정 수립
- 프로젝트의 잠재 위험 분석
- 프로젝트의 기대 효과 추정

(1) 문제 및 목표의 기술

문제를 기술하는 목적은 개발과 설계가 필요한 이유를 구체적으로 제시하여 프로젝트의 추진 방향을 명확히 하고, 어느 정도 수준까지 개발하고 성과를 이루어야 프로젝트의 목적이 달성되었다고 판단할 수 있는지를 구체화하는 것이다. 문제를 기술할 때는 다음 내용을 포함하여 누가 보더라도 문제와 관련된 내용을 이해할 수 있도록 해야 한다.

- 고객 요구 사항 중에서 지금까지 충족시키지 못한 항목
- 개발과 설계의 필요성
- 개발과 설계를 통해서 얻을 수 있는 성과와 성과 규모

특히 개발과 설계로 인해 나타나는 영향이나 성과는 가능하면 계량화하여 객관적인 수치로 표현해야 하며, 시장이나 고객의 요구 사항과 개발이 어떻게 연관되어 있는지를 분명히 해야 한다. 그리고 개발이 지연되거나 이루어지지 않음으로써 발생되는 구체적인 현상이 무엇인지를 알 수 있도록 하고, 개발의 필요성과 중요성 그리고 파급효과를 구체적으로 기술함으로써 프로젝트의 당위성을 분명히 해야 한다.

문제를 기술할 때는 누구라도 이해가 가능하도록 구체적으로 설명하고, 세세한 내용보다는 전체적인 관점에서 기술하되 전문용어는 최소화하여 쉬운 용어를 사용하는 것이 바람직하다. 그리고 다루

고자 하는 구체적인 이슈에 초점을 맞추어 기술한다. 간혹 문제를 기술하는 과정에서 해결책이나 개발 방법 혹은 설계 방향 등을 기술하는 경우가 있는데, 이는 프로젝트의 진행을 방해할 뿐만 아니라 팀원들로 하여금 문제에 대하여 선입견을 갖게 할 수 있으므로 경계해야 한다.

문제가 기술되고 나면 프로젝트의 목표를 기술하게 된다. 목표를 기술할 때는 사업의 전략목표와 연계하여 달성할 수 있는 정도를 기술하는 것이 바람직하며, 프로젝트 팀이 성취해야 할 바를 명확히 하고, 목표를 측정 가능한 형태로 제시해야 한다.

목표를 설정할 때 창의적 긴장감을 조성하기 위해서는 현재의 관점에서 볼 때 달성이 다소 불가능해 보일 정도의 높은 목표를 설정해야 하지만, 인력, 예산, 시간 등 프로젝트 팀이 갖고 있는 자원과 역량으로 최대한 노력하면 달성 가능한 목표이어야 한다. 결론적으로 문제와 목표를 기술할 때는 다음과 같이 SMART하게 기술하는 것이 바람직하다.

- Specific: 구체적이고 명확해야 한다.
- Measurable: 측정이 가능해야 한다.
- Aggressive & Attainable: 적극적이고 달성이 가능해야 한다.
- Relevant: 조직의 목표 또는 사업 계획과 관련성이 있어야 한다.
- Time-Bound: 정해진 기간 내 해결이 가능해야 한다.

(2) 프로젝트의 범위 선정

프로젝트의 범위를 정하는 목적은 팀이 개발 또는 설계해야 하는 제품이나 서비스의 범위를 명확히 하여 프로젝트의 영역을 분명히 하는 데 있다. 또한 프로젝트 팀이 프로젝트 수행 중에 필요한 자원과 활용할 수 있는 자원을 명확하게 파악하고, 팀 구성원이 참여하게 되는 참여 시간과 각자가 해야 하는 일의 배분을 확실하게 하는 데 목적이 있다.

이를 위해서는 우선 고객과 프로젝트와 관련된 이해 관계자들의 요구를 명확히 파악해야 한다. 그리고 이러한 요구를 충족시키기 위해 필요한 제품과 서비스의 기본적인 특징, 형태, 기능을 검토해야 한다. 그리고 개발 목적을 효율적으로 달성하기 위해서는 프로젝트 추진 과정에서 필요한 작업을 상세히 서술할 필요가 있다. 특히 서술하는 과정에서 필요하면 프로젝트 결과물과 프로젝트 작업들을 관리하기 쉽도록 좀 더 작은 구성 요소로 분할하여 기술하고, 이때 흔히 로직트리 형태로 분류하고 구조화하면 편리하다.

만약 프로젝트의 범위를 너무 넓게 선정하면 팀의 활동 범위가 너무 넓어져서 실질적인 프로젝트의 수행이 어렵게 되고, 너무 좁게 선정하면 제한된 수준의 결과만을 얻게 되어 목표의 달성이 큰 의미를 갖지 못할 수 있다. 따라서 프로젝트의 범위는 적절하게 선정되어야 한다.

프로젝트의 범위를 결정할 때 사용하는 방법으로, 3장의 DMAIC

5단계 방법론의 정의(D) 단계에서 사용되는 SIPOC 기법과 함께 In-out of the Frame법, Worst-first법, Multi Generation Plan(MGP) 기법 등이 활용될 수 있다. 기법에 대한 내용은 <부록>을 참고하기 바란다.

(3) 프로젝트 팀 구성

프로젝트 추진에 있어서 핵심은 사람이므로 필요한 인력은 무엇이며, 어떻게 충원하여 관리하고, 최종적으로 어떻게 팀을 해체할 것인가에 대한 지침을 수립한다. 따라서 프로젝트를 완성하기 위해 필요한 인력에 대한 역할과 책임에 대한 목록, 프로젝트 조직도, 충원 관리 계획 등에 대한 충분한 검토가 필요하다.

성공적인 프로젝트 팀을 구성하기 위해서는 리더와 팀원의 역할과 의무를 분명히 해야 할 뿐만 아니라, 팀원은 해당되는 프로세스를 정확히 잘 파악하고 있으며 필요한 기능을 잘 수행할 수 있는 사람으로 구성해야 한다. 프로젝트 수행에 필요한 모든 사람을 팀원으로 구성할 수는 없으므로 프로젝트 수행에 필수적인 사람만 팀원으로 구성하고, 나머지 프로젝트에 도움이 필요한 경우에는 협조를 요청하는 것이 바람직하다.

특히 팀원과 협조자의 구분은 프로젝트 수행에 의무감을 가지고 참여하고 결과물을 산출하는 데 기여할 수 있는 사람을 팀원으로 하고, 결과물의 산출에 도움은 줄 수 있으나 의무적으로 참여하기가 어려운 사람은 협조자로 구분한다.

프로젝트 팀이 성공적으로 활동하기 위해서는 팀원들이 어떻게 하면 프로젝트에 몰입할 수 있게 하느냐에 달려 있으므로 팀원들에 대한 적정 수준의 권한 위임이 필요하고, 시간과 예산 등과 같이 프로젝트 추진에 필요한 자원을 지원해야 하며, 의사소통이 원활히 이루어 질 수 있어야 한다. 특히 프로젝트 완료 후 성공에 대한 보상과 같은 동기부여가 적절히 이루어져야 한다.

(4) 수행 일정

기업 여건과 시장 출시 시점 등을 고려하여 프로젝트 완료 시점을 정하고, DMADV의 각 단계별 소요 시간을 예측함으로써 적절한 활동 기간을 수립한다. 이를 위해서는 우선 프로젝트 결과물을 도출하기 위해 수행되어야 할 구체적인 활동들을 먼저 파악하고, 활동들 간의 선후 관계를 분석한다. 그리고 각 활동을 수행하기 위해 필요한 자재, 인력, 장비 등과 같은 자원의 종류와 양을 파악하고, 이러한 자원의 사용 가능한 시기를 확인한 후 추정된 자원을 활용하여 각 활동을 완수하는 데 필요한 기간을 분석해야 한다.

각 활동을 완수하는 데 필요한 기간이 추정되면 활동 순서, 기간, 자원 소요량, 일정 제약 조건 등을 분석하여 최종적으로 프로젝트 일정을 개발한다. 프로젝트 수행에 필요한 기간을 너무 짧게 잡으면 시간이 촉박하게 되어 프로젝트가 부실해지거나 포기해야 하는 상황이 발생할 수도 있고, 너무 긴 경우에는 여유 있는 시간 동안 다른 활동을 하는 등, 팀 분위기가 산만하게 되어 팀의 일치된 힘을 발휘하기 어려운 경우도 생길 수 있다.

추진 일정을 수립하는 데 있어서 신제품이나 새로운 프로세스를 개발하는 경우에는 각 단위 활동 간의 연관성이 복잡할 수 있고, 또 전체의 흐름을 관리하기가 어려울 수 있으므로 프로젝트를 구성하는 과제들이나 활동들의 상호 연관 관계를 잘 파악하여 체계적으로 계획을 수립할 필요가 있다.

(5) 잠재 위험 평가

신제품이나 프로세스를 새롭게 개발하는 프로젝트에서도 발생 가능한 잠재 위험이나 장애 요인을 미리 예측하고 대책을 준비할 필요가 있다. 특히 프로젝트의 초기 단계인 정의 단계에서 필요하면 프로젝트 추진 과정의 장애 요인을 사전에 파악해 볼 필요가 있다. 예를 들어 개발하고자 하는 제품이나 서비스가 변경될 수도 있으며, 관련 부서와 이해가 충돌하여 협조가 이루어지지 않아 일정이 지연될 수도 있고, 예상치 못하게 예산이 고갈되는 상황도 발생할 수 있다.

그리고 프로젝트 추진 과정에서는 다양한 형태의 장애 요인이 발생할 수 있으므로 발생 가능한 장애 요인을 미리 파악하고 프로젝트에 미치는 영향과 발생 빈도를 평가하여, 중요 장애 요인부터 우선적으로 대책을 수립하고 이를 관리해 나갈 필요가 있다.

(6) 기대 효과 산정

모든 프로젝트의 효과는 재무적 성과와 같은 유형 효과와 고객 만족도 향상과 같은 무형 효과로 나눌 수 있으며, 효과는 프로젝트가 끝났을 때 프로젝트의 성공 여부를 판단할 수 있도록 측정 가능해야 한다. 기대 효과를 산출할 때, 예상되는 성과는 투입 비용을 차감하여 정확하게 산출해야 한다. 특히 프로젝트의 효과에는 고객 가치 창출뿐만 아니라 비용 절감, 사이클 타임 축소, 새로운 성장 기회 확보 등 다양한 유형이 있을 수 있다.

위와 같이 문제 및 목표의 기술, 프로젝트의 범위 설정, 팀 선정 및 일정 수립, 프로젝트의 잠재 위험 분석, 프로젝트의 기대 효과 산정 등에 대한 내용을 분석하고 정리하면 프로젝트 실행 계획서가 완성된다. 그리고 실행 계획서가 회사의 승인을 받게 되면 프로젝트에 대한 추진 배경과 목표, 범위, 추진 일정 등이 공식적으로 확정되고, 필요한 인력과 자원을 확보하고 기대 효과를 관련자들과 공유하여 프로젝트의 가치를 인정받게 되면 프로젝트 팀이 정식으로 출범하게 된다.

③ 측정Measure 단계

　　DMADV 방법론의 측정(M) 단계 수행 내용은 3장에서 설명한 DMAIC 방법론의 측정 단계와 유사하며, 비즈니스 기회와 연관된 시장과 고객을 분류하여 목표 고객의 요구 사항을 좀 더 구체적으로 파악하고, 고객이 요구하는 사항을 CTQ로 변환하며, 이를 바탕으로 CTQ의 수준을 파악할 수 있는 측정 지표 Y를 도출하는 활동을 수행한다.

　　특히 측정 단계에서는 필요한 경우 측정 지표 Y와 관련된 측정 시스템을 분석해 봄으로써 데이터를 신뢰할 수 있는지를 확인한다. 그리고 프로젝트의 성격이 기존에 있던 제품이나 프로세스를 재설계 redesign하는 경우, 데이터를 통해 확인된 현재의 수준과 고객의 요구 사항을 비교 분석하여 필요한 경우 프로젝트의 목표를 재설정한다. 하지만 새로운 설계new design인 경우에는 현 수준 파악이 불가능하므로 현 수준과의 비교 없이 고객의 요구를 바탕으로 프로젝트 목표를 설정할 수도 있다. 측정 단계에서 수행하는 세부적인 활동, 도구,

산출물을 요약하면 <표 4.6>과 같다.

<표 4.6> 측정 단계의 세부 추진 내용

주요 활동	세부 활동	사용되는 주요 도구	주요 산출물
프로젝트 CTQ와 Y의 선정	• 고객의 정의와 세분화 • 고객 요구 사항 파악 • CTQ 도출 및 Y의 선정	• 고객 분석 • 품질기능전개(QFD) • 친화도법, 로직트리 • 가노(Kano) 분석 • 파레토 도표	• 고객 요구 사항 • 프로젝트 CTQ • 측정 지표 Y • Y의 성능 표준
현 수준 파악 (가능한 경우)과 목표 설정	• Y에 대한 데이터 수집 계획 • 측정 시스템 분석 • 현 수준 파악 • 목표 재설정	• 측정 시스템 분석 • 데이터의 정리 및 요약 • 프로세스 능력 분석	• 측정 시스템 분석표 • Y 관련 데이터 • 현 수준과 목표 수준

1) 프로젝트 CTQ와 Y의 선정 활동

정의 단계에서 파악한 CTQ와 측정 단계에서 분석할 CTQ는 동일할 수도 있지만 일반적으로는 다른 경우가 많다. 정의 단계의 CTQ는 단위 프로젝트의 CTQ가 아니라 비즈니스 개선 기회와 연계된 중점 개발 영역을 말하거나 혹은 회사나 조직의 관점에서 도출된 거시적 관점의 CTQ를 말한다. 따라서 이러한 CTQ를 기업 CTQ 또는 Big Y라 한다. 만약 이러한 Big Y가 너무 광범위할 경우 좀 더 세분화하여 구체적이고 세분화된 CTQ를 도출하게 되는데, 이를

Small Y라고 하여 기업의 핵심 성과 지표를 의미하기도 한다.

측정 단계에서는 이러한 거시적 관점의 CTQ가 아닌 미시적 관점의 CTQ, 즉 단위 프로젝트의 CTQ를 선정하는 것부터 시작하게 된다.

측정 단계에서는 '정의 단계에서 파악된 CTQ'와 연관된 시장과 고객의 구체적인 요구 사항을 수집하고 분석하여 프로젝트 CTQ를 선정하고, 이를 잘 대변할 수 있는 측정 대상 Y와 Y에 대한 측정 방법과 성능 표준을 결정한다. 이를 위해서는 우선 목표 고객을 정의해야 하며, 고객이 정의되고 나면 고객이 원하는 바를 확인하기 위해 VOC를 조사하고, 조사된 결과를 바탕으로 고객이 요구하는 핵심적인 요구 사항이 무엇인지를 도출한다. 이러한 과정이 완료되면 프로젝트 CTQ를 선정 할 수 있게 되고 프로젝트 CTQ와 직접 관련이 있는 Y들을 도출할 수 있게 된다(<그림 4.4> 참조).

<그림 4.4> CTQ와 Y의 선정 절차

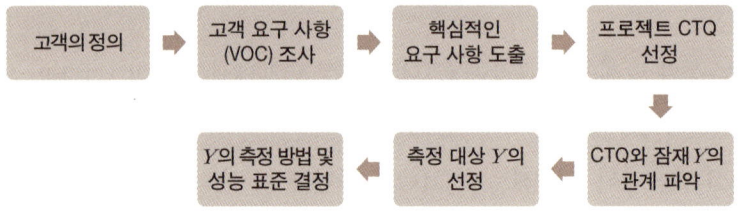

(1) 고객의 정의

　시장을 선도할 수 있는 제품과 서비스를 개발하여 탁월한 경영 성과를 창출하기 위해서는 시장의 특성, 고객의 특성, 고객의 요구 등을 파악해야 하며, 이를 바탕으로 제품 사양, 판매 지역, 판매 가격, 판매 물량, 출시 시기 등에 대한 올바른 의사 결정을 해야 한다. 이를 위해서는 먼저 고객에 대한 명확한 이해와 정의가 필수적이다.

　정의 단계에서의 고객 조사는 비즈니스 기회를 찾기 위함이 목적이지만, 측정 단계에서의 고객 조사는 고객의 요구 사항을 구체적으로 파악하기 위함이 목적이므로, 측정 단계에서는 정의 단계에서 비즈니스 기회로부터 도출된 CTQ와 연관된 고객만을 대상으로 한정하여 조사하는 것이 바람직하다.

　고객은 보통 내부 고객과 외부 고객으로 구분하지만 여기에 소비자 단체, 주주 등과 같은 이해 관계자도 포함시켜 넓은 의미의 고객을 대상으로 할 필요가 있다. 기업이 모든 고객의 모든 요구를 만족시킬 수는 없으므로, 어떤 고객의 요구를 어느 정도 만족시켜야 할지를 결정해야 한다. 이를 위해서는 먼저 고객의 중요도를 평가하여 우선순위를 정해야 하며, 우선순위를 정하기 위해서는 고객 세분화가 필요하다.

　내부 고객인 경우에는 보통 프로세스의 순서에 의해 세분화한다. 반면에 외부 고객의 경우에는 매출규모, 거래 규모, 지역뿐만 아니라 고객 충성도, 구매 이유, 소득, 연령, 성별 등의 다양한 분류 기준에 의해 세분화할 필요가 있다. 이와 같이 고객 세분화가 이루어지면 분류 기준에 따라 고객을 정의를 하고, 정의된 고객에 대해 우리 회사와의 관계를 평가하여 **사소한 다수**trivial many와 **핵심적 소수**vital few로 나눌 수 있도록 우선순위를 정하게 된다.

이때 주의해야 할 사항은 고객을 분류할 때 기준이 불분명하여, 세분화된 고객의 규모나 특성이 모호하고 각 집단에 대한 평가를 명확하게 할 수 없는 경우가 발생하지 않도록 주의해야 한다. 그리고 고객을 지나치게 세분화하면 고객의 특성이 모호해지거나 VOC 수집이 오히려 어려워지는 경우도 있으므로 적절한 규모까지만 세분화할 필요가 있다.

(2) 고객 요구 사항 파악

고객이 정의되면 고객 요구 사항을 조사하게 된다. 고객 요구 사항을 조사하는 방법으로는 앞의 3장의 정의 단계에서 언급한 인터뷰 방법, 설문 조사 방법, 포커스 그룹focus group, 문헌 조사 등 목적과 상황에 따라 다양한 방법이 있을 수 있지만, 핵심은 고객의 눈높이와 고객의 입장에서 바라보는 것이다. 특히 고객의 요구 사항을 철저히 파악해야 새롭게 설계하고자 하는 제품과 서비스에 반영하여 구체화할 수 있고 고객 가치 창출에 기여할 수 있게 된다.

고객 요구 사항을 조사할 때 먼저 해야 할 일은 조사 목적과 조사 대상(고객)을 분명히 하는 것이다. 그리고 조사 목적, 고객의 특성,

비용 등을 고려하여 조사 방법을 결정하고 데이터 수집 계획을 수립한다. 수집 계획을 수립할 때는 데이터의 신뢰성을 확보하기 위한 방안이 검토되어야 한다. 특히 표본조사를 통해 고객 요구 사항을 조사할 때는 적절한 표본 크기 및 조사 방법 등을 결정하여야 한다. 그리고 계획에 따라 철저한 관리를 통해 데이터가 수집되면 수집된 데이터를 검토하고 정리 요약한다(<그림 4.5> 참조).

<그림 4.5> 고객 요구 사항 조사 과정

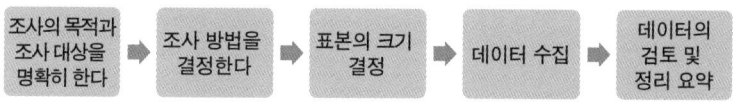

새로운 제품 개발을 위하여 고객 요구 사항을 파악한 후 이를 정리할 때에는, 다음과 같은 항목으로 분류하는 것이 유용하다.

● 성능

제품이 갖추어야 할 기본 기능을 말하며, 측정할 수 있고 객관적으로 순위를 매길 수 있어야 한다.

● 차별성

제품의 기본 기능을 보완하는 특징을 말하며, 주로 특정 고객의 기호를 충족하기 위하여 제품을 고객 맞춤형으로 만들 때 사용될 수 있다.

- 신뢰성 및 내구성

　신뢰성은 설정된 시간 동안에 제품이 고장 날 가능성을 말하며, 내구성은 제품이 고장 나서 못쓰게 되거나 혹은 폐기할 때까지 걸리는 제품의 수명을 의미한다.

- 재사용성

　고장이 난 경우 필요한 수리비용, 수리하는 데 걸리는 시간, 수리의 용이성 등을 말한다.

- 디자인

　제품의 외관, 느낌, 감각에 관한 것으로, 여기에 대한 고객의 반응은 개인적인 판단과 기호에 달려 있는 경우가 많다.

(3) 프로젝트 CTQ의 도출

　고객의 소리(VOC)로부터 고객의 요구 사항이 파악되면 고객의 요구 중에서 핵심적인 요구 사항critical requirement을 추출하고, 이를 바탕으로 고객의 관점에서 고객에게 가장 중요하게 영향을 미치는 프로젝트 CTQ를 도출한다(<그림 4.6> 참조). 이때 만약 다수의 CTQ가 도출되었다면 고객의 상대적 중요도 등을 고려하여 도출된 CTQ들에 대하여 우선순위를 부여한다.

<그림 4.6> CTQ 도출 과정

결국 프로젝트 CTQ를 도출했다는 것은 기존 제품 또는 서비스와의 차별적 우위를 확보하기 위한 경쟁 상황이 구체적으로 파악되었다는 것을 의미한다. 프로젝트 CTQ는 개발 과정에서는 등대나 나침반과 같이 개발 방향을 일관성 있게 알려주는 역할을 할 수 있어야 한다. 그리고 개발을 마친 후에는, 예를 들어 고품질, 다양성과 개성, 경제성, 편리함, 즐거움과 재미, 건강과 노화 방지, 화려한 꿈, 사는 보람 등과 같은 세일즈 포인트와도 연계될 수 있어야 한다.

고객의 소리를 고객의 요구 사항으로 변환하기 위해서는, 고객의 소리를 해석하여 고객의 요구를 종류나 주제별로 유사한 것끼리 그룹화하고, 각 그룹별로 나타내는 고객의 요구를 로직트리 형태로 표현함으로써 팀원과 고객이 이해할 수 있도록 조직화 하는 작업도 필요하게 된다.

상품과 서비스에 대한 고객의 요구를 분류하는 방법으로는 일본의 품질 전문가 가노Kano가 제시한 기본 품질요소basic factor, 성과 품질요소performance factor, 감동 품질요소excitement factor 세 가지로 분류하는 방법이 대표적인 분류 방법이며(<표 4.7> 참조), 이러한 분류 방법은 고객의 소리를 해석하고 고객의 요구에 대한 우선순위를 부여하는 데 유용하게 사용될 수 있다.

- 기본 품질요소

  충족되면 당연하게 생각하여 크게 만족하지 않지만 충족되지 않으면 불만족스럽게 여기는 요구 사항이다.

- 성과 품질요소

  충족되지 않으면 불만족스럽게 생각하고 충족되면 만족을 느끼는 요구 사항이다.

- 감동 품질요소

  충족되지 않아도 불만족스럽게 생각하지 않지만 충족되면 만족을 느끼는 요구 사항이다.

  과거에는 기업들이 기본 품질요소와 성과 품질요소를 주로 만족시키는 데 중점을 두었지만, 지금은 이러한 두 가지 품질요소뿐만 아니라 감동 품질요소가 중요한 항목으로 자리매김하고 있다. 고객들의 기본 품질요소와 성과 품질요소에 대한 만족은 경쟁사의 상품과 서비스를 통해서도 얻을 수 있을 것이다. 그러나 우리 회사의 감동 품질요소를 통해 다른 회사의 상품이나 서비스에서는 미처 발견하지 못했던 만족감을 얻는다면 이는 고객감동의 원천이 될 수 있다. 따라서 이러한 감동 품질요소는 경쟁사를 따돌릴 수 있는 차별화 전략으로 이용될 수 있다. 그리고 고객 요구 사항이 어떤 품질요소인지를 파악하는 방법으로는 가노Kano가 제시한 가노 분석 방법이 있으며, 이에 대한 내용은 이 책의 뒷부분 <부록>을 참고하기 바란다.

<표 4.7> 고객 요구 사항과 품질요소

구분	요구 충족	요구가 충족되지 않음
기본 품질요소	만족 느끼지 않음	불만족
성과 품질요소	만족	불만족
감동 품질요소	만족	불만족 느끼지 않음

(4) 측정 대상 Y의 선정

고객 요구를 조사한 후 프로젝트 CTQ가 결정되고 나면 CTQ를 구체적으로 측정할 수 있는 변수인 Y를 선정해야 한다. 측정 가능한 지표인 Y는 새로운 제품이나 서비스 그리고 프로세스의 성과 및 프로젝트 CTQ의 특성과 잘 연계되어야 한다. Y를 구할 때 프로젝트 CTQ 자체가 바로 Y가 되는 경우도 있고, CTQ가 여러 개의 Y로 세분화되는 경우도 있다.

이때 CTQ와 Y와의 관계를 정확하게 파악하는 것이 중요하다. CTQ와 Y가 정확히 일대일로 일치할 필요는 없으며 복잡한 관계가 존재할 수도 있다. 특히 필요한 경우에는 품질기능전개(QFD)나 파레토 도표를 이용하여 Y에 우선순위를 부여한다. 일단 Y의 목록이 작성되면 CTQ와 Y가 제대로 도출이 되었는지를 점검해 보기 위해 다음과 같은 질문이 유용하다.

- 측정이 가능한 Y인가?

- CTQ와 연결된 Y인가?

- Y에 대한 데이터의 수집이 용이한가?

예를 들어 <표 4.8>에는 새로운 휴대폰 제품을 개발하는 경우, 측정 대상 Y의 선정 사례를 보여주고 있다. 이렇게 측정 대상 Y가 선정되면, Y값에 대한 정확한 정의로서 운영 정의operational definition 를 분명히 한다.

<표 4.8> 휴대폰 신제품 개발에 따른 Y의 선정 예

VOC	프로젝트 CTQ	잠재적인 Y	선정된 Y
통화 음질의 향상	통화 음질, 스피커와 마이크의 간섭 현상 축소	수신 감도, 음성과 잡음의 명확한 분리, GPS 위치 파악 정확도	수신 감도
화면 선명도	화면 색상 왜곡, 해상도	화소의 수	화소의 수
연속 통화 가능	배터리 용량	정상적 또는 열악한 사용 환경에서의 배터리 용량	열악한 사용 환경에서의 배터리 용량
저렴한 가격	대당 가격	재료비 절감액	재료비 절감액
빠른 인터넷	데이터 전송 속도	데이터 전송 속도	전파 세기에 따른 데이터 전송 속도
사용하기 편리하고 다양한 응용 프로그램	응용 프로그램에 대한 고객 만족도	신속성, 최신성, 접속 용이성, 호환성, 정확성, 다양성	호환 가능하고, 사용 빈도가 일정 수준을 넘는 응용 프로그램의 수

(5) Y의 성능 표준 설정

측정 대상 Y가 결정된 후에는 Y에 대한 측정 목적 및 방법을 명확히 한다. 그리고 고객의 기대, 회사 목표, 기준 규격, 경쟁사, 제반 법규나 규정 등을 고려하여 Y의 성능 표준performance standard을 설정하게 된다. 결국 CTQ는 사업 목표 또는 고객의 요구 사항을 제품과 서비스의 요건으로 표현한 품질 특성을 말하고, Y의 성능 표준은 제품과 서비스에 부여된 필수 요건을 의미한다.

2) 현 수준 파악(가능한 경우) 및 목표 설정 활동

Y의 성과 기준이 설정되면, 데이터를 근거로 하여 Y의 현 수준을 파악하여 프로젝트의 설계 또는 개발 목표를 재확인한다. 이때 현 수준baseline이란 현재의 제품과 서비스 그리고 프로세스가 고객의 요구 수준을 어느 정도로 만족을 시키고 있는지를 객관적인 수치로 측정한 값을 의미하며, 재설계 혹은 재개발과 같이 현재의 제품 또는 프로세스가 존재할 때에 한하여 파악한다. 그러나 기존에 없던 신제품이나 프로세스를 개발하는 경우 현 수준을 파악하는 것이 가능하지 않을 때는 생략할 수도 있다.

(1) 현 수준 파악(가능한 경우)

앞의 3장에서 살펴본 DMAIC의 방법에서와 같이, 현 수준 파악이 제대로 이루어지기 위해서는 Y에 대한 데이터 수집 계획을 수립하고, 측정 시스템을 분석함으로써 데이터의 신뢰성을 확보해야 한다. 만약 새로운 제품이나 프로세스를 설계하는 경우에는 새로운 측정 시스템이 필요한 경우도 있다.

데이터의 신뢰성이 확보되면 수집된 데이터를 바탕으로 현 수준을 확인하고 Y에 대한 개선 목표를 재확인한다. 프로세스나 제품을 재설계redesign하는 경우에는 현 수준을 측정하여 목표를 설정하지만, 새로운 설계new design인 경우는 현 수준을 가늠할 수 있는 베이스라인baseline이 없으므로 곧바로 목표를 설정할 수도 있다.

구체적으로 데이터 수집 계획을 수립한 후 측정 시스템 분석을 통하여 데이터의 신뢰성을 확보하고, 수집된 데이터를 바탕으로 현 수준을 파악하는 내용은 3장에서 설명한 DMAIC의 측정 단계에서의 내용과 유사하므로 생략하기로 한다.

(2) 목표 설정

현 수준이 파악되면 우리가 갖고 있는 자원으로 고객 만족을 어느 정도 충족시킬 수 있는지에 대한 목표를 수립해야 한다. 합리적인 목표를 설정하기 위해서는 벤치마킹을 통하여 설정된 목표가 적절한지 분석할 수도 있고, 경쟁사나 선진사의 수준을 파악하여 격차gap를 분석함으로써 새로운 목표를 설정할 수도 있다. 특히 목표를 설정할 때 중요한 점은 목표는 충분히 도전적이어야 하며 동시에 목표 수준이 구체적이어야 한다는 점이다. 그리고 이러한 목표가 달성되면 우리 회사에 어떠한 성과와 이익이 발생되는지를 사전에 검토하여 프로젝트의 정당성을 확인해 볼 필요도 있다.

결론적으로 측정 단계의 수행 내용을 요약하면, 고객을 좀 더 세분화하여 목표 고객을 파악하고, 목표 고객으로부터 도출된 고객 요구사항을 바탕으로 프로젝트 CTQ와 측정 지표 Y를 설정하며, 가능한 경우 데이터를 바탕으로 현 수준을 파악하고, 정의 단계에서 설정된 목표를 데이터를 통해 조율하고 재설정하는 단계라고 할 수 있다.

4 분석Analyze 단계

앞 장에서 설명한 DMAIC에서의 분석 단계는 문제의 원인을 파악하는 것이 주요 수행 내용이었다. 그러나 DMADV의 분석 단계에서는 측정 단계에서 선정된 Y의 목표 달성을 위해 필요한 개념 설계concept design를 확정하고, 확정된 개념을 바탕으로 상위 수준 설계high level design를 개발하는 업무를 수행한다.

간혹 제품이나 서비스를 설계할 때 관련 업무 지식이나 일부 아이디어를 가지고 상세 설계를 바로 하는 경우가 있지만, 이런 경우 전체적으로 최적화된 설계가 완성되기보다는 부분적으로 최적화된 설계가 되기 쉽다. 이러한 위험을 보완하기 위해서는 분석 단계의 활동이 충실하게 수행되어야 한다. 특히 개념 설계를 할 때 유념해야 할 점은, 왜 이 설계를 해야 하는가 하는 근본적인 문제의식을 항상 가지고 있어야 한다는 점이다. 그리고 CTQ 파악부터 상세 설계detail design까지 본래의 목적과 일관성을 유지해야 한다.

지금부터 설계의 개념을 확정하고, 상위 수준의 설계안을 작성하며, 이를 평가하는 과정에 대하여 설명하고자 한다. 우선 이러한 분석 단계에서 수행하는 세부 활동, 도구, 산출물을 요약하면 <표 4.9>와 같다.

<표 4.9> 분석 단계의 세부 추진 내용

주요 활동	세부 활동	사용되는 주요 도구	주요 산출물
개념 설계	• 기능 규명 • 개념 도출 • 개념 평가 및 선정	• 기능분석 시스템 기법(FAST) • 기능 블록 구성도(FBD) • 프로세스 블록 구성도(PBD) • 품질기능전개(QFD) • 벤치마킹, 브레인스토밍	• 개념 설계 • 설계 검토 결과
상위 수준 설계	• 설계 요소 발굴 • 설계 요소 분석 • 설계 요소별 산출물 실현	• 품질기능전개(QFD) • 고장 유형 영향 분석(FMEA) • 벤치마킹, 브레인스토밍 • 프로세스 맵 • 통계적 분석 기법	• 상위 수준 설계 • 설계 검토 결과

1) 개념 설계 활동

분석 단계에서 처음 수행하는 내용인 개념 설계의 주요 목적은 프로젝트 CTQ 혹은 측정 지표 Y의 목표 달성을 위하여 필요한 기능을 확인하고, 이러한 기능을 가능하게 하는 개념concepts들을 도출하며, 도출된 개념을 평가하여 최적의 개념을 선정함으로써 개념 설

계를 확정하는 것이다. 개념 설계를 하는 과정에서는 어느 때 보다
도 가장 많은 창의성이 요구된다. 그리고 개념 설계는 다음과 같은
유형으로 분류할 수 있다.

● **고유 설계**Original Design

　가장 도전적인 형태로서 완전히 새로운 제품이나 개념이 창조되
는 경우이다. 진정한 의미의 고유 설계는 발명을 포함하며, 고유 설
계는 영향력이 커서 성공하는 경우 기존 시장이 붕괴되는 경우도 발
생할 수 있다.

● **변형 설계**Variant Design

　제품의 크기나 형상은 바뀌지만 작동 원리는 바뀌지 않는 경우이
다. 이 경우는 제품을 사용하는 도중 부품이 파손되어 이를 대체할
때처럼 부분적 변경만을 수반하므로 비교적 수월하다고 할 수 있다.

● **적응 설계**Adoptive Design

　제품의 기본 원리에는 변화가 없지만 달라진 규격 또는 다른 문
제 해결을 위해 변화를 주는 경우이다. 예를 들어 동일한 차량 플랫
폼을 이용하여 조립하였지만 크기가 다른 엔진을 탑재하는 경우가
이에 해당된다.

(1) 기능 규명

기능이란 고객에게 가치를 제공하기 위한 제품 또는 서비스의 작용이나 역할을 의미한다. 제품 또는 서비스의 기능은 단일한 것이 아니라 일반적으로 여러 개의 기능으로 구성되며, 목적이 되는 **기본 기능**과 그것을 달성하는 수단이 되는 **보조 기능**, 그리고 **부대 기능**으로 구분할 수 있다.

만약 기본 기능이 없다면 상품으로 존재 가치가 없어지게 되며, 기본 기능은 보통 시스템에서 최상위 수준에 있고 명확한 정의가 중요하다. 반면에 보조 기능은 기본 기능을 유지하는 데 필요한 기능이며, 부대 기능은 예를 들어 운반과 설치의 용이성 등과 같이 기본 기능과는 직접적인 관계는 없으나 제품 또는 서비스가 갖추어야 할 기능을 말한다.

기능 규명이란 측정 단계에서 파악된 Y의 목표를 달성하기 위해 필요한 제품 또는 서비스의 기능을 규명하는 것을 말한다. 기능에는 목적과 수단이라는 두 가지 측면이 있다. 목적은 제품이나 서비스의 존재 이유이고, 수단은 목적을 달성하기 위해 갖추어야 할 기능적 특성이라고 할 수 있다. 따라서 필요한 기능이라고 규명된 후에는 목적과 수단이라는 관점에서 이들 기능 간의 관계를 파악할 필요가 있다.

서비스 또는 프로세스에 대하여 도출된 기능을 분석할 경우에는 프로세스 블록 구성도(process block diagram: PBD) 같은 상위 수준의 프로세스 맵부터 작성하는 경우가 많다. 하지만 제품의 기능을 분석할 때는 품질기능전개(QFD)가 매우 유용하다. 특히 QFD는 고객의 요구가 많고 복잡한 경우 설계 과정 전반에서 고객의 요구로부터 설계 인자의 규명까지 연관성을 유지하도록 하고자 할 때 유용하며, 방법에 대한 자세한 내용은 <부록>을 참고하기 바란다.

예를 들어 QFD는 고객 요구 사항으로부터 측정 지표 Y를 선정할 때도 활용되지만 Y로부터 체계적으로 요구되는 기능을 파악하고, 이들의 관계를 바탕으로 중요도를 평가함으로써 핵심 기능을 선별할 때도 활용된다. 뿐만 아니라 QFD는 추후 설계 인자를 규명할 때 활용되기도 한다. 한편 비교적 단순하게 기능을 모듈별 혹은 프로세스별로 확인하고, 기능 간의 관계를 구조화 하고자 할 때는 다음과 같은 기능분석 시스템 기법(functional analysis system technique: FAST), 또는 기능 블록 구성도(functional block diagram: FBD) 등을 사용하기도 한다.

① 기능분석 시스템 기법(Functional Analysis System Technique: FAST)

FAST는 각 설계 요소의 기능을 규명하고 전체 시스템을 구성하는 모든 기능들의 상호 관계와 의존성을 이해하기 위한 방법으로, 설계자로 하여금 전체 그림을 파악하고 여러 하위 시스템에의 신뢰도 배분 및 원가 평가 등을 분석할 때 사용된다. FAST를 작성하는 방법은 일반적으로 다음과 같다.

● 순서 1: 모든 설계 기능을 식별하고 각각 '명사 + 동사'의 형태로 서술한다.

● 순서 2: "그 기능을 어떻게 달성하려 하는가?(How?)"라는 질문과 "그 기능이 왜 필요한가?(Why?)"라는 질문으로 각 개별 기능을 연결하여 하나의 네트워크를 형성한다.

● 순서 3: 기본 기능에 도달할 때까지 'Why?'는 왼쪽 상자에 'How?'는 오른쪽 상자에 기입하여 연결한다.

● 순서 4: 전체 체계 내용을 검토한다. 완성 후 가장 오른쪽 상자는 시스템 운영을 위한 조절 가능한 기능을 나타내며, 가장 왼쪽 상자는 시스템의 궁극적 기본 기능을 나타낸다.

참고로 <그림 4.7>은 피자 주문에서 배달까지의 프로세스를 설계하고자 하는 경우 FAST의 사례를 보여주고 있다.

<그림 4.7> 피자 주문에서 배달까지 FAST 사례

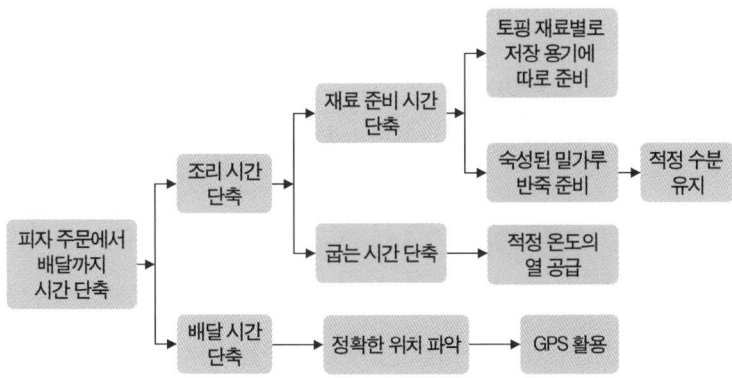

② 기능 블록 구성도(Functional Block Diagram: FBD)

기능 블록 구성도는 새로운 제품의 기능 구조를 이해하는 데 매우 유용하며 다음과 같은 순서로 작성된다.

● 순서 1: 입력과 출력의 형태로 전체적인 기능을 표현한다(전체적인 기능 구성도 작성).

새로운 설계에 의해 얻어지는 것이 무엇이며, 어떻게 얻을 것인지를 파악하여 전체 기능을 구성한다. 이러한 전체적 기능 구성도는 에너지 흐름, 시스템 구성을 위한 재료, 제어 요소들 사이의 정보나 데이터의 흐름 등을 입력과 출력의 형태로 주요 기능을 파악한다. 이때 주요 기능은 반드시 필요한 최소 기능만을 포함하고 있어야 하며, 현재 어떻게 진행되는가에 대한 해답이 아니라 무엇을 해야 하는가에 대한 독립적 해답이 있어야 한다. 예를 들어 <그림 4.8> 쇼핑용 카트 제품을 개발할 때 전체적 기능 구성도를 보여주고 있다.

<그림 4.8> 쇼핑 카트의 전체적 기능 구성도

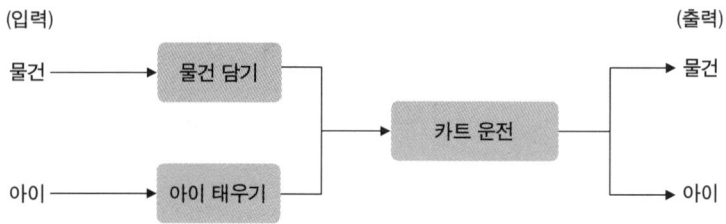

● 순서 2: 전체적 기능을 구성하는 주요 기능을 하부 기능으로 나눈다(하부 기능 파악).

전체적 기능을 구성하는 주요 기능을 하부 기능으로 나누고, 필요한 경우 하부 기능은 다시 하부-하부 기능으로 나눈다. 이러한 기능 세분화를 통한 기능 구조의 이해는 모듈 설계를 개발하는 데 유용하고, 필요에 따라 모듈별로 독립적으로 분석하고 개선안을 모색하는 데 도움이 된다. 이때 하부 기능은 '명사 + 동사'의 형태로 표현하는 것이 좋다. 예를 들어 <그림 4.8>의 쇼핑용 카트의 기능 구성도에서 파악된 주요 기능과 하부 기능을 예시하면 <표 4.10>과 같다.

<표 4.10> 쇼핑 카트의 주요 기능과 하부 기능

주요 기능	하부 기능
물건 담기	무게 지탱
	큰 물건 담기
	작은 물건 담기
	깨지기 쉬운 물건 담기
아이 태우기	무게 지탱
	아이 탑승
카트 운전	카트 추진
	카트 방향 전환
	카트 정지

● 순서 3: 하부 기능 간의 연관성을 표현하는 기능 블록 구성도를 그린다(하부 기능 간의 관계 파악).

기능 블록 구성도에 하부 기능을 포함시킴으로써 하부 기능 간의 관계를 정리한다. 이때 전체적 기능은 만족해야 하지만, 기능 구조는 간단할수록 효율적인 개념이 도출될 수 있다. 예를 들어 <그림 4. 9>는 쇼핑용 카트 제품을 개발할 때, <그림 4.8>과 <표 4.10>에 대한 기능 블록 구성도를 보여 주고 있으며, 이러한 기능 블록 구성도를 통해 쇼핑카트의 기능 구조를 파악하고 이해할 수 있게 된다.

● 순서 4: 시스템의 경계를 그린다(기능 블록 구성도 완성).

    설계 영역을 분명히 하기 위해서는 시스템 경계를 정확히 구분할 필요가 있다. 예를 들어 쇼핑 카트의 기능 블록 구성도인 <그림 4. 9>에서 입력과 출력을 제외한 큰 블록이 시스템의 경계를 나타낸다.

<그림 4.9 > 쇼핑용 카트의 기능 블록 구성도

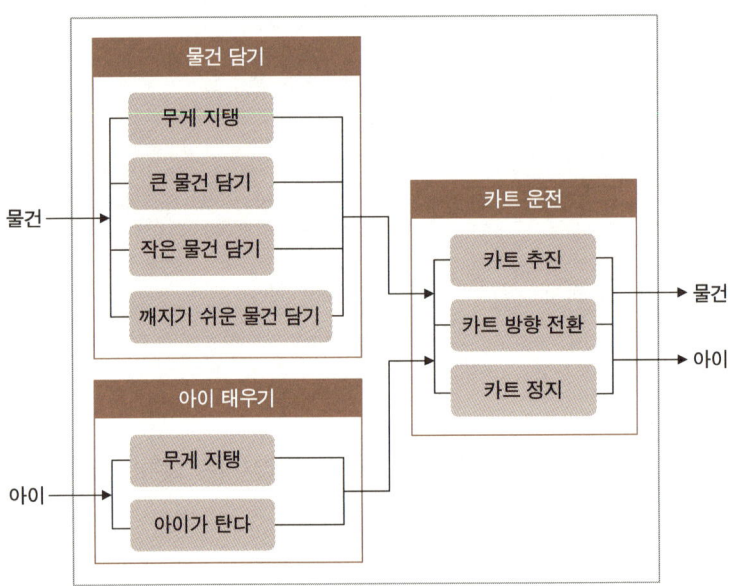

③ 프로세스 블록 구성도(Process Block Diagram: PBD)

산출물이 생성되는 최소의 업무 활동 단위를 액티비티activity라 하고, 액티비티 수준의 업무와 같은 상세 프로세스의 흐름도를 프로세스 블록 구성도라고 한다. 이러한 상세 프로세스의 흐름 속에서 필요한 기능이 규명된다. 예를 들어 고객 불만 처리 프로세스를 개발하고자 할 때, 프로세스 블록 구성도의 간단한 예가 <그림 4.10>에 주어져 있다.

<그림 4.10> 프로세스 블록 구성도의 예

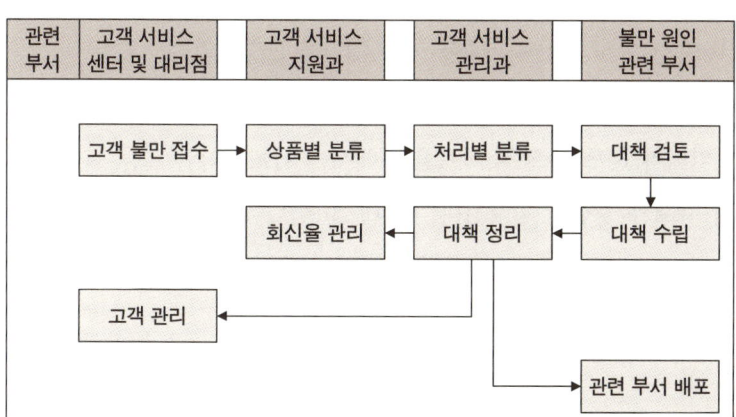

(2) 개념 도출

측정 지표 Y를 충족시키기 위한 핵심 기능이 규명되면, 그 다음에는 파악된 핵심 기능을 발휘하는 데 필요한 요구 사항에 대한 아이디어가 필요하다. 이러한 아이디어를 기능 대안functional alternative

이라 하며, 제품과 프로세스가 실제로 구현되기 위한 출발점이 되므로 매우 중요하다.

기능 대안은 예를 들어 '유익한 작용의 지속' 또는 '자동화로 대체' 등과 같이 말로 서술되는 경우도 있고, 그림으로 표현되는 경우도 있다. 기능 대안이 도출되면 이를 평가하여 사용 가능한 기능 대안을 선별하고 이를 바탕으로 설계 대상을 앞으로 어떻게 구현할 것인가에 대한 윤곽을 잡게 된다. 이러한 과정을 **개념 도출**이라 하고 다음과 같은 순서로 이루어진다.

① 순서 1: 각 기능에 대한 기능 대안을 도출한다.

기능을 달성할 수 있는 아이디어나 수단을 양적으로 가능한 많이 개발해야 하므로, 양적 확보를 위해서는 아이디어 창출을 위한 창의적 사고가 절실히 필요하다. 다양한 아이디어를 도출하기 위해서는 브레인스토밍brainstorming뿐만 아니라 다음과 같은 방법들이 사용될 수 있다.

● **복제**|Duplication

벤치마킹과 같이 과거 누군가가 유사한 문제를 해결한 경험이 있는지를 파악하고 과거 해결책이 있는 경우 이를 활용한다. 이를 위해서는 해결해야 할 문제와 해답이 있는 문제 사이의 유사성을 알아야 하며, 실제로 복제할 때는 특허 침해와 같은 문제점을 피할 수 있도록 해야 한다. 복제의 대표적인 경우가 **역공학**reverse engineering이다. 역공학은 어떤 제품을 모방하거나 개선하기 위하여 제품을 거꾸로 분해해 봄으로써 그것의 설계, 구조, 작동의 세부 사항을 조사하는 방법을 말한다.

● **통상적인 요소들의 결합**Combinations of Conventional Elements

익숙한 대상물들 사이에서 새로운 관계를 파악하여 창의적인 아이디어를 도출하는 방법이다. 예를 들어 엔진 기관과 자전거를 조합하면 모터사이클을 만들 수 있다. 이 전략을 활용하기 위한 전제 조건은 재구성할 수 있는 아이디어에 대한 폭 넓은 지식 기반이 있어야 한다는 것이다.

● **역사적 진화**Historical Evolution

문제의 해답은 문제 발생 당시의 과학기술 수준과 관련이 있기 마련이다. 오늘의 최신 해결책이 새로운 기술로 인하여 내일은 의미가 없어질 수도 있다. 따라서 기존 제품이나 해답에 새로운 기술을 접목함으로써 새로운 해답을 얻을 수 있고, 해답을 얻기 위해서는 그 분야의 역사적 흐름을 검토해 볼 필요가 있다.

예를 들어 열기구가 만들어진 지 한 세기 후에는 방향 조정 장치와 내연기관에 의해 가동되는 프로펠러가 추가됨으로써 비행선이 만들어졌다. 이런 이유로 앞에서 설명한 다세대 계획(MGP)과 같은 기법도 개념을 도출할 때도 유용하게 활용될 수 있다.

● **가설검정**Hypothesis Test

독창적인 아이디어를 제안하고 이것을 가설로 설정한 후 가설이 옳은지를 데이터를 통해 검정한다. 이러한 실험적 탐구는 과학과 공학에 있어서 발명과 발견의 근원이 되어 왔다. 하지만 시행착오trial and error 방법에만 의존하여 실험한다면 비효율적이 될 수 있으므로 체계적인 접근 방법이 필요하다. 이런 이유로 시뮬레이션뿐만 아니라 통계적 가설검정과 실험설계(DOE) 방법 등이 개념을 도출할 때 유용하게 활용될 수 있다.

● 유추Analogy

어떤 문제를 해결하기 위한 아이디어는 전혀 다른 분야의 비슷한 문제를 조사해 봄으로써 도출되기도 한다. 예를 들어 기존 제품과 설계하고자 하는 제품의 유사성을 알아내어 기존 제품을 변화시킴으로써 새로운 설계 문제를 해결할 수도 있다.

대표적인 유추적 사고는 자연계에서 발생하는 일과 제품 기능 사이의 유사성을 알아내어 아이디어를 얻는 것이다. 예를 들어 물고기인 송어의 기하학적 모양을 모방한 항공기 날개 단면, 코코넛 껍질을 모방한 섬유 구조, 벌집을 모방한 가볍고 단단한 구조물 등이 이에 해당한다고 할 수 있다.

● 형태론Morphology

문제 해결을 위한 주요 속성을 식별한 후 각 속성에 대한 서로 다른 다양한 해결책을 제안하고, 이러한 해결책들의 조합을 체계적으로 만들어 전체 문제의 해결책을 모색하면, 가능한 어떤 해결책도 놓치지 않게 된다.

예를 들어 인터넷에서 홈페이지를 설계한다고 할 때 배치 방법 3가지, 추가 기능 3가지, 관리 방법 2가지를 고려하고 있다면 3×3×2 = 18개의 가능한 방법이 존재하게 된다. 이러한 18개의 서로 다른 조합을 구조화하여 모두 평가하면 바람직한 방법을 찾을 수 있게 된다.

- 질문 목록

좋은 질문은 좋은 대답을 낳는다. 창의적 아이디어가 필요한 경우 적절한 질문 목록을 활용하면 많은 수의 해결책을 찾기 위한 자극을 받을 수 있다. 예를 들어 앞 장의 DMAIC 방법론의 개선(I) 단계에서 설명한 5W1H 질문법이나 ECRS 등이 이러한 유형에 해당된다.

- TRIZ

발명 문제 해결 이론인 TRIZ는 복잡하게 얽혀 있는 모순을 풀어가면서 창의적 발상을 통해 문제를 해결하는 방법론으로, 기법에 점검 목록과 유추가 포함된다(2장의 3절 참조).

이 밖에도 다양한 창의적 아이디어 도출 방법 역시 도움이 되며, 경우에 따라서 전문가 조언, 문헌 조사, 특허 분석 등도 아이디어 도출을 위한 방법이 될 수 있다.

② 순서 2: 도출된 기능 대안을 평가하여 사용 가능한 대안들을 선별한다.

만약 도출된 기능 대안이 실현 불가능하다고 느껴지면 버리기 전에 '불가능한 이유'에 대하여 다른 관점에서 다시 한 번 생각해 볼 필요가 있다. 만약 명백히 기술적으로 불가능하거나 고객의 요구를 만족시키지 못한다면 버려야 하겠지만, 단지 익숙하지 않고 낯설게 느껴져서 버린다면 새로운 것에 대한 개발 가능성은 줄어들 수밖에 없다. 한편 현재 기능 대안만으로는 실현 불가능하지만 만약 다른 추가 조건이 충족된다면 실현 가능성이 있는 경우도 있다. 이때는 추가 조건을 명백히 하고 충족 가능성 혹은 비용 등을 좀 더 명확히 규명해 볼 필요가 있다.

그리고 기능 대안들이 기술적으로 실현 가능성 있다고 판단되면, 도출된 기능 대안들을 평가하여 수용 가능하고 적절한 대안들을 선별한다. 이 과정에서는 <표 4.11>과 같은 평가 워크시트 등을 사용하여 도출된 기능 대안을 평가하면, 유용한 기능 대안들을 선별 screening할 수 있다. 특히 어떤 특정한 기능 대안이 선정되는 경우 혹시 다른 핵심 기능에 부정적인 영향을 미치지 않는지도 선별 과정에서 확인해 볼 필요가 있다.

③ 순서 3: 모든 가능한 해법을 포함하는 조합표를 만든다.
앞의 단계에서 측정 지표 Y의 목표를 달성하기 위해 필요한 기능을 충족시키기 위한 기능 대안들이 선정되면, 이를 바탕으로 그 다음 단계에서는 설계할 제품이나 프로세스를 앞으로 어떻게 구현할 것인가에 대한 윤곽을 잡기 위해 개념을 도출한다.
특히 이 과정에서 다양한 기능 대안을 체계적으로 조합함으로써 개념을 도출하고자 할 때, <표 4.12>와 같은 개념 조합표concept combination table가 유용하게 사용될 수 있다. 개념 조합표는 앞에서 언급한 형태론의 한 가지 유형이며, <표 4.11>에 있는 워크시트로부터 선정된 기능 대안을 나열하여 작성한다.

④ 순서 4: 가능한 조합을 찾아낸다.

개념 조합표에서 핵심 기능을 모두 충족하기 위해 가능한 기능 대안의 조합의 수는 많이 있을 수 있다. 예를 들어 <표 4.12>에서 가능한 조합들은 $a_2, b_1, c_1, \cdots, m_1$ 또는 $a_3, b_1, c_1, \cdots, m_2$ 등 여러 가지가 있을 수 있다. 그리고 각 핵심 기능별로 하나의 기능 대안만 도출된 경우에는 기능 조합인 개념을 도출하는 데 어려움이 없지만, 가능한 조합이 여러 개 도출되는 경우에는 프로젝트 팀원의 토론 과정을 통하여 이를 평가하고 최종 선정하여 개념 도출을 완성한다. 기능 대안의 조합을 평가할 때 기능 대안들끼리의 상호작용도 함께 검토할 필요가 있다. 왜냐하면 두 개의 기능 대안이 함께 있는 경우 새로운 모순을 야기할 수도 있기 때문이다.

<표 4.11 > 기능 대안 선별을 위한 워크시트의 예

핵심 기능	기능 대안	필수 항목				조직 적합성			선정 여부
		고객 거부감 야기	법규 위반/ 기업 방침 위배	예상 비용 초과	다른 대안과 중복/ 상충	경영층 지원 필요	기업 문화 상충/ 부서 간 갈등	정보 시스템과 충돌	
A	a_1		☑						제거
	a_2								선정
	a_3								선정
B	b_1								선정
	b_2	☑					☑		제거
C	c_1								선정
...	...	...	...	...	...	...	...	...	...
M	m_1								선정
	m_2								선정
	m_3			☑					제거
	m_4								선정

<표 4.12> 개념 조합표 예

핵심 기능	핵심 기능 요구 사항	기능 대안 1	기능 대안 2	기능 대안 3
A	CFR_1	a_2	a_3	
B	CFR_2	b_1		
C	CFR_3	c_1		
...	...	...	...	...
M	CFR_{13}	m_1	m_2	m_4

(3) 개념에 대한 평가 및 선정

위와 같은 과정을 통해 다양한 개념들이 설계되면, 평가를 통해 가장 적합한 개념 설계를 수행한다. 개념 설계는 기본적으로 **창안** creativity, **분석**analysis, **평가**evaluation라는 세 가지 활동이 반복된다고 할 수 있다.

설계에 대한 개념을 명확히 하지 않고 설계를 한다는 것은 마치 기초 없이 집을 짓는 것과 같아서, 개념이 부실하면 품질이 떨어지는 설계로 이어지거나 혹은 설계 진행 과정에서 많은 비용이 발생하게 된다. 특히 설계 초기 단계인 개념 설계에서의 평가는 다음과 같은 이유로 중요하게 된다.

- 개념이란 본질적으로 그 특성이 명확히 이해되지 못한 미완성 상태이므로 설계가 진행되면서 변경되기 쉽다.
- 개념에 대한 평가 기준은 주관적이고 정성적인 경우가 많다.
- 설계 초기 단계부터 비용에 대한 고려가 함께 이루어져야 한다.

여러 개념들에 대한 비교 평가는, 구체화된 설계와 그렇지 않은 설계를 같은 수준에서 비교할 수는 없기 때문에 우선 동일한 성숙도를 바탕으로 이루어져야 한다. 그리고 모든 개념은 동일한 기준에서 같은 항목으로 평가되어야 한다.

평가 과정은 다양한 형태로 이루어진다. 예를 들어 여러 가지 다양한 개념에 대한 시작품을 만들어서 이를 바탕으로 평가할 수도 있다.

그리고 고객 주문에 의해 설계가 시작된 경우 고객에게 결정권이 있다면 고객의 평가를 우선적으로 수용할 수도 있고, 전문성을 갖춘 설계자가 주관적으로 평가하여 결정할 수도 있다. 하지만 프로젝트가 팀 활동을 통해 이루어지고 있다면 의사 결정 행렬decision matrix을 이용하는 것이 바람직하며, 이때 널리 사용되는 방법이 퓨 행렬 Pugh Matrix이다.

Pugh Matrix는 고객 관점의 요구와 회사 관점의 효율 등을 감안하여 평가 기준을 설정하고, 평가 항목에 가중값을 부여하여 한 개의 개념을 기준으로 나머지 개념을 평가하는 방법이다. 평가 기준으로는 고객의 요구, 전략에 미치는 영향, 보유 능력과의 적합 정도, 비용 및 효과의 영향, 완성까지 걸리는 시간, 이해 관계자의 요구 등이 사용될 수 있다.

평가할 때는 기준 개념보다 평가 항목이 낮으면 (−), 높으면 (+), 비슷하면 (s)를 부여하고 가중값을 곱하여 (+)인 평가 점수와 (−)인 평가 점수를 합산하여 가장 좋은 개념을 선정하게 된다. 또한 한 차례의 평가로 그치는 것이 아니라 좋은 개념으로 선정된 것의 약점을 보완하고 강점을 더 강하게 하도록 재차 개념을 도출하여 다시 평가한다. 이러한 과정을 최상의 개념이 도출될 때까지 계속 반복하기도 한다. 그리고 경우에 따라 개념을 평가할 때 고객과 이해 관계자를 평가 과정에 포함시키는 것도 의미가 있다. Pugh Matrix의 예가 <표 4.13>에 주어져 있다. Pugh Matrix를 사용할 때는 가중값에 따라 선정 결과가 크게 달라질 수 있으므로 이러한 점을 유의하여야 한다.

<표 4.13> Pugh Matrix의 예

평가 기준	가중값	기준안	개념 1	개념 2	개념 3	개념 4
고객 만족	10		+	+	+	S
사업에 미치는 영향	6		+	S	+	S
난이도	5		S	S	−	+
비용	3		+	+	−	+
완성시간	3		−	S	S	+
평가	'+'의 가중합		19	13	16	11
	'−'의 가중합		−3	0	−8	0
	총합		16	13	8	11
	순위		1	2	4	3

(4) 설계 검토 Design Review

개념 설계들을 평가하여 우수한 설계안이 선정된 후, 다음 단계인 상위 수준 설계로 넘어가기 전에 고객의 요구가 제대로 반영되고 있는지를 재확인하고, 추진 과정에서 발생할 수 있는 문제를 파악하여 이를 사전에 해결하여야 한다. 그리고 시행착오를 줄이기 위해서는 다음 단계로 넘어가도 좋다는 확신을 얻기 위해서 톨게이트toll gate 와 같은 설계 검토design review를 실시하는 것이 바람직하다.

설계 검토는 지금까지 개발 과정이 어떻게 전개되고 있는가를 탐색해 보는 활동으로서 관련자들의 의사소통을 위해서도 꼭 필요하다. 이때 내부 고객과 외부 고객의 요구를 모두 확인해야 하며, 검토 과정에서 문제의 인식과 해결에 주력하여 그 결과를 설계에 즉시 반영한다. 설계 검토는 지금과 같이 핵심 개념이 파악된 후 이에 대한 타당성을 검토할 경우뿐만 아니라 상위 수준 설계와 상세 설계가 끝난 경우 혹은 DMADV의 각 단계를 마친 경우 이를 실시할 필요가 있다.

설계 검토를 하는 과정은 먼저 평가 기준과 목표를 설정한 후 설계 검토 참여자를 구성한다. 이때 기술적 측면과 비즈니스 측면 양쪽 모두를 검토할 필요가 있다. 그 다음으로 설계 검토 체크리스트 혹은 평가서를 준비하여 관련 데이터를 수집하고 분석한다. 그리고 분석 결과를 바탕으로 평가하고 이를 설계에 반영하게 된다.

특히 설계 검토의 결과에 따라 개발을 계속할지 아니면 자원을 더 낭비하기 전에 개발을 중지할지를 결정해야 한다. 어떤 경우에는 성공할 때까지 프로젝트에 매달리는 것이 능사가 아니라, 실패가 예상되는 프로젝트는 비용 절감을 위해 하루라도 더 빨리 포기하는 것이 바람직할 수도 있다.

2) 상위 수준 설계High Level Design 활동

개념이 확정되면 상위 수준 설계를 개발하게 되며, 이 과정은 설계 요소에 대하여 큰 시각에서 어떤 산출물을 구현해야 목적을 달성할 수 있는지를 검토하는 것을 말한다. 이 과정에서 앞에서 확정된 개념을 반영하여 설계 요소를 발굴하고 이를 분석하여, 분석 결과를 바탕으로 설계 요소별로 산출물을 만들면 상위 수준 설계가 개발되었다고 할 수 있다. 그리고 이를 검토한 후 문제가 없으면 다음 단계로 넘어가게 된다.

상위 수준 설계와 상세 설계의 차이는 구체성의 수준이 다를 뿐, 개발을 위한 접근 방법은 유사하다고 할 수 있다. 상세 설계를 하기 전에 먼저 상위 수준 설계부터 시작하면, 주요 결정 요소들의 상호 연관성을 미리 파악할 수 있는 장점이 있다. 따라서 안정된 설계가 가능하고, 상세 설계에서 많은 자원을 사용하기 전에 미리 성과와 타당성에 대해 평가할 수 있기 때문에 설계와 관련된 위험을 미리 대비할 수 있게 된다.

이와 같이 상위 수준 설계를 실시하면 많은 장점이 있지만 반드시 해야 하는 것은 아니며, 경우에 따라 상세 설계와 구분이 명확하지 않은 경우에는 바로 DMADV에서 그 다음 단계인 설계 단계(D)의 상세 설계 활동을 수행할 수도 있다.

(1) 설계 요소Design Elements 발굴

설계 요소는 상위 수준 설계 과정에서 결정해야 하는 요소를 의미하며, 설계 요소를 발굴하기 위해서는 다양한 방법이 응용될 수 있다. 이 중에서 설계 요소를 발굴하는 가장 기본적인 방법은 QFD 기법을 이용하는 것이다. QFD를 이용하여 앞에서 규명된 기능을 확정된 개념을 바탕으로 설계 요소에 할당하게 되면, 어떤 설계 요소가 기능적 요구 사항에 어느 정도 영향을 미치는지를 파악할 수 있고, 설계 요소에 우선순위를 부여할 수 있게 된다. 지금부터 설계 요소를 발굴하기 위한 방법으로 설계 7요소, 프로세스 맵, 고장 유형 영향 분석(FMEA)에 대하여 간단히 살펴보기로 한다.

① 설계 7요소

설계 7요소 기법은 분류 기준을 이용하여 설계 요소를 7가지로 분류하여 발굴하는 방법이다. 설계 7요소란 설계하고자 하는 대상에서 고려해야 할 모든 요소를 '제품과 서비스', '프로세스 및 방법론', '정보 시스템', '인력 시스템', '설비 및 현장', '장비 및 도구', '자재 및 공급자'와 같이 7가지로 분류하는 것을 말한다. 이러한 7요소는 고정된 것이 아니고 상황에 따라 설비, 장비, 자재 등을 기타 항목으로 함께 묶기도 하고, 이들 대신 전략이나 모델 같은 요소를 포함시킬 수도 있다.

이렇게 설계 요소를 적절히 분류하면 중복 없고 누락 없이 체계적으로 설계 요소를 발굴할 수 있으며, 설계 요소들을 설계 7요소의 관점에서 분류한 예가 <표 4.14>에 주어져 있다. <표 4.14>에서 'O' 표시는 구체적인 설계 요소 내용이 기록 되어야 하는 위치를 말하며, 빈칸은 개념과 관련하여 설계 요소가 필요하지 않다는 것을 의미한다. 예를 들어 많은 음식점을 체인으로 갖고 있는 기업에서 고객 만족을 위해 핵심 기능 중에 하나인 '피자를 만드는 과정'을 재설계한다면 <표 4.15>와 같은 설계 요소가 발굴될 수 있다.

<표 4.14> 설계 7요소 작성 예

핵심 기능	핵심 기능 요구 사항	최적 개념	설계 7요소						
			제품/서비스	프로세스	정보 시스템	인력 시스템	전략	설비/장비	자재
A	CFR_1	a_1	○					○	○
B	CFR_2	b_1	○		○			○	○
C	CFR_3	c_1	○	○					○
...	...	...	...	...	...	...	...	...	...
M	CFR_{13}	m_1	○	○	○		○		

<표 4.15> 피자 만드는 과정에서 설계 7요소를 이용한 설계 요소 발굴 예

핵심 기능	핵심 기능 요구 사항	최적 개념	설계 7요소			
			제품	...	장비	자재
피자를 만든다.	12분 이내에 피자를 만든다.	굽는 방법을 개선한다.	피자 형태	...	오븐 온도 /굽는 시간 조정	밀가루 배합 비율 변경

이와 같은 설계 7요소를 이용하여 설계 요소를 발굴하는 방법은 특히 서비스나 마케팅과 같은 사무 부문의 Commercial DFSS를 적용하는 과정에서 유용하게 적용될 수 있다. 그리고 분류 기준을 이용하여 설계 요소를 발굴하는 방법도 적용 분야에 따라 다양하게 변형하여 적용할 수 있다. 예를 들어 기계와 같은 제품을 설계를 할 때는 설계 요소로 '형태form', '자재material', '생산production' 같은 요소

를 고려할 수도 있다(<표 4.16> 참조).

<표 4.16> 제품 설계인 경우 기본 요소 예

기능 (Function)	형태(Form)	제약(Constraints)
		배치(Configuration)
		연결(Connection)
		부품(Components)
	생산(Production)	제작(Manufacture)
		조립(Assembly)
	자재(Material)	

② 프로세스 맵

  프로세스를 설계하거나 혹은 재설계하는 과정에서 프로세스 매핑 기법이 설계 요소를 발굴할 때 유용하게 적용될 수 있다. 프로세스 맵을 작성하는 데는 우선 이미 규명된 기능과 선정된 개념을 중심으로 산출물이 생성되는 최소 단위인 활동인 액티비티activity 수준에서 프로세스 블록 구성도를 작성한다. 그리고 각각의 활동에 필요한 입력input에 대하여 '5M+1I+1E'의 7개 항목으로 분류하여 설계 요소를 발굴한다. 여기서 5M은 man, machine, material, method, measurement를 의미하고, I는 information을, E는 environment를 의미한다.

  예를 들어 <표 4.15>에서 언급한 기업에서 고객 만족을 위해 핵심 기능 중에 하나인 예약 과정을 재설계한다고 하자. 이때 블록 구성도는 <표 4.17>과 같이 작성될 수 있다. 그리고 <표 4.17>과 같이 블록 구성도가 작성되면, '예약 접수'라는 활동에 대하여 '5M＋1I＋1E' 분류 기준에 따라 <표 4.18>과 같이 설계 요소를 발굴할 수 있다.

이와 같이 프로세스 매핑을 통하여 설계 요소가 발굴된 후에는 설계 요소를 상수, 제어 가능한 경우, 제어나 통제가 불가능한 경우 등과 같이 요소의 속성을 구분하여 설계 요소와 함께 표기하거나, 설계 요소들을 평가하여 우선순위를 미리 파악해 두면 추후 구체적인 설계 과정에서 도움이 된다.

<표 4.17> 예약 프로세스 개발에 대한 블록 구성도 작성의 예

핵심 기능	핵심 기능 요구 사항	최적 개념	프로세스 범위	블록 구성도
예약을 받는다.	• 예약 오류가 발생하지 않는다. • 차질 없이 준비가 이루어진다.	접대 부서와 조리 부서에 전광판을 설치하여 전화 또는 인터넷으로 접수된 내용을 등록하고 진행 사항을 자동 점검한다.	• 시작; 예약 접수 • 끝; 점검 확인	예약 접수 ⇩ PC 입력 ⇩ 전광판 등록 및 확인 점검

<표 4.18> 예약 접수에 대한 설계 요소 발굴의 예

활동	설계 요소						
	사람	기계	자재	방법	측정	정보	환경
예약 접수	접수 담당자	홈페이지 디자인		업무 매뉴얼	현재 예약 가능한 인원	메뉴 인원 시간	

③ 고장 유형 영향 분석(Failure Mode and Effect Analysis: FMEA)

FMEA는 새로운 제품이나 프로세스를 개발 또는 설계할 때, 사전에 예상 고장 형태를 구조적으로 분석하여 문제점을 파악하고 그에 대한 예방 활동을 강화하기 위한 목적으로 흔히 사용된다. 설계 요소를 발굴하는 과정에서도 FMEA를 활용하면 설계가 진척되기 전에 미리 문제를 파악할 수 있으므로 사전에 대책을 수립하여 이를 설계에 반영할 수 있게 되어 설계 완성도가 한결 높아질 수 있다. 이러한 FMEA 방법에 대한 자세한 내용은 뒷부분의 <부록>을 참고하기 바란다.

특히 FMEA 방법에서 위험 지수 RPN을 이용하면, 고장 원인에 대한 중요도인 우선순위화도 가능하다. 이때 RPN값은 심각도, 발생도, 검출도 값을 곱한 값으로 구해진다. 위에서 언급한 '예약 접수'에 대하여 참고로 FMEA를 작성해 보면 <표 4.19>와 같다. <표 4.19>에서 위험 지수를 고려하면, 고장 원인 간의 중요도 순서는 PC 입력 착오, 전화 접수 내용 잘못 이해, 그리고 전산 오류의 순으로 파악할 수 있다.

<표 4.19> 예약 접수에 대한 FMEA 작성 사례

기능/부품	잠재 고장 형태	잠재 고장 영향	심각도	잠재 고장 원인	발생도	현행 방법	검출도	위험 지수 (RPN)	권고 조치 사항
예약을 받는다.	기입 오류	고객 불만	8	PC 입력 착오	4	• 업무 매뉴얼 • 홈페이지 관리	6	8×4×6 =192	고객에게 '접수 내용 문자 자동 발송'
				전화 접수 내용 잘못 이해	4		3	8×4×3 =96	
				전산 오류	1		2	8×1×2 =16	

그리고 <표 4.19>의 FMEA 분석표에서 권고 조치 사항을 검토하면, '예약 접수' 활동과 관련하여 기입 오류를 줄이기 위한 대책으로 '접수 내용 문자 자동 발송'이라는 설계 방향이 장비라는 설계 요소에 추가되면 설계 완성도가 높아질 수 있다. 이와 같이 FMEA를 통해 얻어진 새로운 설계 방향은 설계 요소 발굴과 연결되고, 추후 상위 수준 설계 혹은 상세 설계 과정에서 반영되어 구현된다.

지금까지 기능을 규명하고, 이를 충족하기 위한 기능 대안을 도출하는 방법, 그리고 상위 수준 설계를 위한 설계 요소를 발굴하는 방법을 알아보았다. 지금까지의 설명 내용을 '피자를 만드는 과정'과 '예약을 받는 과정'에 대한 예를 중심으로 정리하면 <표 4.20>과 같다.

<표 4.20> 설계 요소 발굴 예

핵심 기능	핵심 기능 요구 사항	설계 요소	설계 방향	설계 요구 사항	비고
... (생략)					
피자를 만든다.	12분 안에 피자를 만든다.	제품	다양한 형태를 검토	• 굽는 시간 8분 이내 축소 • 맛은 유지한다.	설계 요소 분석 및 실험 계획법 활용
		장비	오븐 온도와 가열 시간 조정		
		자재	밀가루 배합 비율 조정		
... (생략)					
예약을 받는다.	• 예약 오류가 발생하지 않는다. • 예약에 따라 차질 없이 준비한다.	접수 담당자	• 교육 방안 수립 • 실수 방지책 마련	• 오류 발생 사전 탐색 기능 포함 • 예산 범위 내 구축 • 단순화, 표준화 • 자동화(IT 활용)	산출물 실현
		홈페이지	• 홍보/고객 관리 • 마일리지 관리 • 예약 현황 관리		
		업무 매뉴얼	• 접수 방법 • 오류 발생 시 조치 사항		
		장비	접수와 동시에 고객에게 자동적으로 문자 발송		
		전광판	접대 부서와 조리 부서 정보 공유 시스템 구축		
... (생략)					

(2) 설계 요소 분석

설계 요소가 모두 정리되면 설계 요소의 성격에 따라 산출물을 바로 구현하는 경우도 있지만, 설계 요소와 핵심 기능이 어떠한 연관이 있는지, 설계 요구 사항을 어떻게 설정해야 하는지 그리고 이를 충족하면 핵심 기능 요구 사항이 과연 충족되는지 등을 분석하고 검증해야 하는 경우도 있다. 이는 DMAIC에서 잠재 원인을 도출한 후에 필요에 따라 데이터를 사용하여 객관적인 방법에 의해 참 원인임을 규명하는 활동과 유사하다고 할 수 있다.

예를 들어 <표 4.20>의 '피자를 만드는 과정'과 '예약을 받는 과정'의 경우 다음과 같은 의문이 있을 수 있으며, 만약 이를 해결하지 않고 바로 설계 요소별로 산출물을 구현한다면 시행착오가 발생할 수 있고, 그 결과 설계의 완성도 역시 떨어지게 될 것이다.

- 피자의 형태에 따라 굽는 데 걸리는 시간이 달라지는가?
- 오븐 온도, 예열 시간, 밀가루 배합 비율은 굽는 데 걸리는 시간에 어떠한 영향을 주는가?
- 접수 담당자에게 어떤 내용을 어떻게 교육시켜야 효과가 있는가?
- 마일리지 제도는 고객 유치에 얼마나 효과가 있는가?
- 홈페이지 설계와 관리는 어떻게 하는 것이 비용 대비 효과적일까?

이러한 의문을 해결하기 위해서는 설계 요소를 분석하여야 하며, 설계 요소 분석은 질문 내용에 따라 다음과 같이 기술적 분석, 정량적 분석, 정성적 분석을 통해 이루어진다.

- 기술적 분석

기술적 분석은 전문가의 의견, 기술 자료, 기술 논문에 의존하는 것을 말한다. 이때 전문가의 의견이라고 해서 무조건 받아들이면 위험할 수 있으며, 전문가의 의견은 객관성이 전제될 때 의미가 있다는 점을 유의할 필요가 있다.

● 정량적 분석

정량적 분석은 설계 요소에 대한 의문 사항을 데이터를 바탕으로 분석하는 통계적 방법을 의미한다. 이때 분석에 필요한 믿을 수 있는 데이터를 확보하는 것도 중요하지만 적절한 분석 방법을 선정하는 것도 중요하다. 예를 들어 아직 입증되지 않은 사실이나 주장을 확인하고자 할 때는 통계학의 가설검정 기법을 사용해야 할 것이며, 몇몇 입력 변수들이 출력 변수값에 미치는 영향에 대한 관계식을 찾고자 한다면 이 책의 <부록>에 설명된 회귀분석과 같은 통계적 기법이 유용할 것이다.

그리고 만약 시스템, 기기, 부품 등이 정해진 사용 조건에서 의도하는 기간 동안 요구되는 기능을 고장 없이 수행할 확률을 의미하는 신뢰도reliability에 대하여 분석하고자 한다면 신뢰성 분석이 필요할 것이다. 이렇게 객관적인 통계 분석 기법을 사용하면 설계 방향과 설계 요구 사항의 타당성에 대하여 사실에 바탕을 둔 구체적인 근거를 확보할 수 있다.

● 정성적 분석

정성적 분석은 팀원이나 해당 분야 전문가의 경험과 주관적 판단에 의지하여 분석하는 것을 말한다. 특히 정성적 분석 방법은 설계 요소에 대한 의문 사항과 관련된 데이터를 구하기가 어렵거나 혹은 데이터가 부족한 경우 사용되며, 프로세스 흐름 분석이나 격차 분석 gap analysis 등이 이에 해당된다.

특히 경쟁 회사를 대상으로 실시한 벤치마킹이나 실패 사례 분석도 격차 분석의 한 가지 유형으로 볼 수 있으며, 격차 분석에 의해 도출된 격차를 분석함으로써 위험을 감소시키거나 새로운 개선점을 모색할 수도 있다. 벤치마킹이 격차를 통해 장점을 배우고자 하는 것임에 반하여 실패 사례 분석은 과거에 발생한 실패 사례를 사전에 재검토하고 확인하여 설계를 할 때 유사한 문제가 재발하는 것을 방지하는 것이 목적이다.

(3) 설계 요소별 산출물 실현

상위 수준 설계를 마무리하기 위해서는 지금까지의 결과를 바탕으로 설계 요소별 산출물을 실현해야 한다. 산출물이란 설계 과정에 따라 만들어진 결과물을 말하며, 이러한 산출물을 통해 설계의 기본 골격이 완성될 때 상위 수준 설계가 완료되었다고 한다.

상위 수준 설계를 위해서는 먼저 각 요소별 전체 모양을 어떤 식으로 구성할 것인지를 팀 활동을 통해 확정한다. 이때 결정되는 설계는 다음 단계인 세부 설계의 골격이 되므로 팀원뿐만 아니라 전문가 그리고 이해 관계자 등 모두가 모여 함께 작성하는 것이 좋다. 이때 설계는 높은 품질로 목적을 달성할 수 있어야 하고 가능한 단순해야 한다. 이를 위해서 다음과 같은 점을 유념할 필요가 있다.

- 선정된 개념을 바탕으로 설계해야 한다.
- 설계 요소들 사이의 상호작용을 고려해야 한다.
- 기능을 달성할 수 있는 보다 단순한 해결책이 있는가를 검토한다.
- 표준 부품을 사용하여야 하고 가능하면 부품 수를 줄인다.
- 핵심 프로세스를 제외한 보조 프로세스에 대해서는 아웃소싱도 고려해 본다.
- 고객과의 접점에 있는 사람 수를 최소화한다.
- 비부가가치 활동은 최소화한다.

산출물 실현을 위해서 몇 가지 접근 방법이 있을 수 있다. 예를 들어 <표 4.14>와 같은 설계 7요소에 따라 설계 요소별 산출물을 배치하여 실현해 볼 수도 있다. 그리고 새로운 프로세스를 설계하는 경우에는 프로세스 맵의 각 활동에 산출물을 대응시킨 뒤 이를 각각의 활동별로 실현시킬 수도 있다. 만약 설계 7요소를 근간으로 전체의 모양을 설계한다면 상위 수준 설계의 결과 설계 7요소에 대하여 다음과 같은 산출물을 얻을 수 있다.

- 제품과 서비스 : 스케치, 도면, 모델, 설명 등
- 프로세스 및 방법론 : 프로세스 맵 등
- 정보 시스템 : 하드웨어, 소프트웨어, 데이터 및 측정 구조 등
- 인력 시스템 : 역할과 의무, 조직 설계 등
- 설비 및 현장 : 레이아웃 다이어그램, 모델 등
- 장비 및 도구 : 스케치 , 도면, 모델 등
- 자재 및 공급자 : 스케치, 도면, 목록 등

(4) 상위 수준 설계 검토 Design Review

상위 수준 설계를 마치면 설계 품질에 대한 객관적 평가를 위해 설계 검토가 이루어져야 한다. 이러한 과정을 통해서 지금까지 진행된 작업이 제대로 이루어졌는지 여부와 올바른 방향으로 가고 있는지를 확인할 수 있다. 이때 핵심은 설계 능력을 평가하여 측정 단계에서 파악된 Y의 목표와 상위 수준 설계의 산출물을 비교하여 둘 사이의 격차가 얼마나 좁혀졌는가를 확인하는 것이다.

그리고 설계 검토가 효율적으로 이루어지기 위해서는 일단 격차 gap를 이해해야 하므로, 설계 전후의 프로세스 차이 또는 제품 설계의 경우는 기존 제품과의 차이를 우선 명확히 할 필요가 있다. 그리고 고장 유형 영향 분석(FMEA) 기법 등을 적극 활용하여 예상되는 문제와 영향, 원인 등을 이해 관계자들과 공유하고 위험도가 개선되었는지를 확인할 필요가 있다.

5 설계Design 단계

앞에서 설명한 분석(analyze: A) 단계를 수행한 후에는, 다음 단계인 설계(design: D) 단계를 수행한다. 설계 단계에서는 설계 인자를 규명하고 전환 함수를 개발함으로써 설계 인자를 분석하고, 이를 바탕으로 **상세 설계**detail design를 **구현한다.** 그리고 필요한 경우 추가적인 최적화 작업을 한 후에 상세 설계에 대한 문제점을 검토한다.

새로운 프로세스 개발하기 위한 프로젝트에서 상세 설계를 한다는 것은 상위 수준 설계에서 모호했던 부분을 명확히 하고, 프로세스의 최소 업무 활동 단위까지 프로세스 맵을 완성하며, 각 단계에서 필요한 산출물을 최종적으로 실현하는 것을 말한다. 반면에 신제품을 개발하는 경우 상세 설계는 설계 과정의 마지막 단계로 기능, 재료, 형상 및 제조 프로세스의 세부 사항까지 최종 형태를 확정하는 것을 의미한다.

분석(A) 단계의 상위 수준 설계가 Y의 목표 달성을 위하여 제품의 기본 구조를 갖추는 데 주안점을 두었다면, 설계(D) 단계의 상세 설계는 제품 기능뿐만 아니라 적절한 재료, 적절한 제조 공정, 경제성 등 모든 면에서 설계를 완성하는 것이라 할 수 있다. 특히 신제품을 설계하는 경우에는 재료와 부품의 속성 그리고 경제성이 모두 고려되어야 한다. 결국 설계 단계는 상위 수준 설계의 완성도를 높이는 과정으로서 수행하는 절차 및 내용을 요약하면 <표 4.21>과 같다.

<표 4.21> 설계(D) 단계의 세부 추진 내용

주요 활동	세부 활동	사용되는 주요 도구	주요 산출물
설계 인자 분석	• 설계 인자 규명 • 전환 함수 개발	• 전환 함수 • 그래프 분석 • 데이터 분석 • 고장 유형 영향 분석	• 전환 함수 • 예상 위험 요소 • 제품과 서비스 능력 확인
상세 설계	• 상세 설계 계획 • 상세 설계 실행	• 품질기능전개 • 실험설계, 통계분석 • 강건 설계 • 아이디어 도출 기법	• 상세 설계 계획 • 상세 설계 결과
최적화 및 평가	• 상세 설계 최적화 • 상세 설계 평가	• 허용차 설계 • 시뮬레이션 • 위험 관리 • 실수 방지법 • Design Review	• 전환 함수 • 최적 조건 • 개선 효과 예측 • 평가 결과

1) 설계 인자 분석 활동

설계 인자 분석의 목적은 상위 수준 설계에서 설정된 핵심 기능 요구 사항으로부터 도출된 설계 요소의 산출물에 대하여, 상세 설계를 위한 핵심 설계 인자가 무엇인지를 파악하는 데 있다. 설계 인자란 제품 또는 프로세스의 기능이 요구하는 특성에 영향을 주는 요인factor을 말하며, 요인의 성격에 따라 상세 설계를 위한 접근 방법이 달라진다.

예를 들어 제어control 가능한 요인이라면 최적 조건을 구해야 하고, 외부 환경 요인과 같이 제어하기 어려운 요인이라면 외부 요인인 잡음에 둔감하도록 하거나 혹은 사용 조건의 규정이 필요하게 된다. 그리고 대안의 선정이 요구되는 경우에는 최적 조건이 아니라 최적안을 선정한다. 그리고 상위 수준 설계에서와 마찬가지로 설계 인자를 분석하기 위해서는 정성적 방법, 정량적 방법, 기술적 분석 등이 활용되며, 이를 통해 관계를 규명한다.

(1) 설계 인자의 규명

앞의 분석 단계에서는 핵심 기능 요구 사항을 충족시키기 위해서 각 설계 요소별로 설계 요구 사항을 파악하고 이를 바탕으로 상위 수준 설계를 실시하였다. 그리고 상위 수준 설계에 이어 상세 설계를 위한 설계 인자를 파악하기 위해서는 먼저 설계 요구 사항의 특성인 y부터 파악해야 한다. 이때 소문자 y는 측정 단계에서의 대문자 Y와 차이가 있다. 대문자 Y가 프로젝트 CTQ를 충족시키기 위한 측정 지표인 반면에 소문자 y는 설계 요구 사항을 충족시키기 위한 특성을 의미한다.

그리고 설계 요구 사항의 특성인 y가 도출되면 y에 영향을 주리라 예상되는 잠재 설계 인자를 파악한다. 잠재 설계 인자는 3장의 DMAIC 방법에서 잠재 원인을 파악할 때와 마찬가지로 브레인스토밍, 특성 요인도 또는 상위 프로세스 맵을 통해 도출하기도 한다. 예를 들어 앞의 <표 4.20>의 피자를 만드는 과정을 설계하는 예에서 측정 단계에서 Y가 '고객 만족도'라 한다면 설계 요구 사항의 특성인 y들과 설계 인자(X)들은 <표 4.22>와 같다.

이렇게 파악된 설계 인자는 추후 상세 설계를 실시할 때 구체적으로 활용하게 된다. 예를 들어 <표 4.22>에서, '가열 온도' 또는 '예열 시간'과 같은 제어 가능한 설계 인자는 실험설계(DOE)와 같은 통계적 방법을 통해 최적 조건을 파악할 수 있다.

반면에 <표 4.20>의 '예약을 받는 과정'을 설계하는 경우, 설계 요구 사항의 특성인 y가 '예약 오류와 관련된 결함률'이고 설계 인자 X가 '홈페이지 관리 방법'이라면, 홈페이지 관리 방법에 대한 최적안을 도출해야 할 것이다. 또한 설계 인자 X가 '예약 없이 방문하는 손님의 수'와 같이 제어나 예측이 어려운 설계 인자인 경우에는, 이 설계 인자에 지나치게 영향을 받지 않도록 하기 위한 방안을 강구하는 것이 바람직할 것이다.

그리고 도출된 설계 인자가 y와 관계가 있는지를 확인하고자 하는 경우 QFD 방법을 활용할 수도 있지만, <표 4.23>와 같은 관계도를 이용할 수도 있다. 이렇게 연관 정도를 정성적으로 표현하면 설계 요구 사항의 특성 y와 가장 상관관계가 높은 중요 설계 인자가 무엇인지 쉽게 파악할 수 있다.

예를 들어 피자를 만드는 과정의 경우, <표 4.23>에서 보통 관계를 갖고 있는 설계 인자까지 선택하는 경우, 설계 요구 특성 y_1(반죽의 점도)에 대해서는 중요 설계 인자는 X_1(배합 비율), X_2(반죽 보존 온도)로 파악할 수 있고, y_2(가열 시간)에 대해서는 X_4(가열 온도), X_5(예열 시간), X_6(피자의 두께) 설계 인자가 중요 설계 인자로 파악된다.

<표 4.22> 요구 사항의 특성과 설계 인자의 예

측정 지표 (Y)	핵심 기능	핵심 기능 요구 사항	세부 핵심 기능	세부 기능 요구 사항	설계 요구 사항의 특성(y)	설계 인자(X)
고객 만족도	피자를 만든다.	12분 안에 만든다.	밀가루 반죽을 준비한다.	즉시 사용 가능해야 한다.	반죽의 점도 (y_1)	• 배합 비율(X_1) • 반죽 보존 온도(X_2) • 수분 함량(X_3)
			피자를 굽는다.	8분 안에 굽는다.	가열 시간 (y_2)	• 가열 온도(X_4) • 예열 시간(X_5) • 피자의 두께(X_6)

<표 4.23> 중요 설계 인자 파악을 위한 관계도의 예

설계 요구 사항의 특성	도출된 설계 인자					
	X_1	X_2	X_3	X_4	X_5	X_6
y_1	◎	○	▲			
y_2				◎	○	◎

◎: 강한 상관, ○: 보통 관계, ▲: 약한 관계

(2) 전환 함수의 개발

설계 인자들이 규명되고 나면, 설계 인자가 상위 수준 설계에서 설정된 핵심 기능 요구 사항에 미치는 영향의 정도와, 설계 인자가 제품과 서비스 능력을 어느 정도 갖출 수 있게 해주는지를 분석하여야 하며, 이때 **전환 함수**transfer function가 유용하게 활용될 수 있다. 전환 함수는 입력 변수인 설계 인자(X)들과 요구 사항 특성인 y 간의 관계식을 의미하여 다음과 같이 표현된다.

$$y = f(X_1, X_2, \cdots, X_n)$$

전환 함수는 소규모 모델이나 시작품prototype에 대한 실험을 통해 파악할 수도 있고, 또는 개발하고자 하는 시스템과 유사한 성질을 갖고 있는 시스템에 대한 실험을 통해 유추할 수도 있다. 또한 전환 함수를 파악하는 데는 다양한 방법, 예를 들어 프로세스에 대한 지식을 바탕으로 분석적 추론 방법뿐만 아니라 시뮬레이션 기법 등이 활용될 수 있다. 그리고 시스템에 대하여 실험 등을 통해 객관적 데이터가 수집될 수 있는 경우에는 통계 기법을 통해 변수들 간의 관계를 규명함으로써 전환 함수를 파악할 수도 있다.

이러한 전환 함수를 통해 우리는 상세 설계를 할 때, 설계 인자가 요구 사항의 특성인 y에 어느 정도 영향을 미치는지를 파악할 수 있다. 그리고 더 나아가 전환 함수는 주요 프로세스 또는 부품에 대한 허용오차를 결정하는 데 사용될 수도 있고, 프로세스의 능력을 예측하는 데 사용되기도 한다.

전환 함수의 한 예로서, 내부 반경이 r이고 내부 길이가 l인 실린더 모양의 물을 담을 수 있는 탱크를 설계하는 경우, 요구 사항의 특성은 실린더의 부피(y)이고, 설계 인자들은 실린더의 반경(r), 실린더의 내부 길이(l)라 파악되었다고 하자. 이때 부피(y)와 설계 인자들 간의 관계식인 전환 함수는 원통의 부피를 계산하는 공식에 의해 다음과 같이 결정될 수 있다.

$$y = f(r, l) = \pi r^2 l$$

이때 요구 사항의 특성 y가 주어지면 실린더를 설계하는 문제는 내부 반경 r과 내부 길이 l을 결정함으로써 간단히 해결할 수 있다. 그러나 탱크 안의 저장된 액체가 부식성이 있어 시간이 흐름에 따라 r과 l값이 변하고, 탱크의 재질이 외부 기온 변화에 따라 변하며, 심지어 제작 과정에서 용접 방법에 따라 크기에 변화가 있을 수 있다면, 이는 간단하지 않은 상황이 된다. 이때 외부 기온의 변화나 용접 방법 등과 같이 제어control하기가 어려운 변수들을 잡음noise이라고 한다. 이때 설계자의 목적은 제어 가능한 변수 X를 통제하거나 또는 재설계함으로써 다음과 같은 목적을 달성하고자 할 것이다.

- 출력 변수 y가 핵심 기능 요구 사항인 목표를 달성하게 한다.
  위의 예에서 실린더의 부피가 목표값에 일치하며, 생산되는 실린더들의 부피값의 산포가 허용 범위 안에 있도록 하는 경우이다.

- 설계 요구 특성값이 외부 환경 변화와 같은 잡음에 둔감robust하면서도 목표값에 일치하도록 한다.

위의 예에서 실린더의 부피가 외부 기온의 변화나 용접 방법에 영향을 크게 받지 않도록 하는 경우이다.

- 시간이 흘러도 y값이 목표값과 일치하도록 한다.

  위의 예에서 부식에 내성을 갖도록 실린더를 설계하는 경우이다.

(3) 전환 함수에 대한 검토

전환 함수를 통해 핵심 설계 인자가 규명된 후에도 혹시 중요한 설계 인자가 누락될 수도 있고 새로운 문제점이 발생할 수도 있으므로 이를 확인해 볼 필요가 있다. 예를 들어 안전 위험, 기능 장애, 제품 수명 단축, 고객 불만족, 프로세스 효율 감소 등과 같은 문제가 발생할 수 있는지를 재확인하고 대책을 수립하는 과정에서 중요한 설계 인자가 추가로 도출되는 경우도 있다. 이를 위해서 고장 유형 영향 분석(FMEA) 기법 등을 적용하거나 다음과 같은 질문을 검토하는 것이 필요하다.

- 핵심 설계 인자가 요구 사항을 어느 정도 만족시키는가?
- 설계상에 예상되는 새로운 위험 요소는 없는가?
- 설계 인자들 중에서 중복되거나 상충되게 작용하는 인자는 없는가?
- 핵심 설계 인자의 평균과 분산에 영향을 주는 또 다른 요인은 없는가?

이렇게 전환 함수의 파악 및 분석을 통해 핵심 설계 인자가 최종적으로 규명되면 핵심 설계 인자에 집중해서 상세 설계를 하게 된다.

2) 상세 설계 활동

앞에서 설명한 활동을 거쳐 핵심 설계 인자들이 파악되면, 다음 활동으로 설계 목표 달성을 위해 상세 설계 계획을 수립하고 최종적으로 해결해야 할 핵심 설계 인자에 대한 최적 조건 또는 최적안을 마련하는 상세 설계 활동을 수행하게 된다. 이 과정은 DMAIC 방법의 개선(I) 단계와 그 내용이 유사하지만, 여기에서는 차이점을 중심으로 설명한다.

(1) 상세 설계 계획 수립

상위 수준 설계 과정에서 전환 함수를 개발하는 동안, 어떤 설계 요소 또는 핵심 설계 인자에 대해서는 최적 조건이나 최적안이 이미 결정된 경우도 있을 수 있다. 그리고 핵심 설계 인자의 규명 과정에서 설계 인자가 새로 추가되는 경우도 있을 수 있으며, 어떤 경우에는 핵심 설계 인자들이 통합되거나 대체되는 경우도 발생할 수 있다. 이러한 분석 및 검토 과정을 거쳐 최종적으로 해결해야 할 핵심 설계 인자들이 결정되면, 이들에 대해 최적 조건 또는 최적안을 구함으로써 상세 설계를 수행하게 된다.

상세 설계에 들어가기 전에, 먼저 활동 계획을 수립하는 것이 바람직하다. 이때 누락되거나 잘못 선정된 핵심 설계 인자는 없는지를 재확인할 필요가 있다. 그리고 프로젝트 목표와 현재 상태와의 격차,

소요 비용 및 기간, 요구되는 설계 품질 등을 고려하여 프로젝트 상황에 적합한 상세 설계 계획을 수립해야 한다. 물론 계획을 실행하는데 필요한 자원이 확보되었는지도 검토할 필요가 있다.

계획을 수립할 때 무엇보다 중요한 것은 핵심 설계 인자에 대한 설계 방향을 설정하는 것이다. 설계 인자의 유형에 따라 실험이 필요한 경우에는 실험을 실시하여 실험 결과를 분석함으로써 최적 조건을 도출하도록 방향을 설정하고, 대안을 마련해야 하는 경우에는 대안을 도출하고 평가함으로써 최적안을 선정하도록 방향을 설정한다.

이와 같이 출력 변수(요구 사항의 특성)과 핵심 설계 인자들에 대한 설계 방향이 설정되면 이를 체계적으로 분류하여 정리할 필요가 있다. 분류하는 방법은 <표 4.14>과 같은 설계 7요소와 같은 상위 수준 설계 형태를 따르거나, 혹은 상위 프로세스 맵에 나타나는 핵심 기능의 순서를 따를 수도 있다. 이때 각각의 설계 인자에 대하여 설계 방향을 수립하는 것도 중요하지만 시간, 예산, 인력 등 설계와 관련된 자원에 한계가 있을 수 있으므로 설계 방향의 조합을 최적화하는 것도 검토할 필요가 있다.

예를 들어 처음에는 정밀 실험으로 설계 방향이 설정되었지만, 전체적인 균형을 고려하여 계획하는 과정에서 최소한의 확인 실험만 하는 것으로 계획을 조정할 수도 있고, 일정을 줄이기 위하여 일부 모듈module에 대해서는 설계를 외주outsourcing 주는 쪽으로 방향을 선회할 수도 있다. 그리고 상세 설계를 수행하기 전에 팀원들과 조정된 설계 방향을 최종 검토함으로써 설계 목표 수준을 달성할 수 있는지 재확인해야 한다.

(2) 상세 설계 수행

핵심 설계 인자가 제어 가능한 인자일 때는 3장에서 언급한 실험 설계(DOE)와 같은 통계적 기법을 활용하여 최적 조건을 구할 수 있다. 그리고 개발하고자 하는 제품의 품질 변동이 잡음에 둔감하면서 목표 품질을 가질 수 있도록 핵심 설계 인자들의 최적 조건을 구해야 하는 경우에는, 일본의 품질학자 다구찌G. Taguchi가 개발한 품질 공학quality engineering 분야의 강건 설계robust design 방법이 유용하게 적용될 수도 있다.

반면에 핵심 설계 인자들이 제어 가능한 인자가 아니고 최적안을 개발하여야 하는 경우에는, 창의적 사고를 바탕으로 프로세스 매핑, 브레인스토밍, 벤치마킹, 실수 방지 등 다양한 아이디어 도출 방법을 이용하여 대안을 창출하고, 도출된 아이디어가 적용되었을 때 예상되는 위험을 평가하며 위험을 없애거나 줄일 수 있는 개선 대안을 수립한다. 그리고 이러한 대안들에 대하여 평가 과정을 거쳐 최종안을 선정한다.

참고로 설계 7요소 방법을 적용하여 상위 수준 설계를 한 경우에는 상세 설계 역시 설계 7요소에 맞추어 최종 결과물을 산출하는 것이 바람직하며, 설계 요소에 따른 상세 설계 결과물을 도출할 때 지켜야할 원칙들을 정리하면 <표 4.24>와 같다.

<표 4.24> 설계 요소에 따른 상세 설계 결과물과 산출 원칙

설계 요소	결과물	원칙
제품과 서비스	• 기술서 • 도면 • 법규 및 규제 분석 • 모델 및 견본 • 상세 규격	• 고객 가치 창출 　(가격, 품질, 시장 출시 시점) • 기존 제품 또는 서비스와의 차별화 • 추후 확장성 확보
프로세스 및 방법론	• 프로세스 전개도 • 프로세스 흐름도 • 대안 설계 • 전개 및 상호 기능 맵	• 고객과의 상호 관계에 초점 • 비부가가치(NVA) 활동 최소화 • 변동 최소화 • 스피드 확보 • 오류 및 실패 최소화
정보 시스템	• 논리적 디자인 • 하드웨어 디자인 • 검증 계획 • 데이터 이전 계획 • 시험 및 생산 환경	• 필요한 정보를 필요한 사람에게 적시에 제공 • 지속적인 고객의 피드백 • 적절한 정보 접근성 • 정보의 수집, 저장, 이동의 자동화
인력 시스템	• 업무 및 직무 분석 • 인간공학 디자인 • 교육 시스템 디자인 • 보상 체계 디자인 • 조직 디자인	• 업무 프로세스 중심으로 조직 • 적정 수준의 권한 위임 • 업무 확대 및 전문화 • 업무와 기능의 연결 • 핵심 역량 인식 및 강화 • 평가 및 동기부여 • 경력 개발 및 성장 기회 제공
설비 및 현장	• 도면 • 모델 • 상세 규격 • 배치도	• 중앙 관리와 분권화의 조화 • 낭비 제거 • 인간적 배려 • 안전성 확보
장비 및 도구	• 기술서 • 도면 • 상세 규격	• 고정 투자 최소화 • 일상 업무 자동화 • 실수 방지 • 장비에 대한 신뢰성 • 장비 유지 보수 가능성 확보
자재 및 공급자	• 기술서 • 양식 디자인 • 상세 규격 • 자재 청구서	• 공급 업체와 협력 관계 수립 • 적정 재고 확보 • 균일한 자재 품질

3) 최적화 및 평가 활동

상세 설계가 완료된 후에는 상세 설계의 결과물을 품질, 비용, 납기, 제조 능력 등과 같은 다양한 관점에서 평가하고, 필요한 경우 추가적으로 최적화를 시행함으로써 최종적으로 상세 설계 사양을 확정하는 활동을 수행한다. 그리고 설계 목표 달성을 확인하기 위해서 시뮬레이션simulation을 실시함으로써 결과를 예측할 수도 있고, 만약 목표를 만족하지 못할 것으로 예상된다면 추가적으로 최적화 작업을 진행한다.

(1) 상세 설계 최적화

새로운 제품과 프로세스를 설계하기 위한 상세 설계의 결과물을 검증하고 최종 상세 설계 사양을 확정하기 위해서, 필요한 경우 다음과 같은 활동을 실시한다.

● 허용차 설계Tolerance Design

상세 설계 단계에서 최적 조건을 구했으나 설계된 품질 특성치의 변동이 만족할 만한 수준이 아닌 경우 허용차 설계를 실시한다. 여기서 허용차는 부품 또는 프로세스의 설계 요소가 목표값으로 부터 변할 수 있도록 허용되는 범위를 말한다. 허용차 설계를 위해서는 사용 환경 변화에 따르는 영향을 조사하기도 하고, 실험설계(DOE)를 사용하여 품질 변동에 큰 영향을 주는 원인을 찾아내어 이를 제거하기도 한다. 예를 들어 부품을 선별적으로 바구거나 작업 방법을 자동화하는 등 적절한 조치를 취함으로써 허용차를 줄여 준다. 대부분의 경우 변동을 줄이기 위해서는 비용이 증가하므로 품질, 비용, 납기, 제조 능력 측면에서 합리적으로 허용될 수 있는 부품 및 프로세스의 허용차를 결정해야 한다.

● 실수 방지 설계Mistake Proofing

현장에서 발생할 수 있는 어떠한 비정상적인 상태도 방치함이 없이 즉시 발견하여 조치함으로써 무결점을 추구할 수 있는 장치를 설계에 포함시켜야 한다. 특히 현장에서 발생할 수 있는 실수의 근원을 설계 단계에서부터 예측하여, 이에 대한 대비책을 설계에 반영함으로써 실수로 인한 품질 저하를 사전에 방지해야 한다.

● 재현성 확인Confirm Reproducibility

핵심 설계 인자의 최적 조건의 장기적인 유효성을 예측하는 데 필요한 데이터를 수집하기 위해서, 가능한 경우 현장 상황을 최대한 반영한 시제품을 제작하고 측정한다. 그리고 수집된 데이터를 분석하여 설계 결과가 품질 목표를 달성하는지를 검토하고, 전환 함수 또는 시뮬레이션으로부터 예측된 설계 능력과 실험 결과 사이의 격차를 분석함으로써 재설계가 필요한지 판단한다.

● 신뢰성Reliability 평가

제품의 설계가 완료되어 생산 부서로 이관되기 위해서는 설계된 제품의 신뢰성을 평가할 필요가 있다. 신뢰성의 평가는 시간과 비용의 제약으로 인하여 단기간에 얻어진 데이터로부터 장기적인 결과를 예측하는 형태로 이루어지는 경우가 많다. 이를 위해서는 치밀하게 계획된 평가 절차와 적절한 예측 모형과 통계분석이 필요하다. 이런 목적을 달성하기 위한 신뢰성 평가 방법으로 가속 수명 시험, 가속 피로 시험 등의 방법이 적용될 수 있다.

이러한 과정을 거쳐 최적 조건의 유효성이 입증되었고 경제성과 신뢰성을 고려한 제품 설계가 완료되었음을 확인하였다면, 지금까지 얻어진 데이터를 총 정리하여 상세 설계 사양을 확정한다. 그리고 상세 설계의 결과물이 설계 목표를 달성하는지를 확인하기 위하여 설계 요구 사항의 특성인 y에 대한 예측 모형을 수립하고 필요한 경우 모의실험인 **시뮬레이션**simulation을 시행한다.

시뮬레이션은 복잡한 문제를 해석하기 위해 모형에 의한 실험을 하거나 혹은 사회현상으로 인한 문제를 해결하기 위해 실제와 비슷한 상태를 수식 등으로 만들어 모의적으로 연산을 반복함으로써 특성을 파악하는 기법을 말한다. 이러한 시뮬레이션 기법을 사용하면 모형의 특성을 분석함으로써 실제 프로세스에 대한 결과 분석도 가능하게 되며, 특히 사무 간접 부문의 경우 생산관리, 재고관리, 마케팅 전략, 도시계획 등에 많이 응용된다.

시뮬레이션 기법은 비교적 단순하면서도 사용이 용이하고 적은 비용으로 의사 결정이 가능하므로, 시간의 제약으로 인하여 단기간에 결과를 확인할 수 없는 경우 활용할 수 있다는 장점이 있다. 하지만 시뮬레이션은 사전에 전환 함수가 규명되어야 하고, 설계된 프로세스 혹은 제품에 대한 정보가 부족한 경우 부적절한 결과를 가져올 수 있으며, 보다 정교한 모형을 구축하기 위해서는 많은 비용 및 시간 투자가 필요하다는 단점이 있다. 특히 시뮬레이션 분석은 설계 결과의 검증을 위한 파일럿 실험의 경우에 많이 활용되지만 시뮬레이션 결과는 어디까지나 예측이지 설계 결과가 아니라는 점에 유의해야 한다.

(2) 상세 설계 검토Design Review

상세 설계가 확정되면 그 다음으로 확정된 상세 설계 결과물의 잠재 위험성을 평가하고, 설계 목표를 만족하는지를 최종적으로 확인하여 설계와 관련된 제반 활동의 결론을 도출한다. 잠재 위험 평가는 확정된 상세 설계안을 적용하였을 때를 가정하여 발생 가능한 위험 요소를 도출하고, 위험 요소의 파급효과를 평가하며 주요 위험 요소에 대하여 대응책을 마련하는 것을 말한다. 현 단계에서의 잠재 위험 평가는 설계 초기 단계의 위험 평가 활동과 연계성이 있어야 한다.

특히 상세 설계를 검토할 때는 측정 단계 또는 분석 단계에서 커다란 파급효과가 예상되었던 위험 요소들이 효과적으로 제거되었는지를 확인해야 한다. 또한 검증 단계와 프로젝트 완료 후에도 위험 감소 계획이 제대로 추진되고 있는지를 지속적으로 파악할 수 있도록 적절한 관리 계획을 수립할 필요가 있다.

이와 같이 상세 설계의 평가 과정을 통해 처음 설정한 프로젝트의 목표가 달성되었음이 확인된 후에는, 설계된 제품이나 프로세스가 실제로 잘 작동되고 유지되는지를 확인하는 검증(verify: V) 단계로 넘어가게 된다.

6 검증Verify 단계

　제품이나 서비스 혹은 프로세스를 새롭게 개발하는 프로젝트 수행의 마지막 단계인 검증 단계에서는 설계된 제품이나 프로세스가 실제로 시행할 때에도 효과를 유지할 것인가를 확인하고, 그 결과를 문서화 및 표준화하여 지속적으로 관리될 수 있도록 관리 계획을 수립한 후 현업으로 이관함으로써 프로젝트를 완료하는 단계이다.

　검증 단계도 3장에서 설명한 DMAIC 방법의 관리(C) 단계와 그 내용면에서 유사한 점이 많지만, 새롭게 설계된 제품 또는 프로세스이므로 처음 현업에 적용하는 과정에서 많은 문제가 유발될 수 있으므로 이 점을 고려하여 현업으로의 이관에 더욱 신중을 기할 필요가 있다. 검증 단계에서 주로 수행해야 되는 세부적인 활동, 도구, 산출물을 요약해 보면 <표 4.25>와 같다.

<표 4.25> 검증 단계의 세부 추진 내용

주요 활동	세부 활동	사용되는 주요 도구	주요 산출물
파일럿 검증	• 파일럿 계획 • 파일럿 실행 • 결과 평가 및 조치	• 프로세스 능력 분석 • 측정 시스템 분석 • 고장 유형 영향 분석 (FMEA)	• 수정된 FMEA • 측정 시스템 분석 결과 • 파일럿 결과 보고
관리 계획 실행	• 리스크 평가 • 관리 계획 시행 평가	• 통계적 프로세스 관리 • 실수 방지	• 수정된 FMEA • 관리 계획서 • 프로세스 관리 결과 • 표준 작업 절차서
문서화 현업 이관	• 예상 효과 분석 • 표준화/문서화 • 현업 이관	• 교육, 전파 • 작업 지도서	• 효과 및 성과 산출 • 완료 보고서

1) 파일럿 검증Pilot Test 활동

파일럿 검증은 제품이나 프로세스에 대한 최종 개발안을 소규모로 적용함으로써 개발안에 대한 결과를 현업에 확대 적용하기 전에 미리 확인하고, 추후 발생할 수 있는 잠재적인 위험 요인을 사전에 파악하여 실패 및 위험을 최소화하기 위한 방법이다. 이러한 파일럿 검증 활동은 기존에 없었던 새로운 프로세스나 제품을 개발하는 프로젝트에서 특히 중요하다고 할 수 있다. 파일럿 검증은 설계 결과의 재현성을 검증하기 위함이며 3장의 DMAIC 방법의 개선(I) 단계에서 설명한 계획plan, 실행do, 점검check, 조치action의 순서로 진행하며, 수행 내용은 3장에서 설명한 것과 유사하므로 여기에서는 간략하게 설명하고자 한다.

(1) 계획(Plan)

계획을 수립할 때는 실행 과정에서 발생할 수 있는 위험 요소부터 확인해야 한다. 파일럿 검증은 규모가 작을 뿐이지 직접적인 실행이기 때문에, 이에 따른 위험 요소를 사전에 확인하고 이에 맞는 대책과 다음과 같은 내용이 계획안에 포함되어야 한다.

- 파일럿의 목적
- 목적을 달성할 수 있을 정도의 적정 파일럿 규모
- 파일럿의 세부 사항과 범위
- 파일럿 검증에 필요한 절차서manual
- 필요한 예산, 인력, 시간, 장비 등

그리고 파일럿 계획에는 측정 대상, 측정 방법, 측정 주기, 측정자 등의 내용이 구체적으로 명시된 데이터 수집 계획도 함께 포함되어 있어야 한다.

(2) 파일럿 실행(Do)

원활한 파일럿 검증이 이루어지기 위해서는 사전 활동이 필요한 경우가 있다. 사전 활동으로는 파일럿 실행에 관계된 이해 관계자들에게 파일럿 검증의 목적과 절차를 설명하는 일과 관련 인력을 훈련시키는 일 등이 있다. 파일럿이 실행되면 데이터 수집 계획에 따라 데이터를 수집하게 된다.

(3) 파일럿 점검(Check)

파일럿 검증에서 수집된 결과를 프로젝트의 최종 목표와 비교하여 최종 개발안의 효과에 대하여 확인한다. 파일럿 검증에서 나온 결과를 모아 전체적인 관리 계획을 작성한다.

(4) 파일럿 결과 조치(Action)

목표와의 격차gap를 확인하고 적절한 조치를 취한다. 만약 목표 미달인 경우에는 목표를 달성할 때까지 원인을 분석하고, 개선 혹은 재설계를 반복한다. 반면에 목표를 달성한 경우에는 고장 유형 영향 분석(FMEA)를 수정하며, 전체 규모로 확대하거나 또는 신제품 개발인 경우 양산 체제 돌입을 결정하고 이관 계획을 준비한다.

2) 관리 계획의 수립과 실행 활동

파일럿 검증이 끝난 후 파일럿 결과가 반영된 최종 설계안이 확정되면, 전면 시행에서도 성과가 유지되도록 전반적인 유지 관리 계획을 수립하고 현업 이관을 준비한다. 이를 위하여 최종적인 프로젝트 결과물을 확정하고 전체적인 적용을 위한 위험 요소에 대비하며 필요한 자원을 준비하고, 사용자에 대한 교육을 실시하며 운영 지침서와 표준 작업 절차를 준비한다.

파일럿 검증이 단기간에 대한 성과 위주의 검증이라면, 관리 계획의 수립과 실행은 프로젝트 결과물의 장기간에 대한 성과와 안정성에 대한 검증이라고 볼 수 있다. 관리란 품질 향상과 안정화를 위하여 중요 출력 변수와 입력 변수의 관리를 계획하고 실행하는 과정이다.

(1) 관리 계획 수립

최종 디자인의 성과가 잘 유지될 수 있도록 체계적인 관리 체계 및 시스템을 구축하는 과정을 말한다. 파일럿 검증의 결과가 반영된 최종 디자인이 확정되면 다음과 같은 항목을 검토한다.

- 전체적인 시행을 위한 인프라 구축
- 원활한 인터페이스interface를 위한 체계적인 준비
- 사용자에게 필요한 표준 절차 및 운영 지침
- 사용자 교육

검토된 내용을 바탕으로 관리 계획의 실행과 관련된 위험을 평가한 후에는 다음과 같이 구체적인 운영 계획을 수립하게 된다.

- 회사 전략을 반영하여 범위와 일정을 정한다.
- 필요한 자원, 예산, 인력, 장비를 규정한다.
- 개발된 디자인과 관련하여 관리 항목을 도출하고, 관리 방법을 선정하여 관리 계획을 수립한다.

이때 관리 항목은 프로젝트 CTQ로부터 선정된 Y, 설계 요구 사항의 특성(y), 핵심 설계 인자(X), 고장 유형 영향 분석(FMEA)에서 도출된 중요 관리 항목, 고객의 관리 요구가 있는 항목 등에서 도출하여 평가 후 선정한다. 지나치게 많은 관리 항목은 장기적인 관리 및 유지가 어려우므로 자동화나 표준화 그리고 실수 방지책 등을 통해 관리 항목을 줄이는 것이 바람직하다. 그리고 합리적인 관리와 관리의 구체성을 확보를 위해서는 관리 항목에 대한 규격 설정이 필요하며, 규격을 설정할 때 측정 대상 Y의 성능 표준 달성을 위한 수준으로 정해야 한다.

관리 규격이 설정되면 관리 상태를 판단하기 위해서 측정기, 측정 빈도, 표본의 크기 등 데이터 수집 방법을 수립하고, 규격을 벗어났을 때 취해야 할 조치, 책임자 등을 규정하게 된다. 관리 방법에는 자동화, 체크 시트에 의한 일상 관리, 실수 방지, 관리도 등 다양한 방법이 있을 수 있다. 관리 계획서를 작성할 때 무엇보다 중요한 점은 이관되어야 할 현업 부서와 함께 작성하여 작성에 대한 내용이 사전에 합의되어야 한다는 것이다. 이렇게 해야 프로젝트의 성과가 제대로 유지될 수 있다.

(2) 표준화 및 문서화

업무 절차가 명확하지 못하고 구체적이지 않으면 업무 추진 과정에서 변동이 생기게 되고, 이로 인해 프로세스의 능력이 저하되며 결국 고객 불만족을 초래한다. 따라서 명확하고 구체적인 내용이 표준화의 필수적인 요소이다.

표준화란 제품을 생산하고 프로세스를 운영하는 데 필요한 기준, 규정, 도구 등을 명확히 하고, 이를 표준 업무 절차로 문서화하여 서로 공유하고, 이를 준수하기 위한 모든 활동을 말한다. 결국 제대로 된 프로세스를 설정하여 지킬 수 있도록 문서화한 것이 표준화라 할 수 있다.

(3) 관리 계획 실행

관리의 핵심은 장기적인 관점에서 프로세스가 안정성을 가질 수 있도록 하는 데 있다. 이를 위하여 관리도를 통해 프로세스의 관리 상태를 확인하고, 안정되지 못하고 있다면 문제의 원인을 파악하여 제거함으로써 안정화되도록 해야 한다.

특히 관리 계획을 실행하는 과정에서는 일시적으로 프로젝트 팀원과 현업 종사자가 함께 일하게 되는 경우가 많다. 이 과정에서 설계 결과의 실제 성과를 파악해 볼 필요가 있으며, 가능하면 재무 성과를 산출해 볼 필요가 있다.

3) 현업 이관 활동

프로젝트를 종료하기 위해서는 아직 이관을 위한 준비와 이관 절차가 남아 있다. 이를 위해서 지금까지의 내용을 문서화하고, 문서화된 프로젝트 결과를 프로세스 관리 책임자process owner에게 이관하며 최종 보고서를 제출함으로써 프로젝트를 종료한다.

(1) 이관

개발 결과를 현업에 제대로 이관함으로써 설계 결과가 현업에 정착되고, 문제의 재발을 방지하며 정보의 공유를 통해 이익을 얻기 위해서는 프로젝트 내용을 반드시 문서화해야 한다. 문서화할 때는 구체적인 설계 내용뿐만 아니라 투입된 자원, 추가적인 개선이 필요한 사항 등의 내용도 포함해야 한다. 다시 말해서 지식적인 측면뿐만 아니라 관리적인 측면에서 필요한 내용도 이관 받을 프로세스 관리 책임자에게 제공한다.

만약 개발 대상 상품이 소프트웨어, 프로세스, 정책, 사회 시스템 등과 같이 생산기술이나 유통과 관련이 비교적 적은 경우에는 검증 단계를 마치면 개발이 완료된 것으로 볼 수 있다. 하지만 제품 개발의 경우에는 제품이 고객의 손에 들어가기 전에 해결되어야 할 문제점들이 더 있을 수 있으므로, 다음과 같은 과정을 제품개발 절차에 포함시켜야 하는 경우도 있다. 그러나 이러한 내용은 이 책의 범위를 벗어나므로 자세한 내용은 생략하기로 한다.

- 생산계획

  설계된 제품의 생산을 위해서 설비 공구의 설계, 공정도와 생산 라인 설계, 작업 일정, 품질보증 시스템, 정보 흐름 시스템 계획 등을 수립하고 수행한다.

- 유통계획

  생산된 제품이 고객에게 효과적으로 유통되기 위해서 마케팅뿐만 아니라 포장, 배송, 창고 등과 관련된 계획을 수립한다.

(2) 프로젝트 완료

만약 프로젝트의 목표가 달성되었음이 확인되었고, 새롭게 설계된 제품과 프로세스가 현업에서 원활히 운영되고 있으며, 프로젝트 팀원이 추가 개선을 위한 신규 프로젝트를 준비 중이라면 프로젝트를 완료할 시점이 된 것으로 판단할 수 있다.

프로젝트를 종료할 때는 프로젝트 기간 동안 수고한 팀원들의 노고를 격려하고, 프로젝트 결과물을 평가하며, 프로젝트를 통해 얻은 지식이 기업 내부에 축적되고 공유될 수 있도록 최종 완료 보고서를 작성하여 제출한다. 그리고 서로 자축하며 프로젝트 팀을 해산한다. 이와 같이 프로젝트 팀이 해산된 후에도 회사마다 기준이 다르지만 일정 기간 성과를 추적 관리할 필요가 있다. 왜냐하면 새롭게 무엇을 만드는 것도 중요하지만 유지하고 관리하는 것도 이에 못지않게 중요하기 때문이다.

　어느 기업이 지속적으로 발전하기를 바란다면 끊임없이 개선을 추구하기 마련이다. 따라서 새롭게 개발한 결과를 유지 관리하는 과정에서도 끊임없이 문제 파악을 위해 노력하게 되며, 이러한 노력은 좀 더 개선해야 할 점과 새로운 문제 파악으로 연결된다. 이러한 과정을 통해 새로운 문제가 파악되면 이를 해결하기 위해서 다시 3장에서 다룬 DMAIC를 적용하게 된다. 결국 프로젝트를 완료했다는 것은 새로운 시작을 의미하는 것이다.

7 요약

　지금까지 새로운 제품이나 프로세스를 설계하기 위한 방법론인 DMADV 방법에 대하여 알아보았다. DMADV 수행 내용은 DMAIC 방법의 수행 내용과 중복되는 내용도 많고, Commercial DFSS와 Technical DFSS를 한꺼번에 설명하는 과정에서 독자들이 이해하는 데 다소 혼란스러운 측면도 있을 수 있다. 하지만 두 가지 모두 기본 골격이 되는 로드맵은 동일하고 강조하고자 하는 측면과 활용 기법에 약간 차이가 있을 뿐이다.

　지금까지 언급된 절차와 기법을 모두 사용해야 하는 것은 아니며 필요에 따라 필요한 만큼 상황에 맞게 적용하면 된다. 예를 들어 신제품을 개발할 때 **신뢰성 고려 설계**design for reliability인 경우에는 <표 4.26>와 같은 로드맵을 따를 수 있다.

<표 4.26> 신뢰성 고려 설계의 경우 프로젝트 수행 절차 예

수행 단계	주요 활동	사용되는 도구
정의 단계(D)	• 신뢰성 경영 방침	
측정 단계(M)	• 사용자의 신뢰성 요구 파악 • 신뢰성 목표 설정	• 고객 분석, A/S 정보 • 신뢰성 척도
분석 단계(A)	• 신뢰성 설계 정보 수집 • 설계 조건의 명확화 • 상위 수준 설계	• 기술, 특허, 환경, 개발 관련 정보 수집 • 품질기능전개 • 신뢰성 블록도 • 실수 방지
설계 단계(D)	• 상세 설계 • 신뢰도 예측 • 신뢰성 설계 완료	• 고장 유형 영향 분석 • 파라미터 설계 • 허용차 설계
검증 단계(V)	• 신뢰도 시험 계획 • 신뢰성 시험 • 분석 평가	• 측정 시스템 분석 • 시뮬레이션 • 신뢰성 데이터 분석

　　반면에 영업과 마케팅 분야에서 새로운 프로세스를 설계하고자
한다면 <표 4.27 >과 같은 로드맵을 따를 수도 있다. < 표 4.26 >
과 <표 4.27>의 기본 흐름은 같지만 상황과 중요 관점이 달라져
서 주요 활동과 도구에 약간의 변화가 생긴다. 결국 기본을 이해한
후 필요에 따라 응용하고 취사선택해서 적용하면 될 것이다.

　　특히 로드맵을 적용하는 분야는 세분화 정도에 따라 분야마다 차
이가 있을 수 있으므로 프로젝트 수행 절차도 다양하게 달라질 수
있다. 예를 들어 제조 분야도 노동 집약형 산업과 장치 산업은 차이
가 있으며, 사무 간접 부문도 구매, 영업, 마케팅과 같은 거래 부문

transactional part과 인사, 재무, 총무 등과 같은 행정 부문administrative part은 차이가 있다. 따라서 기본과 원칙은 같지만 각 분야에 맞는 적절한 로드맵을 각자 조율하여 정립할 필요가 있다.

<표 4.27> 영업과 마케팅 분야의 프로세스 개발 프로젝트 수행 절차 예

수행 단계	주요 활동	사용되는 주요 도구
정의 단계(D)	• 전략 및 사업 현황 분석 • 매출 성장 기회 확인 • 프로젝트 정의	• 3C 및 SWOT 분석, 추세 분석 • Portfolio 분석 • 고객 세분화 • 다세대 계획(MGP) • 위험 관리
측정 단계(M)	• 전략 고객 선정 • CTQ 선정 • 측정 대상 Y의 현 수준 파악 및 목표 설정	• 고객 분석, 가노(Kano) 분석 • 측정 시스템 분석 • 벤치마킹
분석 단계(A)	• 고객 가치 및 경쟁사 탐색 • 디자인 개념 설정 • 상위 수준 설계 (가치 판매 전략 수립)	• 품질기능전개 • 벤치마킹 • 아이디어 도출 기법 • 기능전개 행렬(FDM) • 고장 유형 영향 분석, 위험 관리
설계 단계(D)	• 상세 설계(가치 전달 프로세스) • 기술적 문제점 파악 및 해결 • Field Test	• 프로세스 매핑, ECRS • 시뮬레이션 • 고장 유형 영향 분석 • 설계 검토
검증 단계(V)	• Field Test 결과 분석 • 안정적 매출을 위한 계획 수립 • 확산 체계 수립	• 고장 유형 영향 분석 • 성능 분석 • 실수 방지 • 표준화, 문서화, 관리 계획

기업에서의 문제는 항상 있어 왔고 앞으로도 계속 발생할 것이다. 특히 기업에서는 새롭고 값싸며 높은 품질의 제품과 서비스에 대한 고객의 요구가 끊임없이 존재하기 때문에 해결해야 할 문제는 지속적으로 발생하게 된다. 문제가 없는 기업은 완벽한 기업이 아니라 죽은 기업이라 할 수 있다. 뿐만 아니라 사회가 복잡해질수록 기업이 해결해야 할 문제도 점점 복잡해진다. 문제가 복잡할수록 다양한 사람들로 구성된 프로젝트 팀을 구성할 필요가 생기게 되고, 그 결과 다양한 사람이 모이면 모일수록 의사소통은 점점 어려워지며 문제 해결 절차 역시 점점 복잡해진다.

우리는 이 책에서 기업에서 당면하는 문제를 해결하기 위해, 이제까지 개발되고 적용된 문제 해결의 아이디어 및 방법론에 대하여 알아보았다. 그리고 문제 해결을 수행하는 구체적인 절차로서 기존의 프로세스나 제품을 개선하는 데 유용하게 사용되는 방법론인 DMAIC 방법론과 새로운 프로세스나 서비스 혹은 신제품을 개발하는 데 사용되는 방법론으로서 DMADV의 내용에 대하여 살펴보았다.

DMAIC 방법론과 DMADV 방법론의 로드맵을 살펴보면, 기본적으로 의사 결정과 실행이 반복되는 과정임을 알 수 있다. 이때 올바른 의사 결정을 위해서는 창의적 사고와 비판적 사고에 바탕을 둔 사고의 확산과 수렴이 필요하고, 논리적 사고에 바탕을 둔 하류 전개와 상향 흐름 확인이라는 분석 과정 또한 요구된다. 그리고 실제 실행 과정에서는 PDCA 사이클을 적용할 수도 있다. 이러한 프로젝트 수행 절차의 로드맵을 살펴보면 결국 그 속에 다음과 같은 세 가지 기본 활동이 계속 반복되고 있음을 알 수 있다.

● 확산과 수렴

문제 해결을 위한 사고 과정은 기본적으로 확산과 수렴을 반복한다. 확산이란 창의적 사고를 바탕으로 양적으로 많은 아이디어를 내는 것을 말하며, 수렴이란 비판과 평가 과정을 통하여 옳은 것을 질적으로 선별하는 것을 말한다.

예를 들어 문제 해결을 위해 많은 대안을 도출한 후에 평가 과정을 통해 최적안을 선정하기도 하고, 설계 과정에 필요할 것으로 기대되는 많은 설계 요인들 가운데 핵심 설계 요인vital-few을 선별하기도 하는 것 등이 수렴에 해당된다. 올바른 결론을 도출하기 위해서는 먼저 양적 확산이 이루어지고 그 다음에 질적 전환이 교대로 균형 있게 이루어져야 한다.

특히 신제품 개발은 일반적으로 성공률이 낮다. 따라서 성공률을 높이기 위한 다양한 방법과 끈질긴 노력도 중요하겠지만 실패할 것은 빨리 실패하는 것이 바람직할 수도 있다. 이것이 신제품 개발할 때 창의성(확산) 못지않게 올바른 평가 과정(수렴)이 중요한 이유이다.

● 하류 전개와 상향 흐름 확인

어떤 사물이나 상황을 제대로 이해하기 위해서는 하류 전개와 상향 흐름 확인이 필요하다. 하류 전개란 분류를 통하여 상위 수준에서 하위 수준으로 점차 세분화해 가는 과정을 말하며, 상향 흐름 확인이란 전개 과정을 거꾸로 거슬러 올라가서 하류 전개가 제대로 이루어졌는지를 확인하는 것이다.

하류 전개의 예를 들어보면 Big Y 전개, Why-Why도를 통한 근본 원인 파악, 시스템의 분해, 프로세스의 수준별 세분화 등 다양한 경우가 있을 수 있으며, 이러한 과정을 통해 서로 간의 관계를 이해하게 된다. 그리고 상향 흐름 확인의 예를 들어 보면 상세 설계에서 설정된 설계 인자의 조건을 충족하면 과연 핵심 기능의 요구 조건을 충족하게 되는지를 거꾸로 확인하는 것 등이 이에 해당된다. 하류 전개와 상향 흐름 확인 과정에서 길을 잃지 않기 위해서는 논리적 사고에 바탕을 둔 로직트리가 중요한 역할을 한다.

● PDCA 사이클

무엇인가를 실행할 때는 계획을 수립하고 이를 실행한 후 결과를 검토하고 조치를 취하는 과정을 밟게 된다. 예를 들어 고객 요구 조사, 벤치마킹, DOE, 파일럿 검증 등과 같이 무엇인가를 실행할 때는 PDCA 사이클을 따르게 된다. PDCA 사이클은 실행을 통한 학습 과정으로 볼 수 있으므로 사이클을 수행하고 나면 지식을 얻게 된다.

결국 DMAIC 방법론이나 혹은 DMADV 방법론의 로드맵은 문제 해결이라는 목적지에 무사히 도착할 수 있도록 생각의 흐름을 체계적으로 연결해 주는 이정표의 역할을 한다. 로드맵을 이해하지 못한 상태에서 문제를 해결하려는 것은 지도 없이 탐험을 떠나는 것과 같다. 로드맵이 잘 구비된 경우에는 목표 달성을 위한 여정이 제대로 이루어질 수 있고 그 과정에서 문제 해결에 필요한 지식을 얻게 되며, 그 결과 문제 해결이라는 목적지에 효율적으로 도달할 수 있게 된다.

그리고 이 책에서 다룬 이러한 문제 해결에 대한 개념과 정형화된 문제 해결 절차를 이해하고 사용한다면 구성원들 간에 의사소통이 원활해질 수 있을 뿐만 아니라 체계적으로 문제 해결을 추진하는 데 도움이 될 수 있을 것이다.

특히 저자들이 마지막으로 강조하고 싶은 점은 문제 해결의 핵심은 문제 인식부터 시작하여 종결될 때까지 모든 과정이 **통합적**으로 이루어져야 한다는 점이다. 그리고 문제의 상황이 복잡할수록 이 책에서 설명한 문제 해결의 방법들이 효율적으로 이루어지기 위해서는 다음과 같은 문제 해결에 대한 통합적 사고방식 및 통합적 방법론을 활용하는 것이 중요하다고 하겠다.

● 기업의 전략, 고객, 시장과의 통합

문제 해결의 결과가 기업의 성과에 기여하기 위해서는 기업의 전략과 방침, 고객, 시장으로부터 문제가 도출되어야 할 뿐만 아니라 문제 해결 방향 역시 기업의 전략, 고객, 시장과 연계될 필요가 있다. 문제를 인식하고 해결하는 과정에서 전략, 고객, 시장과의 정렬alignment을 확인하는 것이 무엇보다 중요하다고 할 수 있다.

● 사람의 통합

복잡한 문제를 해결하기 위해서는 문제와 관련된 다양한 배경, 지식, 관점을 가진 사람들로 프로젝트 팀을 구성할 필요가 있다. 이때 팀원들 사이의 벽을 뛰어 넘어 통합을 이루기 위해서는, 문제 해결 절차 속에서 의사소통이 제도적으로 원활히 이루어지도록 해야 한다.

예를 들어 문제 해결의 한 단계를 마치려면 톨게이트 리뷰toll gate review 또는 설계 검토design review를 반드시 거치게 함으로써, 관련된 사람들이 진행 사항을 공유하는 것도 통합의 한 방법이라고 할 수 있다.

● 관련 프로세스의 통합

부분 최적화가 아닌 회사 전체 차원의 최적화를 이루려면 부서 또는 프로세스 간의 벽을 뛰어 넘어 여러 프로세스에 걸친 문제를 통합적으로 해결해야 한다. 이를 위해서는 개별 프로세스에서 문제를 발견하는 것이 아니라, 고객이 중요하게 여기는 사항 또는 기업의 핵심 성과 지표 등을 먼저 정하고, 그 다음에 이와 관련된 프로세스들을 파악하고 통합하여 문제점을 해결하는 것이 바람직하다.

● 문제 해결 절차(과정과 결과)의 통합

문제 해결 절차가 문제를 인식할 때부터 종결될 때까지의 전 과정을 포함하고 있어야 하며, 결과와 과정의 통합이 이루어져서 문제 해결 과정을 따라가다 보면 원하는 목적지에 도착할 수 있어야 한다. 특히 문제 해결 과정도 결과만큼 중요할 수 있다.

예를 들어 신제품의 품질은 개발과 설계하는 과정에서 대부분 결정되므로, 제품을 개발하는 과정이 제품 자체만큼 중요할 수도 있다.

● 의사 결정과 실행의 통합

의사 결정을 할 때는 아이디어의 도출, 분석, 평가, 선택을 거치게 되며, 실행을 할 때는 계획, 실천, 검토, 조치를 거치게 된다. 원활한 문제 해결을 위해서는 의사 결정과 실행이 분리되어 이루어지지 않고, 통합되어 순환적으로 함께 이루어질 때 실행력이 높아진다. 따라서 실행이 완료되어 목적을 달성했다는 것이 확인될 때 비로소 문제 해결 절차가 종결된 것으로 보아야 한다.

● 사람과 정보의 통합

문제와 관련하여 불확실성과 모호성을 극복하기 위해서는 믿을 수 있는 정보가 적기에 필요한 사람에게 제공될 수 있어야 하고, 수집된 정보와 창출된 지식은 구성원과 쉽게 공유될 수 있어야 한다. 그러기 위해서는 문제 해결 절차 속에 필요할 때 데이터 수집 과정이 체계적으로 이루어질 수 있도록 구조화할 필요가 있다.

● 자원과 성과의 통합

문제 해결을 위해 사용 가능한 자원(인력, 예산, 시간, 공간 등)은 한정되어 있다. 이러한 자원이 목표 달성과 성과를 위해 효율적으로 배분되기 위해서는 계획이 필요하고, 계획대로 추진되기 위해서는 단계별로 이를 확인하기 위한 적정 수준의 평가와 통제가 필요하다.

● 문제 해결 절차와 도구의 통합

문제 해결의 각 단계마다 필요한 기법, 도구, 소프트웨어 등이 충분히 제공되어야 한다. 그리고 필요한 기법들이 염주처럼 문제 해결 절차라는 끈에 하나로 꿰어져서 구조화되어 있는 것이 바람직하다.

● 일하는 방식과의 통합

문제 해결 절차와 일하는 방식이 따로따로 분리되어 있는 것보다는 하나로 통합되는 것이 바람직하다. 다시 말해서 문제 해결 절차가 지혜롭게 생각하고 일하는 방식으로 구성원들에게 인식되고, 나아가서 기업 문화로 정착될 필요가 있다.

기업이 급변하는 변화에 적응하고 성과를 창출하기 위해서는 혁신과 끊임없는 개선이 필요하며, 이를 위해서는 문제 해결을 위한 올바른 통합적 접근 방법이 요구된다. 만약 기업이 문제가 무엇인지조차 잘 모른다면 이것이야말로 가장 큰 문제이며, 문제를 알았다 하더라도 해결하고자 하는 의지가 없다면 아무 소용이 없고, 해결하고자 하는 의지가 있더라도 문제 해결 절차를 잘 모른다면 시행착오를 거듭하기 마련이다. 결국 '올바른 문제를 올바른 방법으로 해결하는 것'이야말로 기업의 성과 창출을 위한 핵심 요인이라고 할 수 있다.

프로젝트 수행에 사용되는 주요 기법

문제를 제대로 해결함으로써 얻을 수 있는 프로젝트의 성과는 고객 가치 창출에 기여할 수 있는 좋은 프로젝트 테마를 선정하고, 열정과 역량을 갖춘 팀원들이 체계적인 문제 해결 절차에 따라 '적절한 기법'을 활용함으로써 달성될 수 있다. 본 부록에서는 3장의 DMAIC 방법론과 4장의 DMADV 방법론의 문제 해결 과정에서 언급만 하였거나 설명이 불충분하였던 기법들 중 주요 기법들을 소개하고 설명하고자 한다.

앞의 3장과 4장에서 각 단계별로 내용을 설명하는 첫머리에서 수행하는 업무와 사용되는 기법들을 간단히 정리하고 소개하였다. 그러나 그러한 내용은 일반적인 것으로서 특정 단계에서 특정 내용을 반드시 수행해야 하고, 또 언급한 기법들이 필수적으로 적용해야 하는 것은 아니다. 비록 DMAIC와 DMADV의 방법론에서는 정형화된 수행 내용 및 절차가 구비되어 있고, 또 절차에 따라 수행하는 것을 강조하지만, 프로젝트의 성격 및 상황에 따라 적절히 변형하여 사용하는 것이 필요하다는 것은 앞에서도 강조하였다. 따라서 적용되는 기법도 상황에 따라 올바르게 선택하여 적절히 적용해야 한다.

본 부록에서는 프로젝트를 수행하는 각 단계에서 사용될 수 있는 주요 기법들을 크게 언어나 문자, 그림 등을 이용하는 **정성적**

qualitative인 방법과 숫자로 표현되는 데이터를 이용하여 분석하는 **정량적**quantitative인 분석 기법으로 나누어 소개하고자 한다. 그리고 일부 기법의 내용을 이해하기 위해서는 관련 분야의 전문적인 지식이 필요한 경우도 있다. 본 부록에서는 상세한 내용은 생략하고 간략하게 소개만 하기로 한다. 보다 상세한 내용이 필요한 독자는 해당 분야의 전문 서적을 참고하기 바란다.

프로젝트가 성공적으로 수행되기 위해서는 다양한 기법과 도구들에 대한 정확한 이해와 함께, 프로젝트 각 단계에서 이러한 기법이나 도구가 적소에 적절히 사용되는 것이 필수적이라 할 수 있다.

A.1 정성적 분석 방법

프로젝트가 효율적으로 수행되기 위해서는 실로 다양한 기법들이 적재적소에 적용되어야 한다. 여기에서는 먼저 언어나 문자 혹은 도표를 이용하는 정성적인 방법부터 설명하기로 하고, 데이터를 사용하여 분석하는 방법은 다음의 정량적 분석 기법에서 소개하기로 한다.

A.1.1 프로세스 매핑Process Mapping

(1) 프로세스 매핑의 개념 및 작성 방법

프로세스란 회사 전체 혹은 일부 조직에서 어떤 입력input을 받아들여 고객에게 가치 있는 결과인 출력output을 산출하는 행동들의 집합을 의미하며, 이러한 프로세스를 효율적으로 관리하기 위하여 특정 업무의 흐름의 과정(프로세스)을 도식화(매핑)한 것을 프로세스 맵process-map이라 한다. 그리고 프로세스 맵을 작성하여 프로세스의 비효율적인 면과 문제점들을 파악하고 개선하고자 하는 방법이 프로세스 매핑 기법이다. 일반적으로 프로세스 맵은 다음과 같은 순서를 거쳐 작성하게 된다.

① 프로세스의 업무 파악 및 정의

특정 프로세스에 대해 맵을 작성하기 위해서는 우선 분석 대상이 되는 프로세스 업무의 특징 및 프로세스의 조직, 문서, 규칙, 시기와 같은 업무 추진 방법 등을 우선적으로 명확히 파악한다.

② 프로세스의 세분화

특정 프로세스의 업무와 추진 방법 및 범위에 대한 파악을 마친 후에는 프로세스 업무를 세분화한다. 그리고 분석하고자 하는 프로세스에서 상위 업무와 하위 업무를 체계적으로 분석하며 최소 활동 단위까지의 업무 관계를 파악한다. 분석 대상이 되는 프로세스의 최소 활동 업무를 태스크task라 하며, 하나 혹은 여러 개의 태스크가 연속적으로 수행되어 산출물이 나오게 된다. 이렇게 산출물이 생성되는 최소의 업무 활동 단위를 액티비티activity라 한다.

③ 업무 흐름도의 작성

프로세스를 세분화하고 난 후, 액티비티별로 업무를 정의하고 각 액티비티에서 수행되는 최소 활동 단위 업무인 태스크를 파악한다. 이때 관련 규정 및 정보, 그리고 업무의 흐름, 사내 정보 시스템과의 관계를 파악하여, 태스크들의 관계 및 업무 흐름을 <그림 A.1>과 같은 기호를 사용하여 도식화한 업무 흐름도flow chart를 프로세스 맵이라 한다. 업무 흐름도를 작성할 때는 단순한 업무 흐름도 이외에 프로세싱 타임(P/T), 리드 타임(L/T), 사이클 타임이나 기타 품질 관련 지표값을 추가하여 작성하기도 한다.

<그림 A.1> 업무 흐름도에서 사용되는 기호

작성 기호	용도	사용 방법
(둥근 사각형)	프로세스 이름	프로세스의 이름을 '명사+동사'의 형태로 기입
(사각형)	단계별 업무 활동	업무 활동 내용을 정확히 기재
(서류 모양)	서류 및 양식 발행	발행되는 결과물, 보고서 양식
(마름모)	선택 및 의사 결정	보고, 합의, 확인, 검토, 비교 검사 등의 내용을 기재
(사다리꼴)	대기 상태의 표시	다음 업무(task)로 이행하기 전의 대기 상태를 나타냄
(원)	보관의 표시	산출물을 보관하는 업무를 나타냄

예를 들어 <그림 A.2>는 어느 회사에서 자사 제품에 대한 고객들의 불만을 접수하여 처리하는 프로세스를 이해하기 위하여 업무 흐름도를 작성한 결과이다.

<그림 A.2> 고객 불만 접수 처리 프로세스 맵(As-Is process map)

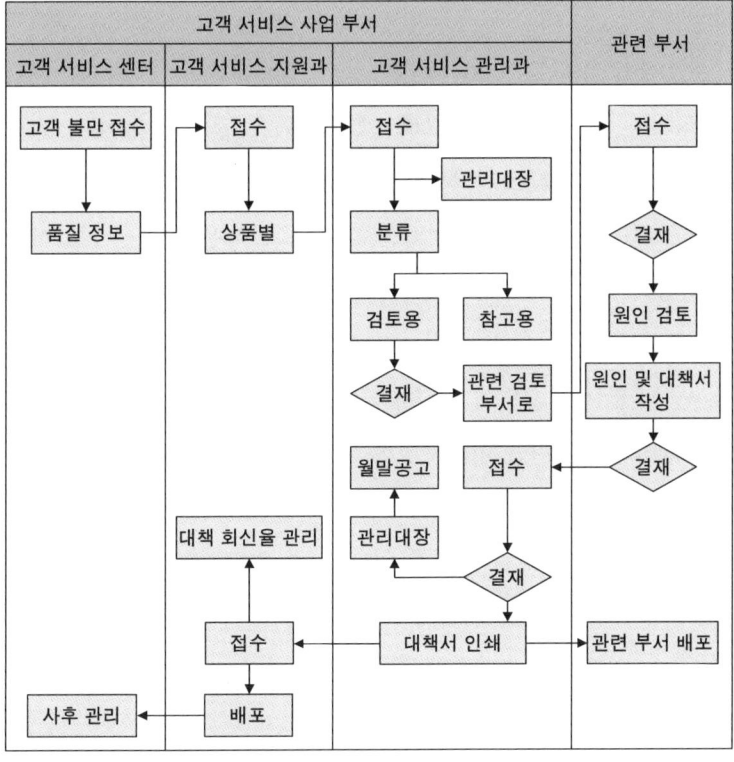

그리고 프로세스에서 가장 기본적인 업무 단위인 테스크에 대하여 업무 흐름도를 작성할 수도 있지만, 업무의 상위 단위인 액티비티나 혹은 그 보다 상위 단위를 기본 단위로 하여 업무 흐름도를 작성한 것을 프로세스 블록 구성도라 하며, 앞의 4장의 4절인 분석 단계에서 설명하였다. 이러한 프로세스 블록 구성도는 프로세스를 새롭게 설계하거나 혹은 기존의 프로세스를 분석할 때, 상위 프로세스 과정에 대한 흐름을 파악할 때 유용하게 사용될 수 있다.

(2) SIPOC

프로세스 블록 구성도를 작성할 때 공급자supplier, 인풋input, 프로세스process, 아웃풋output, 그리고 고객customer을 파악하여, <그림 A.3>과 같은 형태로 작성한 것을 SIPOC라 한다. 이러한 SIPOC 도표는 CTQ와 연관된 핵심적인 프로세스, 혹은 업무를 파악하는 데 유용하게 사용될 수 있다.

특히 SIPOC를 작성할 때는 순서를 거꾸로 고객, 아웃풋, 프로세스, 인풋, 공급자 순으로 작성하는 것이 바람직하며, 어디서 프로세스가 시작되고 끝나는지를 분명히 해야 하고, 너무 세세한 부분까지 들어가지 않고 프로세스의 상위 수준에 집중함으로써 큰 그림을 이해하는 데 초점을 맞출 필요가 있다. 또한 SIPOC는 프로젝트 관련자들로 하여금 동일한 시각으로 프로세스를 이해하게 해주므로 의사소통을 위해서도 유용하게 활용될 수 있다.

<그림 A.3> SIPOC 작성 도표

공급자 (Supplier)	인풋 (Input)	프로세스(Process)	아웃풋 (Output)	고객 (Customer)
		1. ⇩ 2. ⇩		

A.1.2 프로젝트 범위 분석 방법

프로젝트를 수행할 때, 정의 단계에서 개선 테마나 혹은 설계해야 할 새로운 제품이나 서비스의 범위를 파악하여 프로젝트의 범위를 결정해야 한다. DMAIC 방법론에서는 SIPOC이나 프로세스 매핑이 널리 활용되지만, 재설계가 아니라면 기존 프로세스가 존재하지 않으므로 여기서는 범위 설정을 위하여 유용한 In-out of the Frame 법, Worst-first법, Multi Generation Plan(MGP)을 간략히 소개하기로 한다.

(1) In-out of the Frame 기법

이 기법에서 frame의 의미는 액자의 틀을 유추하여 만든 시각적 도구를 뜻하며, 이 기법은 프로젝트를 결과의 유형, 영향을 받는 조직이나 사람, 시기, 서비스 등을 '액자의 틀'로 가상하여 그린 다음, '틀 안', '틀 중간'과 '틀 밖'에 있는 것을 확인하여(<그림 A.4> 참조), 프로젝트의 범위를 적절하게 결정하는 방법이다. 예를 들어 '틀 안'에 있는 것은 범위에 들어가는 것이고, '틀 중간'에 있는 것은 논란의 여지가 있거나 일부만 범위에 포함되는 경우이다. 이 방법은 범위에 대한 팀원들 사이에 의견 차이가 있거나 팀이 직면하고 있는 범위 관련 문제가 지나치게 많다고 느낄 때 유용하게 활용될 수 있다.

<그림 A.4> In-out of the Frame 기법의 그림

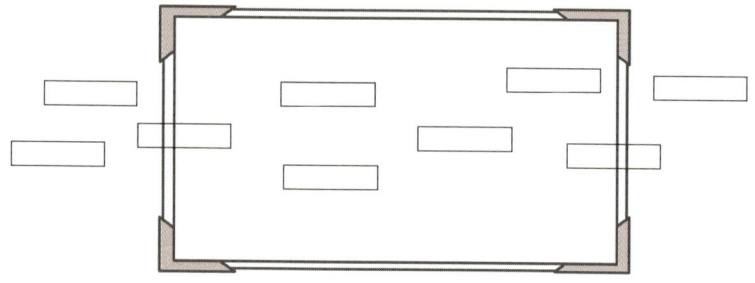

(2) Worst-first 기법

프로젝트와 관련된 문제의 내용과 목표가 다양하고 이들끼리 서로 모순되거나 상충될 때 주로 사용되는 기법이다. 이 방법에서는 다음과 같은 질문을 사용하여 최악의 상황이 무엇인지를 파악하여 프로젝트의 범위에 먼저 포함시킨다. 이 기법은 정성적인 방법이나 혹은 정량적 데이터로 질문의 내용 확인이 가능한 경우에 활용할 수 있는 방법이다.

- 고객의 불만이 가장 많이 발생되는 곳은 어디인가?
- 현재 가장 시급한 문제는 무엇인가?
- 고객이 어떻게 선택을 하는가?
- 원가를 가장 많이 차지하는 곳은 어디인가?
- 가장 핵심적인 것은 무엇인가?

(3) 다세대 계획(Multi Generation Plan: MGP)

MGP는 비즈니스 기회를 모색할 때도 사용되지만 프로젝트를 세대별로 구분하여 설정하는 중장기 계획의 프로젝트 범위를 명확히 할 때도 유용하게 사용될 수 있는 기법이다. 다세대 계획은 먼저 제품과 서비스에 대한 장기적 비전을 수립하는 데서 출발한다. 그 비전으로 향하는 여정에서 1세대, 2세대, 3세대 등과 같이 비전을 몇세대로 나누고, 각 세대별로 비전을 달성하기 위하여 기술, 이미지, 인프라 등을 향상시킬 계획을 수립한다. 이 과정에서 프로젝트 범위가 확정될 수 있다. 이때 처음 첫 단추를 잘못 끼우면 나중에 수정하기 어려워지기 때문에, 특히 출발이 되는 1세대 프로젝트 범위에 무엇이 들어가야 하는지 정확하게 설정하는 것이 매우 중요하다.

A.1.3 고객 요구 분석 방법

(1) 고객 요구 조사 방법

고객이 요구하는 바를 파악하고 고객 지향적인 기업이 되기 위해서는 고객의 소리(Voice Of Customer: VOC)를 정기적으로나 혹은 필요할 때 조사하고 파악해야 한다. 이때 고객 정보는 다음과 같은 여러 경로를 통해 얻을 수 있다.

● 고객과 인터뷰

고객을 능동적으로 이해하기 위해서는 현재와 미래의 고객을 끊임없이 만나야 한다. 질문을 통해 좋아하고 싫어하는 점, 구입할 때 고려하는 요소, 개선할 점 등을 파악한다.

● 포커스 그룹 미팅

제품과 관련된 특정 고객 6~12명을 포커스 그룹으로 선정하여 적절한 수준의 토론을 하는 것이다. 이때 능숙한 사회자가 준비된 질문을 주어서 제품의 장단점에 대해 토론하는 방법이다.

● 고객 불만 조사 및 접수

제품에 대한 요구 사항을 알기 위한 확실한 방법은 고객 불만을 조사하는 것이다. 고객 불만은 고객 지원 부서, A/S 센터, 유통 업체의 반품 센터, 이메일을 통한 불만 접수, 인터넷 쇼핑몰에서의 고객 평가 등을 통하여 확인할 수 있다.

고객 요구 조사를 할 때 고객 전체를 대상으로 조사하기 어려운 경우가 대부분이다. 이때에는 고객 집단 가운데 일부인 표본을 추출하여 조사하게 된다. 이러한 경우 표본설계는 전체 고객의 특징을 잘 반영할 수 있도록 설계되어야 하며, 일반적으로 다음과 같은 순서를 따르는 것이 바람직하다.

① 조사의 목적을 명확히 한다.

조사의 목적과 범위가 명확하고 구체적이어야 조사 방법과 설문지 설계 등을 제대로 기획할 수 있다.

② 조사 모집단을 규정한다.

조사 목적에 의하여 개념상 규정된 모집단을 **목표 모집단**target population이라 하고, 표본을 추출하기 위하여 규정된 모집단을 **조사 모집단**sampling population이라 한다. 이상적인 표본조사라면 이 두 모집단이 일치하여야 하지만, 실제 문제에 있어서 일치되지 않는 경우가 많다. 이런 경우에는 조사 모집단에 한정하여 통계적 결론을 내려야 한다.

③ 조사표 또는 설문지를 설계한다.

조사 단위에 대해서 관찰 또는 측정하는 항목을 조사 항목이라 하며, 이 조사 항목을 일정한 형식으로 나열한 표가 **조사표**이다. 반면에 **설문지**는 응답자에게 주어지는 질문 형식의 문항을 체계적으로 모아 놓은 것을 의미한다. 조사표나 설문지는 조사 목적에 부합되도록 적절히 설계하는 것이 중요하다.

④ 데이터 수집 방법을 결정한다.

조사 목적과 예산에 따라 어떤 방법으로 조사를 시행할지 결정해야 하며, 조사 방법으로는 다음과 같은 방법들이 있다.

● **직접 면접 방법**Personal Interview Method

　이 방법은 조사원이 조사 대상으로 선발된 고객 한명 한명을 직접 면접이나 전화를 통하여 사전에 잘 구성된 질문 내용에 따라 고객의 요구를 조사하거나 설문지에 응답하도록 하는 방법이다.

● **우편 조사 방법**Mail Survey Method

　미리 작성된 설문지를 우편으로 고객에게 전달하고 다시 회신을 받는 방법이다. 이 방법을 사용하고자 할 때는 응답 회신율을 높이기 위하여, 회신하였을 경우 보상 대책 등을 마련하는 것이 중요하다.

● **조서 분석 방법**Protocol Analysis Method

　이 방법은 설문지나 질문 내용을 구체적으로 명시하지 않고 고객이 자유롭게 대답할 수 있도록 질문 및 면접을 실시한 후, 수집된 자료를 조사 목적 및 의도에 맞게 조사자가 다시 고쳐 써서 조사하는 방법이다. 이 방법을 사용하기 위해서는 수집된 자료에서 고객의 소리에 대한 패턴이 쉽게 파악될 수 있도록 코딩 시스템을 개발하는 것이 필요하다.

● **시장 시험 조사**Market Test

　이 방법은 상품이나 서비스를 개발한 후 먼저 고객의 반응 등을 시험적으로 실시하는 조사를 의미한다. 예를 들어 신상품이나 새로운 서비스에 대하여 고객들이 유사한 상품이나 서비스를 제공받는 상황을 가정하여, 그들로 하여금 회사가 제공한 상품이나 서비스에 대하여 평가하도록 하는 방법이며, 새로운 상품이나 서비스의 완전한 상업화의 바로 전 단계에서 고객 요구의 파악의 마지막 단계로 사용되기도 한다.

⑤ 추출틀Sampling Frame을 결정한다.

모집단에 속하는 모든 추출 단위들의 목록을 추출틀이라고 한다. 추출틀은 조사 모집단의 구체적인 표현이므로 가능한 한 완전해야 조사 과정에서 발생하는 오차를 줄일 수 있다.

⑥ 표본추출 방법을 결정한다.

비용과 시간을 절감하면서도 모집단의 특성이 잘 반영되도록 표본을 추출하는 방법을 결정하여야 한다. 이때 표본의 크기가 결정되며, 표본설계가 제대로 이루어져야 의미 있는 통계분석을 할 수 있게 된다. 표본을 설계하는 데는 통계학의 샘플링 기법이 사용되며 일반적인 기법을 소개하면 다음과 같다.

● **단순 임의 추출 방법**Simple Random Sampling Method

이 방법은 고객의 전체 집단에서 인위적인 조작이 없이 일부를 무작위로 추출하여 조사하고자 하는 표본 집단을 구성하는 방법이다.

● **층화 임의 추출 방법**Stratified Random Sampling Method

이 방법은 고객의 전체 집단을 나이, 소득, 혹은 학력에 따라 몇 개의 층으로 분할한 후, 각 층으로부터 일정 수의 고객을 무작위로 추출하여 조사 대상인 표본 집단을 구성하는 방법이다.

● **집락 추출 방법**Cluster Sampling Method

단순 임의 추출 방법이나 층화 임의 추출 방법을 사용하고자 할 때는 전체 고객이 목록이 있어야 가능하게 된다. 그러나 전체 고객에 대한 목록이 없는 경우에는 고객들이 속해 있는 몇 개의 지역(예를 들어 시, 군, 구)을 먼저 추출하고, 추출된 지역에서 속해 있는 고객을 임의로 추출하는 방법이다. 이러한 경우 지역과 같이 고객들이 속해 있는 구역을 집락cluster이라고 한다.

예를 들어 서울시에 거주하는 고객을 대상으로 100명을 추출하여 조사하고자 할 때, 단순 임의 추출법이나 층화 임의 추출 방법을 사용하고자 할 때는 서울시에 거주하는 전체 고객 명단이 있어야 한다. 이러한 전체 고객 명단이 없는 경우에는 먼저 전체 서울시의 동의 목록을 마련하여 임의로 몇 개의 동을 추출하고, 추출된 동에서 100명을 분배하여 조사 대상 표본 집단을 구성하는 방법이 집락 추출 방법이다.

⑦ 조사를 통하여 정보를 수집한다.

조사원들에 대해 치밀한 교육과 감독을 함으로써 이들에 의한 오차가 발생하지 않도록 유의해야 한다. 그리고 수집된 정보는 확인 및 검토 절차를 거치도록 한다. 이러한 오차를 줄이는 방법으로 전반적인 조사를 실시하기 전에 소규모의 예비적인 파일럿 조사를 실시하여 문제점을 검토하여 대비할 수도 있다.

⑧ 결과를 정리 분석한다.

데이터 수집이 끝나면 데이터를 효과적으로 분석할 수 있도록 정리한다. 먼저 데이터를 검토하면서 전산 처리가 가능하도록 부호화 coding한다. 데이터의 정리가 끝나면 통계적 기법을 활용하여 분석하고 그 결과를 해석하여 고객 요구 사항을 파악한다.

(2) 가노Kano 분석 방법

일본의 품질 전문가 가노는 고객 요구를 분류하는 데 있어서 4장의 <표 4.7>에서 설명한 기본 품질요소, 성과 품질요소, 감동 품질요소 이외에 역품질요소reverse factor, 무관심 품질요소indifferent factor의 두 가지 분류 항목을 추가하였다.

역품질요소는 요구 사항이 충족되면 불만족을 야기하고, 충족되지 않은 경우 만족을 느끼는 고객 요구 사항을 의미하며, 무관심 품질요소는 요구 사항이 충족되거나 되지 않거나 고객들이 만족은 느끼지 않는 항목이다. 특정 고객 요구 사항이 이러한 5가지 품질요소 중 어떤 요소에 해당하는지 분석하는 방법으로, 가노는 설문 내용을 이중으로 작성한 설문지를 사용하는 방법을 제시하였다. 이중 설문이라 함은 설문지의 각 문항에 대하여 긍정적 질문과 부정적 질문의 짝으로 질문하는 방법이다.

예를 들어 새로운 핸드폰을 개발할 때, '인터넷 기능 제공'이라는 항목은 어떠한 요소인지를 파악하고자 할 때, 이 항목에 대하여 다음과 같이 질문을 5점 척도를 이용하여 이중으로 작성하게 된다.

Ⅰ. 만약 핸드폰에 인터넷 기능이 있다면 어떤 느낌이 들겠습니까?
　① 아주 불만족할 것이다.　② 불만족할 것이다　③ 아무런 느낌이 없다.
　④ 만족할 것이다　　　　　⑤ 아주 만족할 것이다.

Ⅱ. 만약 핸드폰에 인터넷 기능이 없다면 어떤 느낌이 들겠습니까?
　① 아주 불만족할 것이다.　② 불만족할 것이다.　③ 아무런 느낌이 없다.
　④ 만족할 것이다.　　　　　⑤ 아주 만족할 것이다.

위와 같이 이중 설문에 의해 고객의 만족도를 조사한 후 <표 A.1>과 같은 이원표에 각 응답 항목에 대한 응답 횟수를 정리하여 분류하는 방법이다.

<표 A.1> 이원표 품질요소 분류 이원표

긍정적 질문 부정적 질문		긍정적 질문에 대한 응답				
		①	②	③	④	⑤
부정적 질문에 대한 응답	①	S	B	B	B	P
	②	R	I	I	I	E
	③	R	I	I	I	E
	④	R	I	I	I	E
	⑤	R	R	R	R	S

S: 결정하지 못함,　　　　　　　　　　B: 기본 품질요소(basic factor),
P: 성과 품질요소(performance factor),　E: 감동품질요소(excitement factor),
I : 무관심요소(indifferent factor),　　　R: 역품질요소(reverse factor)

앞에서 설명한 '핸드폰의 인터넷 기능' 항목에 대하여 100명의 고객으로부터 이중 설문 방법에 의해 자료를 조사하여 <표 A.2>와 같이 정리되었다고 하자.

<표 A.2> 핸드폰의 인터넷 기능에 대한 고객 응답 이원표

부정적 질문 ＼ 긍정적 질문		긍정적 질문에 대한 응답				
		①	②	③	④	⑤
부정적 질문에 대한 응답	①	0	0	6	55	10
	②	1	3	2	5	4
	③	0	1	3	1	4
	④	0	0	3	0	1
	⑤	0	0	0	0	1

(단위: 명)

<표 A.2>의 결과를 <표 A.1>의 분류 방법에 따라 정리하면, 성과 품질요소(P)로 대답한 사람은 10명, 기본 품질요소(B)로 대답한 사람은 61명(0+6+55), 그리고 감동 품질요소(E)로 응답한 빈도는 9명(4+4+1), 무관심 품질요소(I)로 응답한 경우는 18명으로 파악된다. 따라서 '핸드폰의 인터넷 기능' 항목은 고객들이 기본 품질요소임을 알 수 있으며, 고객들은 당연히 충족될 것으로 기대하고 있는 요소로 판단할 수 있다.

A.1.4 품질기능전개(Qualty Function Deployment: QFD)

품질기능전개(Quality Function Deployment: QFD) 기법은 고객 요구사항을 제품이나 서비스의 품질에 반영하는 과정을 단계별로 전개하여 각 부서의 기능을 체계적으로 파악하고자 하는 기법으로 다음과 같은 방법으로 수행한다.

(1) 품질주택(House of Quality: HOQ)

QFD 기법에서는 먼저 품질주택(HOQ)이라는 도표를 작성하여 사용하게 된다. 품질주택은 일반적으로 <그림 A.5>와 같이 주택 모양의 형태를 하고 있으며, <그림 A.5>의 번호순의 단계별로 작성 방법을 설명한다(참고로 <그림 A.8>의 적용 사례를 병행하여 읽으면 이해가 쉬울 것이다).

<그림 A.5> 품질주택(HOQ)의 구성

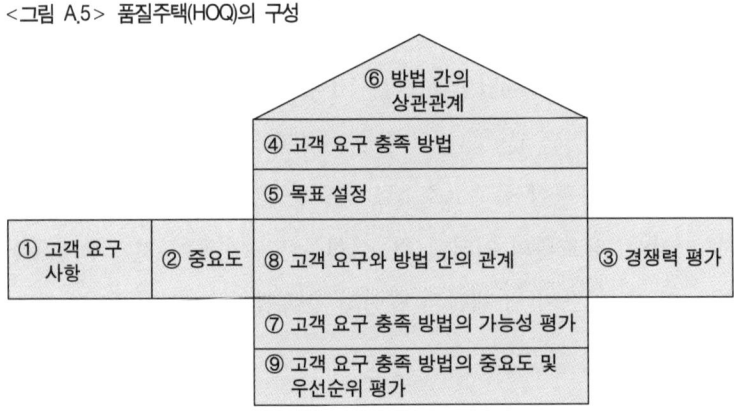

(2) 작성 방법

여기에서는 어떤 대형 종합병원에서 고객의 요구 사항을 만족시키는 방법을 모색하는 과정에서 QFD 기법을 적용한 예를 가지고, 순서에 따라 품질주택을 작성하는 방법을 설명하고자 한다.(참고로 예제는 김순이와 최재하(1999)의 연구 내용을 기초로 한 것이다.)

① 고객 요구 사항 파악

어떤 병원에서는 외래환자와 입원 환자 195명을 대상으로 설문 조사를 실시한 결과, 고객이 요구하는 중요한 것은 다음과 같은 4가지로 파악되었으며, <그림 A.5> 품질주택의 맨 왼쪽에 ①번 항에 기입한다(결과는 <그림 A.8> 참조).

· 진료 결과를 쉽게 설명 해주면 좋겠다. (쉽게 설명)
· 진료 결과를 충분히 설명 해주면 좋겠다. (충분한 설명)
· 병원에서 발행하는 서류를 쉽게 이해하게 해주면 좋겠다.
  (서류 쉽게 이해)
· 가고자 하는 곳을 쉽게 찾아갈 수 있으면 좋겠다. (쉽게 찾아감)

② 고객 요구 사항 중요도 결정

고객의 요구를 파악하고 난 후에는 각 요구의 중요도를 결정하여, <그림 A.5>의 ②번 위치에 기입한다. 우리 예에서는 설문 조사를 분석한 결과를 토대로, '쉽게 설명' 요구 사항은 매우 중요한 요구로 판단되어 가중값을 5로 하였고, 두 번째와 세 번째 요구 사항에 대해서는 가중값을 3으로 하였다. 그리고 마지막 요구 사항의 가중값은 1로 파악되었으며 <그림 A.8>과 같이 작성하였다.

③ 고객 경쟁력 평가

그 다음 단계는 이러한 고객 요구 사항에 대하여 경쟁 회사와 우리 회사 상품의 경쟁력을 파악하여, <그림 A.5>의 ③번 위치에 기록한다. 우리 예에서는 설문 조사 과정에서 네 가지 요구 사항에 대하여, 우리 병원(A병원)의 만족도를 5점 척도(1:매우 불만족~5:매우 만족)로 조사하였다. 우리 병원과 경쟁 관계에 있는 경쟁 병원(B병원)에 대해서도 같은 방법으로 측정하고 비교하여, <그림 A.8>의 고객 경쟁력 평가 부문에 정리하였다.

④ 고객 요구 충족하는 기능(방법)

앞의 단계에서 고객 요구 사항, 중요도, 그리고 고객의 경쟁력이 파악되었으면, 그 다음 단계에서는 ①번 위치의 고객 요구 사항을 충족시킬 수 있는 우리 회사 제품의 기능 혹은 방법을 파악하여 <그림 A.5>의 ④번 위치에 기입하게 된다.

우리 예에서는 4가지 고객 요구 조건을 충족시킬 수 있는 우리 병원의 방법을 도출하기 위해, 의사, 간호사, 의료기사, 사무원, 간호조무사의 5명으로 팀을 구성하여 브레인스토밍 방법으로 의견을 집약한 결과, 다음과 같이 11개 방법이 파악되었으며, 결과는 <그림 A.8>에 정리되어 있다.

· 쉽게 풀어서 설명한다.
· 반복 설명한다.
· 전문 상담가 제도를 신설한다.
· 가능한 한 한글로 표현한다.
· 각종 질병에 대한 안내 책자를 구비한다.
· 환자에게 설명할 때 그림 및 도표를 이용한다.

· 안내 표지판을 색으로 구분한다.

· 대기 상황판을 설치한다.

· 환자용 검사 용지를 비치한다.

· 고객을 위한 교육 프로그램을 실시한다.

· 진료 절차를 간소화한다.

⑤ 목표 설정

고객 요구를 충족하는 방법이 결정된 후에는 각 방법의 목표를 설정하게 된다. 목표를 설정하는 데는 구체적인 목표값을 명시할 수도 있으며, 단순히 최대화(증가) 혹은 최소화(감소)시킨다는 기호(증가: ↑, 감소: ↓)를 사용하여 표시할 수도 있다. 그리고 구체적인 목표값이나 방향을 설정할 수 없는 경우에는 표시하지 않아도 무방하다. <그림 A.8>의 예에서는 이 부문은 생략하였다.

⑥ 고객 요구와 기능(방법) 간의 관계

<그림 A.5>의 품질주택 지붕에 해당하는 ⑥번 위치에는 ④번 위치에서 파악된 기능(방법)들 간의 연관 관계를 분석하여 기호로 표시한다. 어떠한 두 가지 기능(방법) 간에는 상충되는 관계가 있을 수도 있으며 긍정적으로 관계를 맺고 있을 수도 있다. 이와 같이 각 기능(방법)들 간의 관계를 조사하여 표현하는 데는 여러 가지 방법이 있을 수 있으며, 예를 들어 <그림 A.6>과 같은 기호가 사용될 수 있다.

<그림 A.6> 기능(방법) 간의 관계 기호

기호	관계
╫	강한 긍정적 관계
+	긍정적 관계
−	부정적 관계
※	강한 부정적 관계

우리 예에서는 4가지 고객 요구 사항에 대한 11가지 충족 방법 간의 관계를 브레인스토밍을 통하여 정리한 결과가 <그림 A.8>에 정리되어 있다.

⑦ 고객 요구 충족 방법의 가능성 평가

이 단계에서는 ④번 위치에서 파악된 방법들에 대하여 실현 가능성을 평가하게 된다. 평가를 하는 데는 일반적으로 최하가 1이고 최고가 5인, 1에서 5까지의 5단계 등급을 많이 사용하며, 평가 결과는 <그림 A.6>의 ⑦번 위치에 기입한다. <그림 A.8>의 예에서는 이 과정은 생략하였다.

⑧ 고객 요구와 기능(방법) 간의 관계

이 단계에서는 ①번 위치에서 파악된 고객 요구 사항과 ④번 위치에서 파악된 충족 기능(방법)들 간의 관계를 파악하게 되며, 일반적으로 <그림 A.7>과 같은 기호나 혹은 가중값을 사용한다.

<그림 A.7> 상관관계 평가 예

기호	관계	가중값
◉	강한 관계	5
○	보통 관계	3
△	약한 관계	1

　그리고 이 관계표에는 고객 요구 사항과 충족 방법이 만나는 칸에 중요 수치값을 기입하기도 한다. 중요 수치값은 고객 요구 사항의 중요도 가중값과 <그림 A.7>의 가중값을 곱하여 얻어진다.

　우리의 예에서는, 강한 관계(◉)는 가중값을 5, 보통 관계(○)는 3, 약한 관계(△)는 1로 하여 중요 수치값을 계산한 결과가 <표 A.3>에 정리되어 있다. 예를 들어 처음 칸의 중요 수치값 25는 고객 요구 사항의 중요도 5와 강한 관계의 가중값 5를 곱하여 $5 \times 5 = 25$로 얻어지며, 다른 칸의 중요 수치값도 같은 방법으로 계산된다.

⑨ 고객 요구 충족 기능(방법)의 중요도 및 우선순위 평가

　QFD 기법의 마지막 단계에서는 고객 요구를 충족하기 위한 기능(방법)들 간의 중요도 및 우선순위를 평가하는 단계이다. ④번 위치에서 파악된 기능(방법)들 중에서 어떠한 기능(방법)이 우선 실행되어야 하고 중요한지를 파악할 필요가 있게 된다. 각 방법들 간의 중요도와 우선순위를 결정하는 방법은 상황에 따라 다양한 방법이 사용될 수 있으며, 간단한 방법으로는 ⑧번 항목에서 계산된 중요 수치값의 합인 절대 수치값이 클수록 우선순위가 높게 책정하는 방법이다.

<그림 A.8>과 <표 A.3>에서 절대 수치값이 큰 순서대로 우선순위를 파악하여 정리하면, 고객의 요구를 충족하기 위해서 우리가 시급히 마련하여야 할 기능(방법)은 '가능한 한 한글로 표현' 방법이 최우선 실행되어야 하며 그 다음으로는 '안내 책자 구비', '환자용 검사 용지 구비', 그리고 '쉽게 풀어서 설명' 순서로 파악된다고 할 수 있다.

<그림 A.8> 품질주택 작성 예

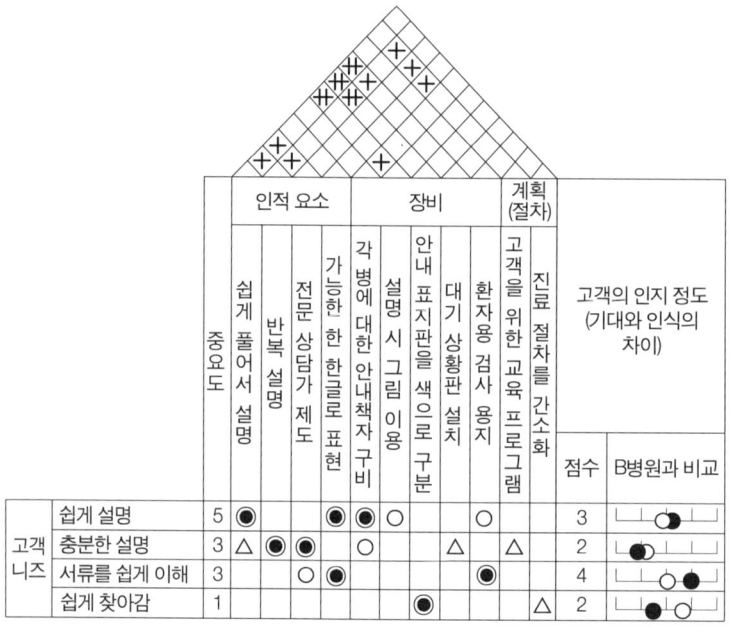

<표 A.3> 절대 수치값 계산 예

	중요도	인적 요소				장비					계획(절차)	
		쉽게 풀어서 설명	반복 설명	전문 상담 제도	가능한 한 한글로 표현	각 병에 대한 안내 책자 구비	설명 시 그림 이용	안내 표지판 색으로 구분	대기 상황판 설치	환자용 검사 용지	고객을 위한 교육 프로그램	진료 절차를 간소화
쉽게 설명	5	5 (25)			5 (25)	5 (25)	3 (15)			3 (15)		
충분한 설명	3	1 (3)	5 (15)	5 (15)		3 (9)			1 (3)		1 (3)	
서류를 쉽게 이해	3			3 (9)	5 (15)					5 (15)		
쉽게 찾아감	1							5 (5)				1 (1)
절대 수치값		28	15	24	40	34	15	5	3	30	3	1
실행 우선순위 및 중요도		4	6	5	1	2	6	8	9	3	9	11

*괄호 안의 숫자는 중요 수치값을 의미한다.

(3) QFD의 확장 방법

위와 같은 QFD기법은 한 단계에서 종료될 수도 있지만, 필요한 경우 여러 단계에 걸쳐 적용하여 확장할 수 있다. 예를 들어 어떤 금융기관에서 새로운 금융 상품을 개발하여 판매하고자 할 때 먼저 제조업의 경우와 마찬가지로 상품을 개발하는 단계에서 고객의 요구를 파악하여 중요한 상품의 특성을 파악한다(<그림 A.9>의 I).

그리고 그 다음 단계의 영업 및 판매 단계에서는, 개발 단계에서 파악한 중요 상품 특성을 충족시킬 수 있는 주요 판매 특성을 고찰하게 된다(<그림 A.9>의 II, 이 단계에서는 앞 단계에서 파악한 중요 상품 특성들이 고객 요구 사항이 된다). 그리고 그 다음의 고객 관리 및 서비스 단계에서는, 앞 단계에서 파악된 중요 판매 특성을 만족시킬 수 있는 중요한 서비스 관리 특성을 파악하게 된다(<그림 A.9>의 III). 이러한 유기적인 QFD 기법의 확장 전개 과정은 <그림 A.9>와 같다.

<그림 A.9> QFD 기법의 확장 예

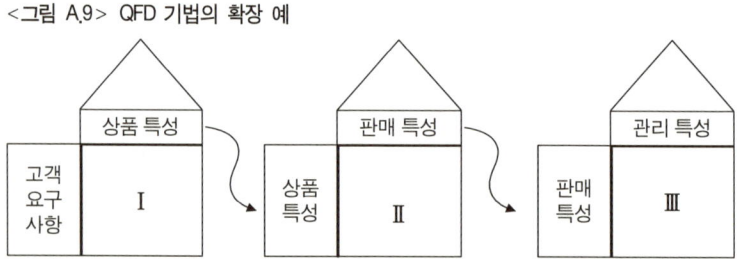

A.1.5 아이디어 정리 및 원인 분석 기법

(1) 특성 요인도Cause and Effect Diagram

특성 요인도는 일본의 품질 전문가 이시가와가 개발한 방법으로 이시가와도, 또는 인과도, 모양이 생선뼈 그림과 비슷하다 하여 생선뼈 그림fish-born diagram이라고도 한다. 특성 요인도는 브레인스토밍 등 다양한 방법을 통하여 어떤 결과(문제)에 영향을 미치는 원인들을 파악하여, 결과와 원인의 관계를 도식화한 것이다. 특성 요인도를 작성할 때는 결과에 미치는 원인들을 1차 원인, 그리고 1차원인의 하위 원인들인 2차 원인, 그리고 2차 원인들의 하위 원인들인 3차 원인과 같이 체계적으로 정리하여 관계를 생선뼈와 같은 형태로 정리한다.

이러한 특성 요인도는 다수의 잠재 원인을 파악하고 정리할 때 유용한 도구로 사용될 수 있다. 예를 들어 어떤 보험회사에서 보험설계사 수당 지급 프로세스에서 수당을 착오 지급하는 문제점이 빈번히 발생하고 있고, 이러한 문제점에 영향을 미치는 원인들을 체계적으로 파악하여 특성 요인도를 작성한 예가 <그림 A.10>에 주어져 있다.

<그림 A.10> 착오 지급 원인에 관한 특성 요인도 작성 예

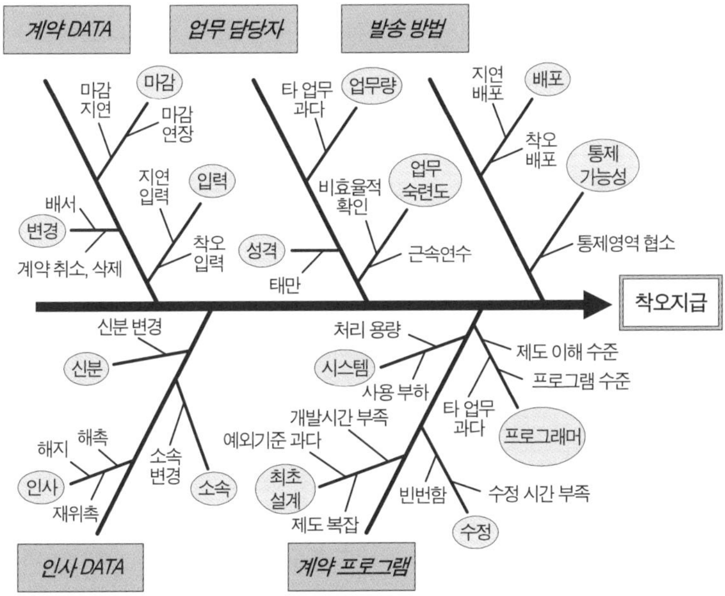

(2) 친화도법

친화도법은 확실하지 않고 서로 복잡하게 관련된 문제들을 서로 관련이 있는 것끼리 묶어서 구별하는 방법이다. 아직 경험하지 못한 문제들이나 분명치 않은 문제에 대해서 사실이나 의견, 발상 등을 파악하여 이들을 친화성이 있는 것끼리 결합하여 그림을 그려 보는 것이다. 이렇게 함으로써 해결해야 할 문제의 소재 및 형태를 파악해 나갈 수 있다.

작성 방법은 먼저 친화성이 있는 요인 및 과제들을 대분류로 분류한 후, 다시 이것들을 중분류로 분류하고, 다시 소규모의 그룹인 소분류로 분류해 가면서 친화성이 강한 것끼리 묶어 나간다. 예를 들어 어떤 회사에서 품질 향상이라는 문제에 얽혀 있는 요인들을 크게 분류한 결과 품질과 생산원가로 대분류 하였다. 그리고 품질은 제조 품질과 서비스 품질로 중분류 하였다. 이렇게 여러 원인들을 친화 관계에 의해 친화도를 작성한 예가 <그림 A.11>이다.

<그림 A.11> 품질 향상에 대한 친화도 작성 예

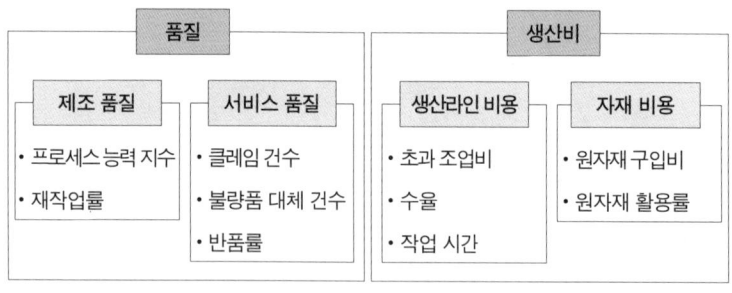

(3) 로직 트리Logic Tree

로직트리 기법은 파악된 아이디어나 원인들을 누락과 중복 없이 정리할 때 사용할 수 있는 기법이다. 로직트리를 작성하기 위해서는, 먼저 파악된 정보들을 상위 항목과 하위 항목으로 분류한다. 그리고 동일 계층의 항목은 항상 동일한 종류의 것이어야 하고 동일한 계층의 항목에 대해서 논리적으로 순서를 부여한 후, 논리 순서대로 정리한다. 따라서 로직트리는 분류와 조직화를 통한 구조를 갖고 있다고 할 수 있으며, 흔히 사용되는 로직트리의 분류 기준의 예를 들어보면 다음과 같다.

- 3C(Customer, Competitor, Company)
- 과거, 현재, 미래 및 단기, 중기, 장기
- 국내시장, 해외시장 및 기존 사업, 신규 사업

그리고 <그림 A.12>는 어떤 인터넷 온라인 쇼핑몰 기업에서 배송 부문에 문제가 발생하는 경우, 원인들을 파악하여 로직트리 기법을 적용하여 정리한 예이다.

<그림 A.12> 베송 문제에 대한 로직트리 작성 예

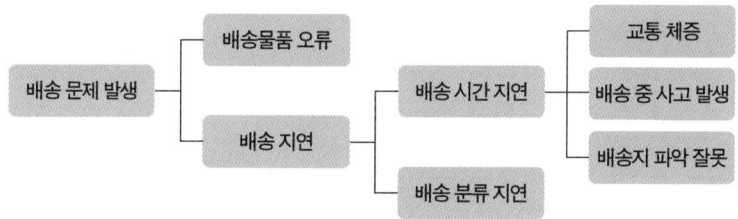

(4) 5Why(Why-Why) 기법

5Why는 주어진 문제에 대하여 계속해 물어 근본 원인을 찾기 위해 <그림 A.13>과 같이, '왜(why)'라는 질문을 5번 한다는 의미이며, 그리고 비슷한 기법으로 이러한 질문을 다양하게 하여 정리하는 Why-Why도가 있다. 어떤 기업에서 높은 제조원가를 해결하기 위한 Why-Why도의 예가 <그림 A.14>에 주어져 있다.

<그림 A.13> 5Why 기법

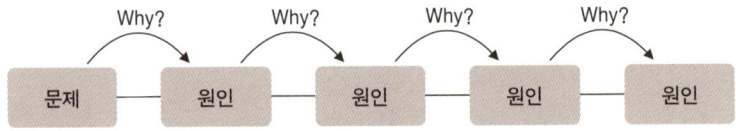

<그림 A.14> 높은 제조원가에 대한 Why-Why도의 작성 예

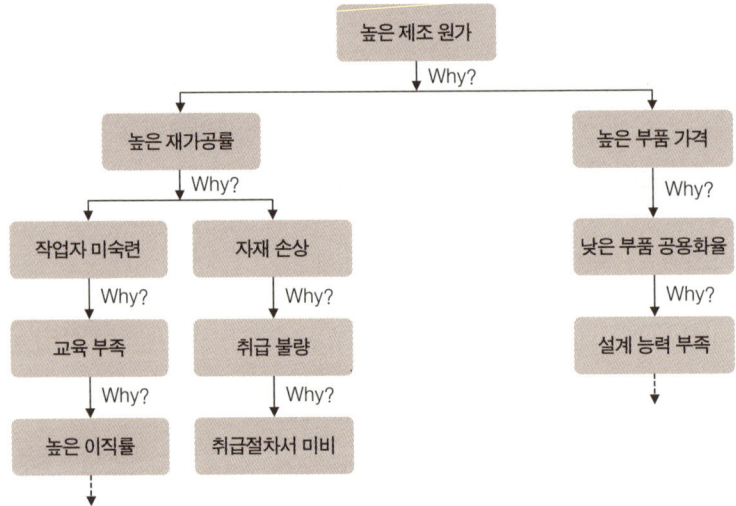

(5) 기능전개 행렬(Function Deployment Matrix: FDM)

기능전개 행렬(FDM)은 어떤 문제점 혹은 결과에 영향을 미치는 많은 잠재 원인들에 대하여, 영향력이 큰 순서를 파악하여 우선순위를 규명할 때 효과적으로 사용될 수 있는 기법이다. FDM은 측정 대상 혹은 결과 변수 Y들과 Y들의 상대적 중요도를 가로줄(행)에다 적고 잠재적 원인(X)들을 세로줄(열)에다 기입하여, 가로와 세로의 교차점에 관련 유무 정도를 점수로 표시한다. 이 점수를 상대적 중요도와 곱한 후에 합을 구함으로써 우선순위를 구한다.

예를 들어 <표 A.4>에서 결과 변수인 소모량(Y_1), 거칠기(Y_2), 강도(Y_3)에 영향을 미치는 원인들로 회전 속도(X_1)와 유량(X_2) 등 28개의 잠재 원인이 파악된 경우, 각 잠재 원인들의 상대적 중요도를 결정한 경우를 보여주고 있다. 그리고 X_1(회전 속도)의 점수는 '5×5 +3×3+3×2=40'으로 구한 값이다. 이러한 FDM은 결과와 원인 사이의 관계를 밝히고 관계의 상대적 중요도를 평가할 때 유용하게 사용될 수 있다. 이와 같이 FDM을 활용하면 잠재 원인에 대하여 영향력의 순서인 우선순위를 작성할 수 있게 된다.

<표 A.4> FDM의 예

결과 변수 / 잠재 원인	Y_1(소모량) 중요도 (5)	Y_2(거칠기) 중요도 (3)	Y_3(강도) 중요도 (2)	점수	순위
X_1 (회전속도)	5	3	3	40	2
X_2 (유량)	0	1	3	9	26
...	...	...	...	...	...
X_{28} (평탄도)	3	5	3	36	9

A.2 정량적 분석 방법

우리는 앞에서 다양한 목적에 따라 도표나 언어 혹은 문자를 이용하여 정성적인 방법으로 고객의 요구나 프로세스를 분석하는 방법을 살펴보았다. 계속하여 여기에서는 크기나 무게 같이 숫자로 측정된 자료를 분석하는 정량적quantitative 혹은 계량적 분석 방법에 사용될 수 있는 기법을 설명하고자 한다. 이러한 데이터를 이용하여 분석하는 기법은 대부분 컴퓨터 패키지로 프로그램화되어 있으므로, 프로젝트를 수행하는 실제 과제에서는 일반적으로 컴퓨터를 통해 분석하게 된다. 따라서 여기에서는 구체적인 내용과 계산 방법 보다는 기본적인 개념을 설명한다.

A.2.1 측정 시스템 분석(Measurement System Analysis: MSA)

데이터를 수집할 때 무엇보다 중요한 것은 신뢰할 수 있는 데이터를 확보하는 것이다. 만약 데이터를 생성하는 측정 시스템에 문제가 있다면 데이터 자체에 신뢰성이 없게 되어 데이터의 분석 결과를 믿을 수 없게 된다. 데이터의 신뢰성은 정확하고 정밀한 측정으로부터 나온다. 따라서 데이터를 수집하기 전에 먼저 측정 시스템을 분석하여 데이터의 신뢰성을 확보할 필요가 있다. 여기서 측정 시스템이란 측정 절차, 계측기와 연계된 다른 장비 및 소프트웨어, 측정자 등 데이터를 얻기 위해 사용되는 전체를 말한다.

측정값과 참값과의 차이가 적을 때 정확성accuracy이 있다고 하고, 동일 계측기로 동일 특성을 반복 측정했을 때 산포가 적으면 정밀도precision가 높다고 한다. 그리고 정확성은 다음과 같이 편의bias, 선형성linearity, 안정성stability으로 구분되며, 정밀도는 반복성repeatability과 재현성reproducibility으로 세분화된다.

- 편의: 동일 특성을 반복 측정하여 얻은 평균값과 품질 특성값의 참값master value과의 차이를 말하며 편의가 작은 것이 바람직하다.
- 안정성: 계측기가 시간의 흐름에도 불구하고 얼마나 일관성 있게 측정 해주는지에 대한 척도이며, 시간에 따라 측정치의 평균값 변화 정도를 가지고 판단한다.
- 선형성: 계측기의 측정 범위 안에서 품질 특성치의 참값이 커짐에 따라 편의의 변화가 직선 관계를 이루는지를 평가한다. 품질 특성값 참값과 편의의 변화에서 직선의 경사에 의하여 판단한다.
- 반복성: 계측기에 의한 변동을 측정하기 위하여 동일인이 동일한 계측기를 가지고 동일한 제품을 반복해서 측정했을 때 생기는 변동을 가지고 판단한다.
- 재현성: 동일한 계측기를 가지고 동일한 제품을 서로 다른 사람이 측정하였을 때 얻은 측정치의 평균값 차이로 판단하며 평균의 차이가 크면 재현성이 낮다고 말한다.

측정 시스템의 평가를 위해 활용되는 Gage R&R은 위에서 설명한 여러 측정 시스템 변동의 종류 중에서 반복성(repeatability: R)과 재현성(reproducibility: R)을 분석하는 방법이다. Gage R&R에서는 측정 자료의 전체 변동을 분해하여 반복성, 재현성에 대한 비율이 높은 경우 측정 시스템에 문제가 있는 것으로 판단하게 된다.

일반적으로 반복성과 재현성의 변동 비율이 전체 변동의 10% 미만인 경우에는 양호한 상태를 의미하고, 10%에서 30% 미만인 경우 계측 시스템의 개선을 고려하여야 하며, 30% 이상이면 반드시 문제점을 파악하여 개선하여야 한다. 또한 재현성의 백분율이 반복성에 비해 상대적으로 크다면 측정자에 대한 문제점을 파악하여 해결하여야 하며, 반대로 반복성의 백분율이 재현성에 비해 크면 측정기에 관련된 문제점을 개선해야 한다.

결론적으로 주요 원인이 계측기에 있다면 계측기에 대한 대체, 수리, 조정 등이 필요하고, 만약 주요 원인이 사람에 있다면 작업 표준을 재정립하고 교육을 실시할 필요가 있다. 특히 숙련도 및 수행상의 문제라면 측정자 간의 차이를 찾아서 적절한 조치를 취해야 한다.

A.2.2 자료의 정리 및 요약 방법

(1) 숫자를 이용한 요약 방법

측정 시스템 분석을 통해 데이터의 신뢰성이 확보되면 데이터 수집 계획에 따라 데이터를 수집한다. 이렇게 해서 데이터가 얻어지면 데이터의 특성을 이해하기 위하여 데이터를 정리 요약한다. 좋은 요약이 되기 위해서는 간단하면서도 정보의 손실이 적어야 한다.

데이터의 특성을 요약하고 정리하는 작업은 중심위치의 측도, 산포의 측도와 같이 숫자를 이용하여 데이터를 요약하는 방법과 히스토그램, 상자그림과 같이 그래프를 이용하여 데이터를 정리하는 방법이 있다. 지금부터 데이터를 정리 요약하는 방법에 대해 알아보기로 하자. 숫자로 데이터를 요약하기 위해서는 우선 데이터의 중심값을 나타내는 중심위치의 측도를 구해야 한다. 이때 사용되는 측도로는 평균, 중위수, 최빈수 등이 있다.

● 평균Mean

데이터가 x_1, x_2, $\cdots$, x_n 일 때, 표본평균은 데이터의 합을 데이터 개수 n 으로 나눈 값으로, 일반적으로 $\bar{x} = \sum_{i=1}^{n} x_i/n$ 로 표현한다. 평균은 이해하기가 쉽고 데이터에 포함되어 있는 정보가 모두 반영되는 장점이 있다. 그러나 극단적으로 크거나 작은 관측값인 **이상값** outlier이 있는 경우, 평균은 이러한 이상값에 지나치게 영향을 받는다. 이러한 평균의 단점을 보완할 수 있는 것으로 중위수 등이 있다.

● 중위수Median

중위수 혹은 중앙값은 전체 데이터를 크기 순서로 배열했을 때, 중앙에 위치한 값이다. 중위수는 이상값에 영향을 받지 않지만 가운데 값만을 취하므로 정보의 손실이 크다는 단점이 있다.

● 최빈수Mode

최빈수는 데이터 중에서 가장 많이 출현하는 관측값을 말한다. 최빈수는 무게나 부피 같은 양을 측정한 양적 데이터뿐만 아니라, 만족도 같은 질적인 것을 측정한 질적 데이터에도 사용될 수 있는 장점이 있다. 그러나 데이터의 수가 적은 경우에는 대표값의 의미가 제대로 반영되지 못하고 데이터의 값이 모두 다른 경우에는 출현 횟수가 모두 같게 되므로 최빈수가 존재하지 않게 되며, 최빈수가 두 개 이상 존재하는 경우에는 어떠한 최빈수를 대표값으로 하느냐 하는 해석상의 어려움이 있을 수 있다.

한편 숫자로 데이터를 요약할 때 중심위치의 측도만으로는 부족하며 자료 내에서 자료의 퍼짐dispersion 정도도 파악해야 한다. 이러한 산포의 측도로 범위, 분산, 표준편차 등이 사용된다.

● 범위Range

데이터의 산포도를 측정하는 가장 간단하고 단순한 것은 범위로서, 데이터 관측값 중 최대값과 최소값의 차이를 범위라 한다. 범위는 최대값과 최소값의 차이이므로 이상값에 지나치게 영향을 받을 수 있다는 단점이 있다.

● 분산Variance

분산은 관측값들이 데이터의 중심인 평균에서 평균적으로 얼마만큼 떨어져 있는가를 계산하여 자료의 퍼짐도의 척도로 사용한다.

$x_1, x_2, \cdots, x_n$ 이 표본으로부터 얻어진 데이터일 때 표본의 분산 s^2 은 다음과 같다.

$$s^2 = \sum_{i=1}^{n} (x_i - \overline{x})^2 / (n-1)$$

분산은 관측값들의 편차를 제곱하여 계산되기 때문에 분산의 단위는 관측값들의 측정단위와 일치하지 않게 된다. 따라서 관측값의 측정 단위와 같은 단위를 갖는 산포도로서, 분산의 제곱근을 사용하는데 이를 **표준편차**standard deviation라고 한다.

지금부터 데이터를 그림 또는 그래프를 이용하여 정리하는 방법에 대해 알아보기로 하자. 그림에 의한 데이터 요약 방법으로 다양한 방법들이 있지만 그 중 대표적인 방법인 히스토그램, 상자그림, 그리고 파레토 도표에 대하여 설명하고자 한다.

(2) 히스토그램Histogram

히스토그램은 데이터를 몇 개의 구간으로 나누어 각 구간에 포함되는 데이터의 도수나 상대도수를 막대로 도형화하여 그린 그림으로 흔히 막대그래프라고도 한다.

히스토그램을 통해서 평균이나 산포의 크기를 포함하여 데이터의 전반적인 분포를 파악할 수 있으며, 데이터가 얻어진 프로세스의 안정성도 어느 정도 파악할 수 있다. 따라서 데이터를 정리해서 히스토그램을 그렸을 때 좌우 대칭의 종 모양이면 프로세스는 안정적이라고 할 수 있지만, 그렇지 않을 때는 <그림 A.15>와 같은 비정상적인 히스토그램의 형태를 보이게 된다. 그리고 <그림 A.15>의 비정상적이 형태에 대해서는 <표 A.5>와 같이 그 의미를 해석하고 조치를 취할 필요가 있다.

<그림 A.15> 비정상적인 히스토그램의 형태

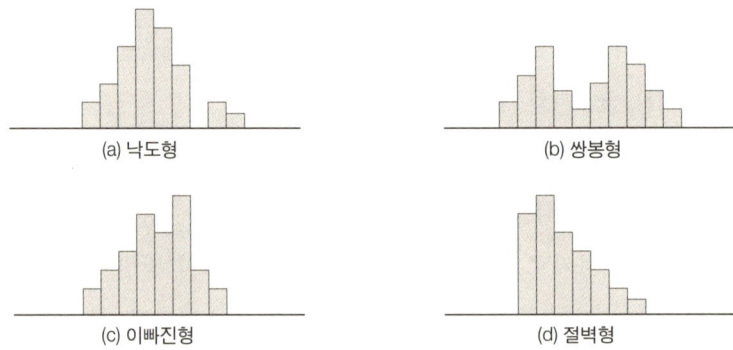

(a) 낙도형

(b) 쌍봉형

(c) 이빠진형

(d) 절벽형

<표 A.5> 비정상적인 히스토그램의 해석 방법

형태	해석
낙도형	떨어져 있는 부분이 비정상적인 값일 수 있으므로 원인을 찾고 제거할 필요가 있다.
쌍봉형	이질적인 두 종류의 데이터들이 섞여 있는 경우에 나타날 수 있으므로 층별이 필요하다.
이빠진형	데이터를 수집할 때 측정자의 잘못에 의해 특정한 구간의 데이터를 누락할 때 흔히 발생한다.
절벽형	의도적으로 어떤 값 이하의 데이터는 버리고 나머지 데이터만 수집하였을 때 흔히 발생한다.

(3) 상자그림Box Plot

상자그림은 데이터의 분포 특징을 요약하거나 여러 종류의 자료를 특징을 비교하는 데 유용하게 사용될 수 있다. 특히 데이터에 이상값outlier들이 포함되어 있는 경우, 상자그림을 작성하면 어떠한 관측값들을 이상값으로 분류해야 하는지 판단할 수 있다. 상자그림에서 상자의 길이는 데이터의 산포를 의미하고, 상자 속의 직선은 중위수의 위치를 표시한다. 그리고 상자 밖의 직선은 데이터 분포의 꼬리 부분의 모습을 나타내고, 이상값들은 직선 밖에 특수한 기호로 표시한다.

예를 들어 한 호텔에서 인터넷을 이용한 객실 예약제를 시행하기 전과 후의 객실 투숙률을 30일 동안 조사하여, <그림 A.16>과 같이 상자그림이 작성되었다고 하여 보자.

<그림 A.16> 투숙률에 대한 상자그림 작성 예

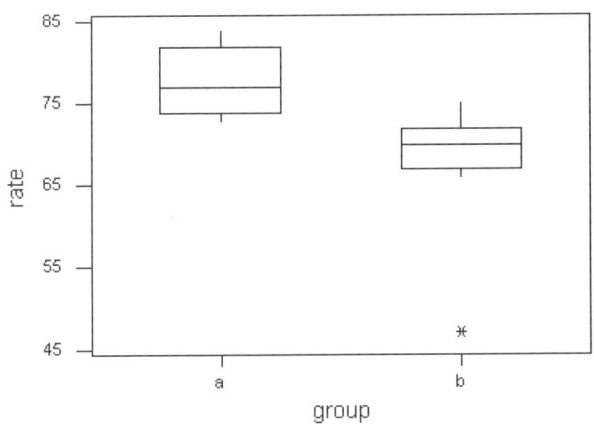

<그림 A.16>에서 'a'는 객실 예약제 시행 후의 상자그림이며 'b'는 시행 전의 상자그림이다. 상자그림을 비교해 보면, 상자 속의 직선인 중위수들의 비교를 통해 인터넷을 이용한 객실 예약제를 시행한 후 객실 투숙률이 증가했음을 알 수 있고, 상자의 길이를 비교해 볼 때 시행 후 투숙률의 산포가 약간 커졌음을 알 수 있다. 그리고 시행하기 전에는 한 개의 아주 작은 이상값이 있다는 것도 알 수 있으며 이상값이 나온 원인에 대해 조사해 본 결과, 그날은 전화기의 고장으로 예약률이 극단적으로 감소하여 투숙률이 낮아졌음을 알 수 있었다.

(4) 파레토 도표 Pareto Chart

파레토 도표는 항목별로 출현하는 횟수인 도수 데이터를 수집한 경우, 항목별로 분류하여 중요한 항목이 무엇인지 파악하고자 할 때 유용하게 적용할 수 있는 기법이다. 파레토 도표의 기본적인 아이어는 일반적으로 문제점의 현상 대부분에 해당하는 80% 정도는 전체 항목 수의 20% 정도에 해당하는 핵심적인 소수 원인들에 의해 발생한다는 원리에 바탕을 두고 있다.

예를 들어서 어느 병원에서 불만족을 표시한 외래환자 93명에 대하여, 원인을 항목별로 조사하여 파레토 도표를 작성한 결과, <그림 A.17>과 같이 작성되었다고 하자. <그림 A.17>에 의하면 불만족을 호소한 외래환자들 중, 의사 불친절과 주차 불편에 의한 환자의 합이 45+25=70명이고 비율의 합(누적 %)은 75.3%에 이르므로, 이 두 항목이 핵심 불만 요인vital few으로 파악될 수 있다.

<그림 A.17> 외래환자에 대한 불만 접수의 파레토 도표 작성 예

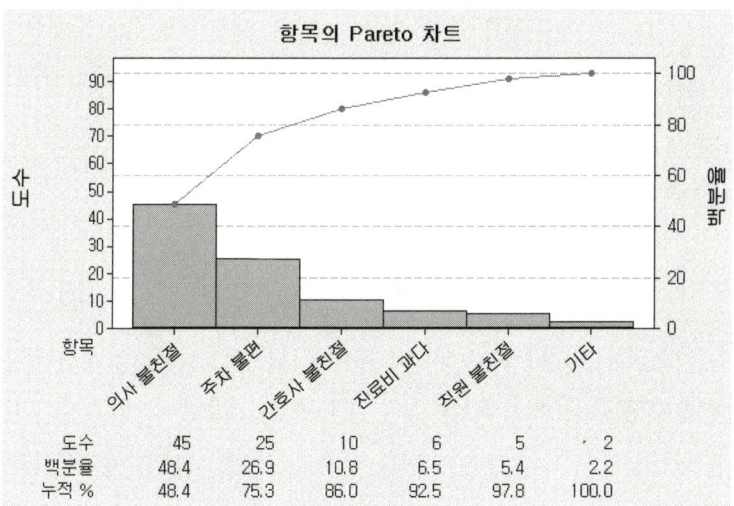

A.2.3 프로세스 능력 지수

(1) 전통적인 프로세스(공정) 능력 지수

전통적인 품질관리 방법에서는 품질 수준을 측정하는 척도로서 품질 특성치가 계수형인 경우에는 일반적으로 제품 백 개당 불량품의 수를 나타내는 불량률(%)과 제품 백만 개당 불량품의 수인 ppm(parts per million)이 널리 쓰인다. 여기서 계수형이라 함은 불량품의 수,

결점의 수, 사고 건수, 고객 불편 접수 건수, 에러 수 등과 같이 하나둘씩 셀 수 있는 형태로 측정되는 특성값을 의미한다. 따라서 ppm을 10,000으로 나누면 불량률(%)이 된다. 그리고 품질 특성치가 무게, 강도, 수명, 길이 등과 같이 양적으로 측정되는 특성값인 계량형(변량형)인 경우에는 프로세스 능력 지수를 많이 사용한다. 프로세스 능력 지수process capability index를 산출하는 방법에 대하여 설명하면 다음과 같다.

어떤 프로세스의 품질 특성값이 계량형인 경우, 산포가 작으면 제품이나 프로세스의 품질 수준은 좋다고 할 수 있으며, 산포가 크면 품질 수준 혹은 프로세스의 능력이 나쁘다고 말할 수 있다. 그러나 품질 특성값은 측정 단위가 변함에 따라 표준편차값도 변하게 되므로, 서로 다른 성질의 품질 특성에 대해서는 단순히 표준편차값에 의해서는 품질 수준, 즉 프로세스의 능력을 비교할 수 없게 된다. 따라서 표준편차와는 달리 표준화된 지수인 프로세스 능력 지수를 이용하여 품질 수준을 평가하게 되며, 프로세스 능력 지수process capability index란 제품이나 프로세스의 품질 변동이 어느 정도인가를 측정하여 객관적인 수치로 지수화한 것이라 할 수 있다.

그리고 제품이나 서비스의 품질 특성에 대한 목표값target value을 중심으로 허용할 수 있는 변동의 폭을 규격한계specification limit라고 하며, 품질 특성값은 특성에 따라 다음과 같이 분류될 수 있으며 품질 특성값의 성격에 따라 프로세스 능력 지수도 다르게 산출한다.

• 망목 특성

　품질 특성값이 너무 크거나 작지도 않아야 바람직한 경우로서, 규격상한값과 규격하한값 혹은 목표값이 모두 주어진다. 예를 들어 볼트를 생산하는 프로세스에서 볼트의 품질을 나타내는 품질 특성값은 볼트의 지름이고 이상적인 목표값은 1cm고 하자. 이때 생산되는 모든 볼트의 지름은 1cm로 항상 일치할 수는 없으므로 규격한계가 주어지게 된다. 예를 들어 큰 경우에는 1.05cm까지, 작은 경우에는 0.95cm까지 양품으로 한다고 하면, 규격은 1cm±0.05cm로 주어지게 된다. 이러한 규격한계값 중에서 상한값을 **규격상한값**(upper specification limit: USL), 하한값은 **규격하한값**(lower specification limit: LSL)이라고 한다. 망목 특성인 경우 프로세스 능력 지수는 다음과 같이 C_p값으로 산출한다.

$$C_p = \frac{USL - LSL}{6 \times 표준편차}$$

　위와 같은 프로세스 능력 지수 C_p는 제품의 품질 특성값의 평균이 목표값과 이탈하는 치우침을 고려할 필요가 없는 경우에 사용된다. 그러나 단기적으로는 평균값은 목표값과 일치하더라도 장기적으로는 설비의 노후와 작업환경의 변화, 원자재의 차이, 작업자의 숙련도의 차이 등 불가피한 원인에 의해 평균값이 목표값과 일치하지 않고 이동하는 경우가 발생할 수 있다. 이때 프로세스의 품질은 산포인 표준편차값이 작을 뿐만 아니라 더 나아가 평균의 **치우침도**가 작을수록 우수하게 된다. 따라서 표준편차뿐만 아니라 평균의 치우침을 고려하여야 하는 경우에는 다음과 같은 C_{PK}값이 사용된다.

$$C_{PK} = \begin{cases} (1-K)\,C_p & : \quad 0 < K < 1 \text{인 경우} \\ 0 & : \quad K \geq 1 \text{인 경우} \end{cases}$$

여기서 $K = \dfrac{|\,\text{목표값} - \overline{X}\,|}{(USL - LSL)/2}$ 로서 치우침도를 측정한 값이다.

● 망대 특성

품질 특성값이 클수록 바람직한 경우로서 규격하한값만 주어진다. 예를 들어 자동차용 타이어의 품질 특성값이 사용 가능한 주행거리이고 사용 주행거리가 8만km 이하인 경우 불량품이라고 규격을 정하는 경우, 규격한계값은 **규격하한값**(LSL)인 8만km 하나만 주어지게 된다. 이 경우에는 다음과 같이 프로세스 능력 지수 C_{PL}를 산출한다.

$$C_{PL} = \frac{\overline{X} - LSL}{3 \times \text{표준편차}}, \text{ 여기서 } \overline{X}\text{는 자료의 평균값이다.}$$

● 망소 특성

품질 특성값이 작을수록 바람직한 경우로서 규격상한값만 주어진다. 예를 들어 어떤 화학 공정에서 품질 특성값은 산출물의 불순물 함유량이고 불순물 함유량이 1% 이상인 경우 불량으로 규격을 정하는 경우, 규격한계값은 **규격상한값**(USL)인 1% 하나만 주어지게 된다. 이 경우에는 다음과 같이 프로세스 능력 지수 C_{PU}를 산출한다.

$$C_{PU} = \frac{USL - \overline{X}}{3 \times 표준편차}, \text{ 여기서 } \overline{X}는 자료의 평균값이다.$$

위와 같이 프로세스 능력 지수를 산출할 때, 프로세스의 표준편차를 모르는 경우에는 데이터를 이용하여 추정하여야 한다. 특히 표준편차를 추정할 때, 단기적으로 수집한 자료를 이용하거나 혹은 장기적으로 수집한 자료라 하더라도 단기적인 산포만 고려하여 표준편차를 추정하여 사용한다.

그리고 장기적인 산포까지 고려하여 추정한 표준편차를 사용하여 산출된 지수는 프로세스 능력 지수process capability index라 하지 않고 프로세스 수행 지수process performance index라 하며, 망목 특성인 경우에는 P_P 혹은 P_{PK}, 망소 특성인 경우에는 P_{PU}, 망대 특성인 경우에는 P_{PL}이라고 한다.

(2) 시그마 수준 측정 방법

위와 같은 전통적인 방법과 함께 최근에는 시그마 수준으로 프로세스의 능력이나 수준을 측정하는 방법이 개발되어 널리 사용되고 있으며 그 방법을 설명하면 다음과 같다.

① 계수형(속성형) 데이터의 경우 시그마 수준 계산법
계수형인 경우 먼저 자료를 통하여 불량률을 계산한 후, 아래 <그림 A.18>에서 보는 바와 같이 표준정규분포에서 오른쪽 꼬리

부분의 빗금 친 넓이가 불량률 p가 되는 변수값인 Z값을 구한 값이 시그마 수준이 된다. 여기서 Φ는 표준정규분포의 누적확률함수를 의미하고 Φ^{-1}는 Φ의 역함수일 때, $Z = \Phi^{-1}(1-p)$로 나타낼 수 있다. 그리고 표준정규분포에서 주어진 불량률에 대한 시그마 수준 값은 표준정규분포표를 이용하면 손쉽게 구할 수 있으며, 이에 대한 자세한 설명은 생략하기로 한다.

<그림 A.18> 표준정규분포에서의 **불량률과** Z**값**(시그마 수준값)

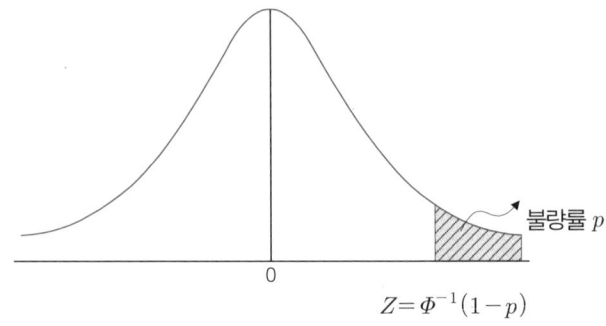

예를 들어, 어떤 보험회사에서 고객의 보험 처리 요구에 대한 조치가 일정 기간 내에 이루어지지 못한 경우를 장기간에 걸쳐 조사한 결과 692건 중에서 2건이 발견되었다고 하여보자. 이때 시그마 수준을 계산해 보면 다음과 같다.

- 불량률 $p = \dfrac{2}{692} = 0.0029$
- 수율 $= 1 - p = 0.9971$
- $Z = \Phi^{-1}(0.9971) = 2.76$
- 장기적 시그마 수준 $= 2.76$

그러나 프로세스의 능력은 열화나 프로세스상의 문제점이 발생하지 않은 단기적인 자료에 의해 평가하는 것이 원칙이다. 이는 마라톤 선수의 체력을 측정할 때, 달리고 난 후의 체력이 아니라 달리기 전의 체력을 측정하여야 합리적인 것과 같다고 할 수 있다. 특히 장기적인 데이터인 경우, 단기적인 데이터에 비해 1.5시그마 정도 수준이 떨어진다는 것이 경험에 의해(모토롤라사의 경우) 알려져 있다. 따라서 장기적으로 구해진 데이터인 경우, 단기적인 시그마 수준을 구하기 위해서는 장기적 데이터에 의해 구한 시그마 수준 Z값에 1.5를 더하여 구하기도 한다. 예를 들어, 위의 예에서 장기적 시그마 수준이 2.76이므로, 단기적 시그마 수준은 2.76＋1.5＝4.26이 된다.

② 계량형 데이터의 경우 시그마 수준 계산법

계량형 데이터의 경우에도 계수형인 경우와 같은 개념으로 시그마 수준을 구하게 된다. 단지 다른 점은 품질 특성값이 정규분포에 따른다고 가정하고, 수집된 표본 데이터를 이용하여 불량률을 계산하는 방법과, 장기 시그마 수준과 단기 시그마 수준을 데이터를 통하여 직접 계산할 수도 있다는 점이다. 계량형 자료인 경우 시그마 수준을 계산하는 방법을 단계적으로 설명하면 다음과 같다.

● 단계 1: 계량형 자료로부터 표본평균 $\bar{x}$와 표본표준편차 s를 구한다. 단 s를 구할 때 장기 산포와 단기 산포를 각각 산출할 수 있는 경우에는 s를 단기적, 장기적으로 구분하여 구한다.

● 단계 2: 품질 특성값이 앞에서 구한 평균과 표준편차를 갖는 정규 분포에 따른다고 가정하고, 주어진 규격한계를 벗어날 확률을 구하면 이 값이 불량률 p가 된다.

● 단계 3: 계수형인 경우와 같이, 표준정규분포에서 우측 면적이 p에 해당하는 Z값이 시그마 수준값이 된다.

특히 위의 '단계 2'에서 불량률 p를 구할 때, '단계 1'에서 단기적 산포만 고려하여 구한 s를 사용하면 단기 시그마 수준이 되고, 장기적 산포까지 고려한 s를 사용하면 장기 시그마 수준이 된다. 그리고 이러한 계량형인 경우 시그마 수준 계산은 일반적으로 컴퓨터를 이용하여 구하게 되므로 여기서는 자세한 설명은 생략한다. 특히 이러한 시그마 수준 계산 방법 이외에도 자료의 형태에 따라 다양한 시그마 수준 계산 방법이 개발되어 있다.

A.2.4 통계적 분석 방법

이 책의 내용 여러 곳에서 언급한 것처럼, 품질 혁신 프로젝트를 수행하는 과정에서 적용하여 응용할 수 있는 통계적 분석 기법은 종류뿐만 아니라 그 내용과 깊이도 다양하다. 여기에서는 이러한 통계적 분석 기법 중 기본이 되는 몇 가지 방법에 대하여 소개하는 수준으로 설명하고자 한다.

(1) 가설검정 방법Hypothesis Test

통계적 가설검정이란 서로 상반된 두 개의 주장이나 추측을 설정한 후, 표본 데이터를 통하여 둘 중에서 보다 적법한 것을 가려내는 방법이다. 통계적 가설검정에서 설정된 두 개의 주장이나 추측 중, 직접 검정 대상이 되는 가설을 귀무가설null hypothesis이라고 하고, 이에 대립되는 가설을 대립가설alternative hypothesis이라고 한다. 예를 들어 새로 고객 관리 시스템을 도입한 회사에서 이 시스템의 효과를 알아보기 위해서는, 새로 도입된 시스템에 의하여 고객 관리를 한 소비자와 기존의 고객 관리 시스템으로 관리한 소비자 집단에서 표본을 추출하여 고객에 대하여 만족도를 조사한 후, 다음과 같은 가설에 대하여 검정할 수 있다.

> 귀무가설: 두 개의 고객 관리 시스템의 고객 만족도의 평균은 같다.
>
> 대립가설: 두 개의 고객 관리 시스템의 고객 만족도의 평균은 같지 않다.

검정을 수행하는 절차에 관련된 개념으로는 유의수준과 p-값이 있다. 유의수준level of significance은 귀무가설이 참일 때 귀무가설을 기각할 오류에 대한 최대 허용 확률이며, p-값은 주어진 표본에 의해 판단할 때 귀무가설을 기각할 수 있도록 허용할 수 있는 유의수준의 최소값을 의미한다. 가설검정을 통계 소프트웨어를 사용하여 수행하는 경우에는 p-값이 산출된다. 그리고 분석자는 컴퓨터가 계산해 준 p-값과 사용하고자 하는 유의수준을 비교함으로써 귀무가설의 기각 여부를 판단할 수 있다.

예를 들어 위와 같은 두 시스템 간의 고객 만족도에 차이가 없는지를 검정하기 위해, 기존의 고객 관리시스템과 새로운 관리 시스템으로 관리한 각각의 고객 집단으로부터 무작위로 12명과 10명을 추출하여 고객 만족도를 측정한 결과 <표 A.6>과 같다고 하여 보자. 그리고 이 자료를 컴퓨터 패키지를 이용하여 위와 같은 가설에 대한 검정을 수행하면, p-값이 0.31로 계산된다. 따라서 유의수준값으로 0.05를 사용하는 경우에는 p-값이 유의수준값 0.05보다 크므로, 귀무가설을 기각할 수 없게 된다. 따라서 기존의 고객 관리 시스템과 새로운 고객 관리 시스템의 고객 만족도 평균은 차이가 없는 것으로 결론 내릴 수 있다. 그리고 가설검정 방법에는 위와 같은 평균에 대한 검정뿐만 아니라 상황에 따라 다양한 형태의 가설을 설정하여 분석하는 통계적 기법들이 개발되어 있다.

<표 A.6> 두 고객 관리 시스템의 고객 만족도에 대한 데이터

시스템	고객 만족도(%)
기존 시스템	82, 81, 80, 89, 86, 83, 80, 74, 86, 86, 86, 83.
새 시스템	76, 81, 91, 82, 76, 80, 77, 87, 77, 83.

(2) 상관분석 Correlation Analysis

상관분석은 임금 수준과 생산성, 광고액과 판매액 등과 같이 서로 관련되어 대응되는 변수들 간의 관계를 파악하기 위하여 사용되는 통계 기법이다. 상관분석에서는 두 변수에 대하여 수집된 데이터를 가지고 한 변수의 값은 가로축인 x축에 표시하고, 다른 변수값은 세로축인 y축에 표시하여 데이터의 위치를 점으로 표시하여 나타낸 그림인 **산점도**scatter plot가 유용하게 사용될 수 있다. 특히 두 개의 변수가 원인 변수와 결과 변수로 구별할 수 있는 경우에는, 원인을 x축에, 결과를 y축에 표시한다. 원인과 결과를 구별할 수 없는 경우에는 먼저 측정된 특성을 x축에, 나머지 특성을 y축에 표시한다.

예를 들어 광고액과 판매액 사이에 어떤 관계가 있는지 알아보기 위해, 3월부터 11월까지 $n = 9$개월에 걸쳐 수집한 <표 A.7>의 자료를 이용하여 산점도를 작성하면 <그림 A.19>와 같다. 따라서 산점도에 의하면 광고액과 판매액 사이에는 정비례하는 상관관계가 있음을 알 수 있다.

<표 A.7> 판매액과 광고액 데이터

월	3	4	5	6	7	8	9	10	11
판매액(y)	26	38	47	50	48	41	22	34	40
광고액(x)	4.3	6.5	10.0	12.4	11.2	8.7	3.1	5.0	7.2

(단위: 천만 원)

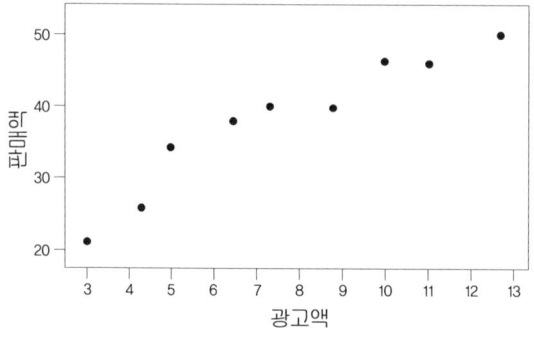
<그림 A.19> 광고액과 판매액 데이터에 대한 산점도 작성 예

그리고 위와 같이 관련된 변수들 간의 비례 관계의 강도를 측정하는 척도로서 **상관계수**를 사용한다. 상관계수의 범위는 −1과 1 사이이며, 1에 가까울수록 두 변수 사이에는 양의 방향으로 직선 관계가 강하게 존재한다는 것을 의미하며, −1에 가까울수록 음의 방향으로 직선 관계의 정도가 심하다는 것을 나타내게 된다. 상관계수가 0에 가까운 것은 두 변수 간의 선형 관계가 없다는 것을 시사한다. 예를 들어 <표 A.7>의 데이터에 대한 상관계수를 구하면 0.964라는 값을 얻게 되며, 따라서 이 상관계수 값은 광고액이 늘면 판매액도 늘어나는 정비례 관계의 강도가 매우 강하다는 것을 암시하고 있다.

(3) **회귀분석**Regression Analysis

회귀분석이란 변수들 간의 관련성을 규명하기 위하여 어떤 함수관계를 가정하고 데이터로부터 이 함수를 추정하여 예측 또는 통계적 추론을 하는 통계적 분석 방법이다. 예를 들어 앞의 <표 A.7>의 상관분석 예에서와 같이 데이터를 통해서 판매액(y)과 광고액(x) 사이에 구체적으로 어떤 선형 관계가 있는지 알아보기 위하여 $y = \beta_0 + \beta_1 x$와 관계식을 설정하고, 이 직선식을 도출하고자 할 때 회귀분석 방법이 사용된다. 이때 광고액과 같이 판매액을 설명할 수 있는 변수를 설명변수 혹은 독립변수 또는 예측변수라 한다. 그리고 판맥액을 반응변수 또는 종속변수라 한다.

컴퓨터를 이용하면 <표 A.7>의 데이터에 대한 회귀분석 결과 판매액(y)과 광고액(x)에 대하여 추정된 회귀직선은 $\hat{y} = 16.3 + 2.91x$로 얻어진다(<그림 A.20> 참조). 이렇게 추정된 회귀식에서 기울기 값 2.91은 광고비를 천만 원 더 사용하면, 판매액은 2천9백십만 원 증가하고 있는 것을 의미한다. 그리고 앞으로 광고비를 $x = 12$ 정도 사용하면, 판매액은 $\hat{y} = 16.3 + 2.91 \times 12 = 51.22$가 될 것이라고 예측할 수도 있다.

<그림 A.20> 광고액과 판매액 데이터의 회귀식 작성 예

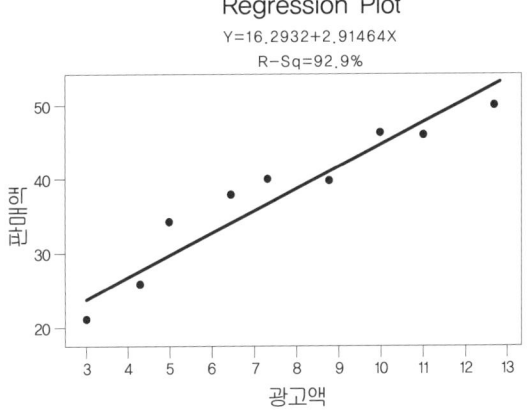

위와 같이 반응변수가 판매액과 같이 한 개이고, 설명변수도 광고 액처럼 하나인 경우의 회귀분석을 단순회귀분석이라고 한다. 그러나 반응변수를 설명하는 데 있어 하나의 설명변수로는 충분하지 않은 경우가 대부분이며, 설명력이 있는 여러 개의 독립변수를 잘 선택하여 이들의 함수로써 회귀모형을 만들어야 할 때가 많다. 예를 들어 판매액을 설명할 수 있는 변수로, 광고액 이외의 매장의 크기, 매장 직원의 수, 한 달 영업시간 등 많은 변수가 있을 수 있다. 이처럼 반응변수의 변화를 설명하기 위하여 두개 이상의 설명변수가 사용되어질 때 이 회귀모형을 중회귀모형이라 하며, 단순회귀분석에서와 유사한 방법으로 분석하게 된다.

(4) 실험 계획Design of Experiment

실험 계획법이란 프로세스의 특성을 파악하기 위하여 실험의 수행을 계획할 때, 과연 어떤 방법으로 실험을 수행해야 효율적인 정보 획득이 가능한지, 또 어떻게 정보를 처리해야 얻어진 정보에 대한 분석 및 해석이 적법한지 등을 다루는 통계 기법이라 할 수 있다. 예를 들어 프로세스가 <그림 A.21>과 같이 하나의 시스템으로 표현되는 경우가 있을 수 있다. <그림 A.21>에서 '제어 가능한 요인'이란 출력이 사무 생산성이라 할 때, 임금 지급 방법, 보상 제도의 유무 등과 같이 통제 및 조정이 가능하고 재현성이 있는 요인을 말한다. 잡음noise이란 개인의 생체리듬과 같이 출력 변수인 사무 생산성에 영향을 주는 요인이지만 제어하기가 어려운 요인을 말한다.

<그림 A.21> 프로세스의 구조

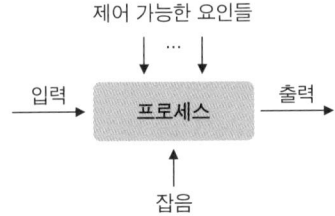

이와 같이 프로세스에서 제어 가능한 요인들이 파악되었고 제어 가능한 요인을 분석자가 조절하였을 때 출력이 어떻게 변화하는지를 분석하고자 할 때, 실험을 효율적으로 설계하는 방법, 설계된 실험에서 데이터를 수집하는 방법, 그리고 데이터를 효과적으로 분석하는 기법 등을 총체적으로 다루는 기법이 실험 계획법이다. 이러한 실험 계획은 목적에 따라 다양하게 적용될 수 있으며, 대표적인 실험 몇 가지를 소개하면 다음과 같다.

● 선별 실험Screening Design

출력(결과)에 영향을 주리라 예상되는 많은 원인(제어 가능한 요인) 중에서 핵심적 소수를 선별하고자 하는 경우의 실험 계획법이다.

● 최적 조건 확인 실험법

출력값이 최적이 되는 핵심적 소수 인자의 최적 조건을 구하고자 하는 경우에 사용되는 실험 계획 방법으로 개선된 방법과 기존의 방법을 비교하고자 하는 경우 등에도 널리 이용된다.

● 강건 실험법Robust Design

출력 변수에 영향을 주는 변수들이 제어 인자와 잡음으로 구성되어 있는 경우, 제어가 어렵거나 불가능한 잡음의 영향에 둔감한 제어 인자들의 조건을 구하고자 할 때 사용되는 기법으로, **파라미터 설계법**parameter design 또는 이 방법을 개발한 일본의 품질 전문가의 이름을 따서 **다구찌 실험법**Taguchi design이라고도 한다.

● 반응 표면 실험법Response Surface Methodology

출력 변수와 입력 변수 간의 함수식인 반응 표면식을 추정하여 출력 변수가 최대화 또는 최소화되는 입력 변수들의 조건을 분석하고자 하는 기법이다.

이러한 실험이 제대로 이루어지기 위해서는 전문적인 통계 지식이 필요하지만 여기서는 실험 계획의 기본 용어와 절차에 대해서만 간략히 알아보기로 한다.

① 문제에 대한 이해와 목적의 설정

실험을 계획하기 위해서는 우선 연구 대상과 무엇이 문제인가를 명확히 하여 실험의 목적을 구체적으로 설정해야 한다.

② 출력 변수 Y의 선택

실험을 실시한 후에 데이터의 형태로 얻어지는 값을 출력 변수의 값을 **특성값**characteristic value이라고 한다. 이러한 출력 변수는 실험의 목적을 달성하기 위하여 필요한 정보가 무엇인가를 반영하여 선택되며, 상황에 따라 출력 변수의 수가 둘 이상이 될 수도 있다.

③ 인자와 수준의 선택

출력 변수의 값에 영향을 주는 원인 중에서 실험에 취급된 원인을 인자factor라고 하고, 실험을 하기 위한 구체적인 인자의 실험 조건을 인자의 수준level 혹은 처리treatment라고 한다. 만약 선택된 인자의 수가 너무 많은 경우, 실험의 크기가 커져 비용이 많아지고 시간이 장시간 걸리며 실험을 관리하기 어려워지는 등 많은 문제가 발생하게 된다. 그러나 만약 중요한 인자가 빠진다면 실험의 목적을 달성하기 어렵게 된다. 인자의 수준은 연구자의 관심 영역region of interest 내에서 선택하게 되는데 수준 폭을 너무 넓게 잡으면 인자 수준의 조합에서 생기는 효과인 교호작용interaction이 발생하기 쉽고, 실험 자체의 의미가 없어지는 경우도 생긴다. 하지만 수준 폭을 너무 좁게 잡으면 수준 간의 차이가 없게 되어 실험의 효율이 떨어진다.

④ 실험 계획의 선정

실험의 목적, 갖고 있는 자원(시간, 예산 등), 실험 환경, 요구되는 정밀도 등을 고려하여 구체적인 실험을 설계한다.

⑤ 실험의 수행

실험을 수행할 때는 처음에 계획된 대로 적절하게 진행되는지 잘 관리하여야 한다. 또한 실험을 하기 전에 측정 시스템 분석을 통하여 데이터에 대한 신뢰성을 확보해야 한다. 만약 실험을 계획한 사람과 실험자가 다르다면 실험하는 방법에 대하여 충분히 숙지시킨 후 실시해야 신뢰할 수 있는 데이터를 얻을 수 있다.

⑥ 데이터의 분석과 결과의 검토

얻어진 데이터에 대한 통계적 분석을 함으로써 의사 결정 과정에서 객관성을 확보할 수 있게 된다. 실험 결과 얻은 데이터는 실시된 실험 계획에 대응되는 모형에 따라 적법하게 분석해야 하며, 분석할 때 통계 소프트웨어에만 무조건 의존하는 것보다는 창의적 생각, 기술적 지식, 상식의 바탕하에서 분석해야 한다. 그리고 통계적 추론 또는 분석의 결과가 기술적 지식, 상식 등과 상반된 결과가 나올 수 있는데 이러한 경우에는 통계적 분석이 필요한 가정을 충족하고 있는지, 특이한 데이터outlier가 포함되어 있지 않은지, 결론을 내리기기에 합당한 정보의 양을 확보하고 있는지 등을 검토해 볼 필요가 있다.

⑦ 결론과 조치 그리고 새로운 시작

일단 데이터를 분석하면 분석 결과에 따라 조치를 취해야 한다. 만약 어떤 프로세스의 최적 조건을 구하는 것이 실험의 목적이었다면 구해진 최적 조건에 대하여 기술적, 경제적으로 문제가 없는지 검토하고 재현성을 갖는지 확인 실험한 후 이 조건이 유지될 수 있도록 한다. 통계분석은 한 번에 끝나지 않는 경우가 많다. 따라서 한 번에 대규모의 실험을 통해서 모든 것을 얻겠다는 것은 매우 위험한 일이다. 적정 규모의 실험을 축차적으로 수행함으로써 전 단계에서 얻어진 지식이 다음 실험에 피드백feedback되고, 실험을 여러 단계에 걸쳐 반복할 때 효율적으로 실험의 최종 목적을 달성할 수 있다. 실험의 목적을 달성하기 전까지는 한 단계의 실험이 끝났다는 것은 다음 단계 실험의 새로운 시작을 의미한다.

(5) 관리도Control Chart

관리도control chart는 일정 단위별(시간 단위, 혹은 제품 단위)로 데이터를 측정하여, 관리하고자 하는 통계 수치를 그래프(관리도)에 표시함으로써 프로세스의 변동이 우연변동에 의한 것인지, 아니면 이상변동에 의한 것인지를 판단하는 기법이다. 프로세스의 변동이 우연변동에 기인할 때 프로세스는 **관리 상태**에 있다고 말하며, 원인이 있는 이상변동이 발생한 경우에는 관리 상태를 벗어났다고 판단하여 원인을 규명하고 조치를 취하게 된다. 따라서 관리도는 프로세스의 관리 상태를 판단하는 데뿐만 아니라 이상변동의 원인을 규명하고 개선 방법을 모색하는 데도 사용될 수 있다.

① 관리도의 작성 및 판정 방법

우연변동에 의해서만 산포가 일어나고 있을 때, 프로세스는 정상 상태(관리 상태)에 있다고 볼 수 있다. 그러면 어느 정도의 변동이 우연변동에 해당하는지 판단할 수 있는 경계가 필요하게 된다. 관리도에서 이러한 경계를 나타내는 선을 **관리한계선**control limit이라 한다.

그리고 우리가 관리도에서 표시하고자 하는 통계 수치값을 통계학에서는 일반적으로 통계량statistic이라고 한다. 관리도에서는 일정 단위별로 데이터를 수집하게 되는데, 이러한 단위에 해당하는 것을 부분군subgroup이라고 한다. 또한 관리도에는 이러한 통계량의 목표값 혹은 통계량의 평균값에 해당하는 선을 그리게 되는데, 이 선을 중심선(center line: CL)이라고 한다. 그리고 관리도에서 중심선 위에 그려진 관리한계선을 관리상한선(upper control limit: UCL), 그리고 중심선 밑에 그려진 관리한계선을 관리하한선(lower control limit: LCL)이라고 한다.

관리상한선은 중심선에서 타점하고자 하는 통계 수치(통계량)의 표준편차 σ의 3배인 3σ 위에, 관리하한선은 중심선 3σ 아래로 결정하게 된다. 그리고 각 군의 통계 수치(통계량)값이 관리한계선 내에 있을 때 관리 상태에 있다고 판단한다. 여기서 주의할 점은 관리도에서 관리한계선을 결정할 때 사용되는 σ는 데이터의 표준편차가 아니라, 관리도에서 관리하고자 하는 통계 수치값(통계량)의 표준편차라는 점이다. 이러한 통계량의 표준편차를 표준오차standard error라고도 한다.

$$UCL = CL + 3\sigma$$
$$LCL = CL - 3\sigma$$

관리도는 일반적으로 다음과 같은 절차에 따라 작성하게 된다.

• 관리하고자 하는 통계 수치(통계량)를 결정한다.

- 매 부분군마다 데이터를 수집한다.
- 각 군에서 관리하고자 하는 통계 수치값을 계산한다.
- 중심선과 관리한계선을 계산한다.
- 중심선과 관리한계선을 그리고, 각 군마다 계산된 통계 수치값을 점으로 표시하고 선으로 연결하여 관리도를 완성한다.

관리도를 작성한 후 프로세스가 관리 상태(정상 상태)에 있다고 판정하기 위해서는 다음과 같은 조건이 만족되어야 한다.

- 모든 점이 관리한계선 안에 있어야 한다.
- 점들의 움직임에 경향이나 주기성이 없어야 한다.
- 점들의 움직임에 특이한 상태가 나타나지 않아야 한다.

예를 들어 <그림 A.22 >는 어느 호텔에서 하루(부분군)에 접수되는 투숙객들의 불편 사항을 통계 수치값으로 하여 25일 동안 조사하여 작성한 관리도이며, 중심선 값은 6.48, 관리상한선과 관리하한선의 값은 각각 14.12와 0이다. 이 관리도를 살펴보면 접수된 불편 사항의 건수가 관리한계선을 벗어나는 날이 세 번이 있었던 것으로 나타나고 있으므로, 투숙객들의 불편 사항은 정상적인 상태에서 벗어나고 있다고 판단된다. 따라서 원인을 조사하여 불편 사항을 개선할 필요가 있는 것으로 판단할 수 있다.

<그림 A.22> 호텔 투숙객의 불편 접수건에 대한 관리도 작성 예

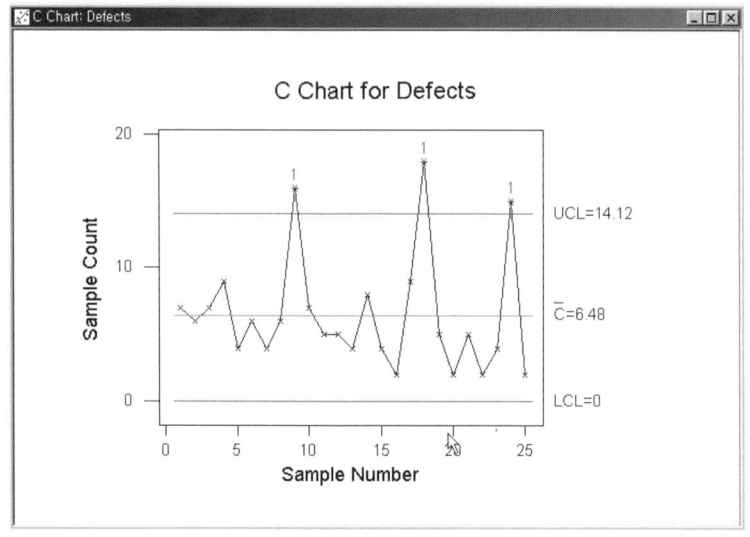

② 관리도의 종류

관리도는 관리하고자 하는 통계 수치에 따라 많은 종류의 관리도
가 있다. 여기에서는 대표적인 관리도 몇 가지만 예를 들면 다음과
같다. 참고로 <그림 A.22>의 관리도는 투숙객이 접수한 불편 사
항을 결점으로 간주하여 작성한 결점수 관리도, 즉 c-관리도이다.

[데이터가 계량형인 경우의 관리도]

* $\overline{X}-R$ 관리도(평균 및 범위 관리도)
  : 일반적으로 각 부분군에서 데이터의 수인 부분군의 크기가 2개
  에서 5개인 경우 사용한다.

- $\tilde{X}-S$ 관리도(중위수 및 표준편차 관리도)
  : 일반적으로 부분군의 크기가 6개 이상인 경우 사용한다.

- $X-MR$ 관리도(개별값 및 이동 범위 관리도)
  : 부분군의 크기가 1개인 경우 사용한다.

[데이터가 계수형인 경우의 관리도]

- p-관리도(불량률 관리도)
  : 부분군마다 부분군의 크기가 같지 않아도 사용 가능하다.

- pn-관리도(불량 개수 관리도)
  : 부분군마다 부분군의 크기가 같은 경우에 사용한다.

- c-관리도(결점수 관리도)
  : 부분군마다 부분군의 크기가 일정한 경우에 사용한다.

- u-관리도(단위당 평균 결점수 관리도)
  : 부분군마다 부분군의 크기가 일정하지 않아도 사용 가능하다.

A.2.5 고장 유형 영향 분석법
(Failure Mode Effect Analysis: FMEA)

FMEA는 고장 해석 기법으로서 시스템을 구성하고 있는 부품들의 고장 모드가 시스템과 타 부품에 미치는 영향, 고장 원인 등을 '아래에서 위로(bottom-up)' 방식으로 조사하는 방법이다. FMEA는 용도에 따라 '제품 FMEA', '프로세스 FMEA', '설비 FMEA', '서비스 FMEA' 등으로 구분한다.

FMEA 실시 후에는 각 고장 모드의 **치명도**criticality를 평가하여 고장 모드의 중요도인 우선순위를 결정할 수도 있다. 이를 위하여 고장의 발생 빈도, 고장이 끼치는 영향의 크기 등을 고려한 치명도 지수를 구함으로써 평가하는 방법을 **치명도 분석**criticality analysis이라고 한다. FMEA를 실시하는 목적은 다음과 같다.

- 잠재 결함 및 고장 모드를 파악하고 그 영향의 크기를 평가한다.
- 고장의 영향을 제거하거나 감소시키기 위한 각 부문별 대책을 수립한다.
- 집중 관리 항목을 정하고 관리하여 제품 고장을 예방함으로써 고객 불만을 최소화한다.

FMEA의 실시는 브레인스토밍을 기초로 하여 여러 명의 구성원이 한 팀을 이루어 실시하는 것이 바람직하며, 일반적으로 FMEA를 시행하는 순서는 다음과 같다.

- 해당 시스템을 선정하고 기능을 정의한다.
- 시스템의 분해 수준과 범위를 결정한다.
- 대상 시스템의 부품을 열거하고, 구성 요소와 기능별 블록을 정하여 각 기능의 연결 관계가 전체 시스템에 미치는 영향을 파악하기 쉽게 한다.
- FMEA 양식에 각 부품별로 고장 모드, 원인, 영향 등을 기입한다. 양식은 각 회사의 상황에 따라 다를 수 있으며, 예를 들면 <그림 A.23>과 같다.

<그림A. 23>의 FMEA 양식을 작성할 때 먼저 고장 모드(오류의 형태)를 파악하는 것이 중요하게 된다. 고장 즉 오류라는 것은 결과적인 개념으로서 프로세스의 기능이 정지하였거나 더 이상 프로세스에서의 업무가 수행되지 못하는 경우이며, 고장 모드는 고장에 이르기까지의 과정을 의미한다. 그러나 기능이 복잡한 경우에는 고장과 고장 모드를 명확히 구분하는 것이 어려우므로, 결과적인 개념으로서 고장의 형태를 파악하여 기술한다. 그리고 파악된 고장 모드별로 고장의 원인 및 영향을 분석하여 기입한 후에는 각 고장 모드별로 치명도 분석을 실시하게 된다.

고장 모드의 영향력을 객관적으로 분석하는 치명도 분석 방법으로는 고장 평점법(C_S 평점법), 치명도 평점법(C_E 평점법)과 같은 방법이 있으며, 보다 복잡한 방법으로는 치명도 해석법(criticality analysis: CA 방법)이 있다. 여기서는 치명도 평점법에 의한 분석 방법을 소개하고자 한다. 치명도 평점법은 각 고장 모드에 대하여 다음과 같이 5가지 관점에 따라 점수를 평가한 후, 모두 곱하여 고장 모드의 치명도인 C_E를 계산하는 방법이다.

C_E= F1×F2×F3×F4×F5

F1: 오류에 의한 영향의 크기, F2: 프로세스에 미치는 영향의 범위

F3: 오류의 발생 빈도, F4: 오류 방지의 난이도, F5: 신규 설계 여부

이러한 F1, F2, F3, F4, F5 항목의 점수는 <표 A.8>에 따라 0점과 5점 사이의 척도를 사용하여 평가하며 점수가 클수록 치명적인 영향을 미치는 경우에 해당한다. 그리고 치명도 평점인 C_E는 <표 A.9>에 따라 고장(오류) 등급을 4단계로 구분하여 고장 모드의 등급을 평가하며, 등급의 번호가 낮을수록 중요 관리 대상이 되는 고장 형태를 의미한다.

그리고 각 고장 모드에 대하여 치명도 분석을 실시하여 고장 등급을 파악한 후에는 치명도 평점이 높은 경우부터 개선 대책을 수립한 후, 실시 여부 및 실시 경과를 확인하여 기록하여 분석 결과가 제대로 시행되고 있는지 모니터링한다.

<그림 A.23> FMEA 양식의 예

FMEA 분석표												
작성일		프로세스 및 상품명		참석자								
작성자		서브 프로세스명		결재		담당		팀장		임원		
서류명 및 번호	고장 모드	고장 원인	고장의 영향	치명도 분석								고장 대책
				F1	F2	F3	F4	F5	C_E	고장 등급		고장 대책

<표 A.8> 치명도 분석 각 항목의 평점 기준

구분	항목	내용	평점
F1	고장이 끼치는 영향의 크기	• 치명적인 손실을 주는 고장	5.0
		• 상당한 손실을 주는 고장	3.0
		• 기능이 상실되는 고장	1.0
		• 기능이 상실되는 않는 고장	0.5
F2	시스템에 끼치는 영향의 정도	• 시스템에 2가지 이상의 중대한 영향을 끼친다.	2.0
		• 시스템에 1가지 이상의 중대한 영향을 끼친다.	1.0
		• 시스템에 끼치는 영향은 별로 없다.	0.5
F3	발생 빈도	• 발생 빈도가 높다.	1.5
		• 발생할 가능성이 있다.	1.0
		• 발생할 가능성이 적다.	0.7
F4	방지의 가능성	• 방지 불능	1.3
		• 방지 가능	1.0
		• 간단히 방지할 수 있음	0.7
F5	신규 설계 여부	• 상당히 달라진 설계	1.8
		• 유사한 설계	1.2
		• 동일한 설계	1.0

<표 A.9> 치명도 평점에 따른 고장 등급

고장 등급	치명도 평점(C_E)
I	3.0 이상
II	2.0~3.0 미만
III	1.0~2.0 미만
IV	1.0 미만

구와하라 마사히로. ≪TRIZ에 의한 문제해결 아이디어 레시피≫. KMAC 옮김.
서울: KMAC, 2010.

기시라 유지. ≪씽킹 프로세스≫. 박재현 옮김. 서울: 한국표준협회미디어, 2009.

김상익 외. ≪미니탭을 이용한 통계학의 이해와 응용≫. 서울: 민영사, 1999.

김순이 · 최재하. "QFD 방법을 이용한 의료서비스 개선전략에 관한 연구," <품질경영
학회지>, 제27권, 제2호, 1-19, 1999.

김효준. ≪생각의 창의성 TRIZ≫. 수원: 지혜, 2004.

데이비드 G. 울만. ≪창의적 신제품 설계≫. 오세훈 옮김. 서울: 인터비전, 2005.

로버트 S. 캐플런 · 데이비드 P. 노튼. ≪가치실현을 위한 통합 경영지표 BSC≫.
송경근 · 성시중 옮김. 서울: 한언, 1999.

린 피츠제럴드 외. ≪서비스 경영의 성과측정≫. 권수영 · 박종원 옮김. 서울: 한국경제
신문사, 1998.

마이클해리 · 리처드 슈뢰더. ≪6시그마 기업혁명≫. 안영진 옮김. 서울: 김영사, 2000.

박성현 · 이명주 · 정목영. ≪6시그마 이론과 실제≫. 서울: 한국표준협회, 1999.

브리안 S, 톰슨. ≪창의적 공학설계≫. 서영성 외 옮김. 서울: 피어슨 에듀케이션
코리아, 2001.

송인식. ≪MBB/BB를 위한 Six Sigma Bible; DFSS-c 편≫. 파주: 한국학술정보, 2009.

_____. ≪MBB/BB를 위한 Six Sigma Bible; DFSS-t편≫. 파주: 한국학술정보, 2010.

안병진 외. ≪화이트 칼라 6시그마 경영혁신≫. 서울: 한언, 2000.

안병진. "6시그마 프로젝트에서의 통계기법의 오용," <품질경영학회지>, 제31권, 제3호, 172-184, 2003.

안병진·김상익·서한손. "사무간접부문에서의 6시그마 경영활성화 방안," <품질경영학회지>, 제31권, 제2호, 220-229, 2003.

____·____·____. ≪6시그마경영 수행기법≫. 서울: 건국대학교출판부, 2000.

요셉 헤이크. ≪창의적 공학설계≫. 김경천 외 옮김. 서울: 시그마프레스, 2003.

윤덕균. ≪초우량 기업들의 경영혁신 200년≫. 서울: 민영사, 2007.

이순산. ≪6시그마 DFSS 가이드북≫. 안양: 이레테크, 2004.

이경우 외. ≪공학문제 해결입문≫. 서울: 시그마프레스, 2006.

윤양석·정연윤. ≪서비스 식스시그마≫. 서울: 네모북스, 2003.

원석희. ≪서비스 품질경영≫. 서울: 형설출판사, 1998.

최광식. ≪TOC≫. 서울: 한언, 2001.

피터팬드·로버트 노이만·룰랜드 카바나. ≪6시그마 팀 필드북≫. 심현택·김창덕 옮김. 안양: 물푸레, 2002.

Berry, L. L., Zeithaml, A. V., & Parasuraman, A. "Quality Counts on Service, Too," *Business Horizons*, 44-52, 1985.

Britz, G., Emerling, D., Mare, L. B., Hoeal, R. W., & Shodo, T. "How to teach others to apply Statistical Thinking," *Quality Process*, Vol. 30, No. 6, 67-79, 1997.

Cooper, Robert G. *Winning at New Products*. Addison Wesley, 1993.

Craig, R. J. *Six Sigma Quality, the Key to Customer Satisfaction*. ASQC Quality Congress Transactions-Boston, 1993.

Geoff Tennant. *Design for Six Sigma*. Gower, 2002.

Harry, M. J. *Vision of Six Sigma: A Roadmap for Breakthrough*, 4th ed. Sigma Publishing Company, 1994.

_____. *Vision of Six Sigma: Tools and Methods for Breakthrough*, 4th ed. Sigma Publishing Company, 1994.

Hoerl, R. W. "Six Sigma and the Future of Quality Profession," *Quality Progress*, Vol. 31, No. 6, 35–42, 1998.

McFadden, F. R. "Six Sigma Quality Program," *Quality Progress*, Vol. 26, No. 6, 37–42, 1993.

Michael L. George. *Lean Six Sigma*. McGrow–Hill, 2002.

_____. *Lean Six Sigma for Service*. McGrow–Hill, 2003.

Parasuraman, A., Zeithaml, A. V., & Berry, L. L. "A Conceptual Model of Service Quality and Its Implications for Future Research," *Journal of Marketing*, Vol. 49, 41–50, 1985.

_____, _____, & _____. "SERVQUAL: A Mutiple–item Scale for Measuring Consumer perceptions of Service Quality," *Journal of Retailing*, Vol. 64, 12–40, 1988.

Park, S. H. *Six Sigma*. Asian Productivity Organization, 2003.

Pyzdek, T. *The Six Sigma Handbook*. McGrow–Hill, 2001.

Rath & Strong. *Design for Six Sigma Pocket Guide*. Division of Aon Consulting Worldwide, 2002.

Zeithaml, A. V., Berry, L. L., & Parasuraman, A. "Communication and Control Processes in the Delivery Service Quality," *Journal of Marketing*, Vol. 52, 35–48, 1988.

414